沉淀与飞翔

CHENDIAN
YU
FEIXIANG

创新解决问题教学研究

◇ ————————————

罗　兰 — 主编
万　鹰

吉林人民出版社

图书在版编目（CIP）数据

沉淀与飞翔：创新解决问题教学研究／罗兰，万鹰主编 . -- 长春：吉林人民出版社，2023.6
ISBN 978-7-206-20018-2

Ⅰ.①沉… Ⅱ.①罗… ②万… Ⅲ.①小学数学课-教学研究 Ⅳ.①G623.502

中国国家版本馆 CIP 数据核字（2023）第 173701 号

沉淀与飞翔：创新解决问题教学研究

CHENDIAN YU FEIXIANG

——CHUANGXIN JIEJUE WENTI JIAOXUE YANJIU

主　编：罗 兰 万 鹰
责任编辑：孙 一　　　　　　　装帧设计：书香力扬
出版发行：吉林人民出版社（长春市人民大街 7548 号　邮政编码：130022）
印　　刷：四川科德彩色数码科技有限公司
开　　本：880mm×1230mm　1/32
印　　张：12.875　　　　　　　字　　数：310 千字
标准书号：ISBN 978-7-206-20018-2
版　　次：2023 年 6 月第 1 版　　印　　次：2023 年 6 月第 1 次印刷
定　　价：68.00 元

如发现印装质量问题，影响阅读，请与出版社联系调换

编委成员

序

邵丹英

"教育是一棵树摇动另一棵树，一片云推动另一片云，一个灵魂唤醒另一个灵魂。"这是罗兰老师的教育格言，她用实际行动诠释着教育的真谛。早在2007年她就被评为江西省特级教师；2010年她创建了江西省小学数学名师工作室；2018—2019年连续两次受鹰潭市教师节大会表彰，并作为优秀教师代表发言；2021年出版个人专著《路径》，从教学篇"桶中水与流动溪"、文学篇"心源开处有清波"两个部分，深入浅出地讲述了她在教书育人道路上的点点滴滴与生活中感受到的幸福味道。罗老师三十多年如一日对教学的执着追求、独特朴实的人格魅力、无私奉献的可敬风范、热爱教育的崇高境界，深深感染着我们工作室每一位成员。

"一个人有多优秀，要看他有谁指点。"罗兰是我们心中的偶像，在老师们迷茫困惑时，她以专家的学术水平为我们指引方向；在老师们失落无助时，她如母亲般的温暖为我们排忧解难。"终日思，不如须臾之所学"，罗兰的用心指导让每一位老师醍醐灌顶，犹如一盏明灯照亮我们勇往直前。作为一名教师要把自己当成一条奔腾不息的小溪，要不断地学习提升专业水平，每次觉得辛苦的时候我们都会想起罗老师的谆谆教诲，罗老师的教育情怀如一粒火种在每个角落传播，引领辐射了市直、月湖、高新、余江等地区的老师。她的一言一行生动诠释了新时代人民教师的可贵品质，真实抒写了人类工程师最美的容颜，彰显了勇于创新的时代精神！她的大爱之光引领着老师们以小我—大我—忘我的境界不断前行。

捧着一颗心来，不带半根草去；以科学之方，兴教育之事。罗老师用一颗博爱之心完美阐释了一名"好老师"的优秀特质。她把教师这个工作当作事业，当作兴趣爱好，而不是一个职业；她沉潜数年，专心打造自己的专属教育品牌；她不断突破自我，开拓创新教研新领域；她主动出击，在没有机会的情况下努力给老师们创造机会；她拥有博大的胸怀和格局，将心神聚焦在美好的教学研究上。罗兰每次看我们的老师就像是看自己的孩子那般真诚，当看到老师们取得进步时她的脸上露出笑容，当看到老师们获得荣誉时她的内心一片灿烂，她是一个真正只问付出不求回报的灵魂大师，她的光环照亮了我们每个人的心田，能有这样的榜样引领是我们人生的幸运，每位老师都为自己能够成为罗兰名师工作室的一员而感到幸福快乐自豪。

十多个春秋，芬芳满园；十几年探究，异彩纷呈；十几载实践，成果喜人。《沉淀与飞翔——创新解决问题教学研究》文集终于要出版了，真的是鼓舞人心，这里有罗老师的深度探究经验篇：理性、创新、真实动人；有伙伴们醉心课改的案例篇：困惑、跋涉、栩栩如生。本书熔理论与实践于一炉，集智慧与创造于一体，反映了老师们教研的风貌与历程，凝聚了团队的心血与辛劳。这是小学数学解决问题的原创设计，这是教师专业成长的动人诗篇，它对广大教师更好地研究解决问题的教学、推进新课程改革具有指引帮助和借鉴意义。

"路虽远，行则将至；事虽难，做则必成。只要有愚公移山的志气、滴水穿石的毅力，脚踏实地，埋头苦干，积跬步以至千里，就一定能够把宏伟愿望变为美好现实。"独行快，众行远，在这场绝无仅有的路途中，为了同一个教研梦想，罗兰老师带领着我们全体工作室成员在洪流中劈波斩浪，见证彼此奋力奔跑的模样。我们既要直面教学研究中所有的困难与辛酸，也要铭记每一份拼搏和感动，更应该把这份感悟转化为前行路上的勇气和力量，做一个自律且谦逊、坚定而柔软，眼里有光，心中有爱的专家型教师！

序作者：邵丹英，鹰潭高新区教研室主任，江西省小学数学学科带头人。

前　言

罗　兰

书海溢星光，泛舟夜未央。积沉明志远，心绪任高翔。

2010 年 10 月，经省教育厅专家审批认证，江西教师网"罗兰名师工作室"成立。多年来，团队自费做教研，坚持开展"主题教学研讨、专题课程研修、科研课题研究"等系列活动。其中，罗兰主持的省级课题《提升课堂教学有效性的实践研究》在结项评比中荣获"优秀课题"奖；《创新计算课教学》《说课要诀与演课技巧》《教学反思与教师成长》《构建练习课有效教学策略》等实践研究，成果显著、影响深远，作为优秀课程学习资源，给来自省内数千名小学数学教师做过培训。线上线下齐抓实，课内课外共研磨。共读一本好书，同写一篇征文；定期参加学术交流，共同开发教学案例。节假日，我们时常沉浸在教研一线，教学传帮带，师徒共成长。团队参加评聘晋升，"骨干教师""学科带头人""师德标兵""教育模范""三八红旗集体""副高级职称"……一批又一批，一个接一个。汗水洒满希望田野，梦想放飞广阔蓝天。

2021 年 5 月，罗兰教育教学文集《路径》出版发行；同年 8 月，我被评为江西省挂牌名师工作室主持人。

回眸来时路，再寻真初心，我们扬帆起航，追梦至善。2021年10月，我主持的省级课题《小学数学解决问题有效教学策略研究》正式立项。落实双减，增效提质，打造精品常态课，罗兰名师工作室开启教学研究新征程。

有一种智慧叫数学思维，在解决问题中培养学生数学思维能力是落实核心素养的有效途径之一。问题解决能力是学生数学水平的重要标志。做好解决问题教学，有利于学生对基础知识的掌握和对数量关系的理解；有利于图解策略的形成和数学模型的构建；有利于创新意识的发展和应用能力的提升。然而实际教学中，课堂普遍缺乏用数学的眼光发现问题，时常忽视用数学的思维分析问题，机械地找类型、记套路、做题目，导致学生在解决问题时无法做到游刃有余。因此，探索解决问题的心理机制和创新解决问题的教学模式迫在眉睫！

以现实生活中的实际问题为背景，我们关注题材选择的开放性，力求信息资源丰富、表现形式多样，创造性地运用各种数学知识，培养问题意识和实践能力，发展学生的核心素养。实施研究过程中，我们落实"五个一"计划，以规范课题组成员的日常教研行为：每周阅读一篇课题研究相关文章，撰写心得笔记；每旬分享一个教学案例，撰写实践反思；每月原创一篇解决问题教学设计，文章发表在微信公众号；每学期开展一次微课制作和演课评比，上传优质教学资源和阶段性研究总结；每学年举行一场教学观摩研讨大会，发表一篇教育教学论文。

2021—2022年，围绕解决问题教学研究，我们先后开展了两轮微课评比、四期教学设计大赛，并邀请市区教研专家对作品进行打分。其中团队成员万美玲、杨燕、王美锋、何玲、吴艳萍、王轶男等教师多次荣获特等奖；小伙伴们你追我赶，章玮晋、陆莎莉、李冬兰、朱燕、徐云霞、夏利平等十多位教师相继荣获一等奖。

2021 年 12 月 3 日，罗兰名师工作室联合月湖区教研室在鹰潭市第八中学举行小学数学"解决问题"教学观摩研讨大会。团队成员万美玲、徐琴琴、上官琪、杨慧青分别执教示范课《归总问题》《排队中的数学问题》《实际问题与方程》《沏茶问题》；主持人罗兰做专题报告《例谈解决问题有效教学策略》；团队成员李静、彭平贵、官细珍分别结合示范课进行主题说课。各项活动均获教体局领导、教研室专家和听课教师的一致好评！

一场教学盛宴，一份教研大餐，一路风景在课堂。思想的碰撞，灵感的火花，点点滴滴闪烁着智慧的光芒！小组备课，集体磨课，源源不断传递着爱的温暖！

在磨炼中收获成长，《鹰潭日报》（教育周刊）记录了我们幸福的模样。蘸着汗水书写教育美丽，罗兰名师工作室《彰显教育的人文情怀》《三个"一"的力量》《且行且思且成长》《一"网"情深为教研》《创新解决问题教学设计评比拾翠》等 20 余篇通讯报道获得了良好的社会反响。《江西教育》（周刊·教研）选登了罗兰撰写的《在解决问题中培养学生数学思维能力》《让智慧之花在学生指尖上绽放》《画长方形》等多篇文章，为广大一线教师从事教学研究指点了迷津、指明了方向。

罗兰设计并执教的《画长方形》《租船问题》《求四边形的内角和》等课例，一改传统模式，创新学习方式。以"阅读与理解"为基点，关注问题的感知和理解，引导学生透过现象看本质，思考问题的实质，用自己的话语陈述问题的内部表征，明确解决问题的思维方向；重视问题意识和质疑能力的培养，创设具有挑战性、趣味性、开放性、现实性的问题情境，诱导学生自主发现并提出问题。以"分析与解答"为落点，帮助学生获得解决问题的基本方法和一般策略，学会结合实际灵活运用方法和策略。以"回顾与反思"为亮点，将过程与方法进行梳理，加强习题与例题之间的对比联系，构建解决问题的数学模型，促进学生深度学习，形成交流、评价与反思意识；在问题解决中着力培养数学思考与表达能力，鼓励学生改编例题或设计习题，提高实践应用能力。

2021年寒假，我们开展第一期"创新解决问题教学设计"评比活动。我给团队成员做示范，提纲挈领搭框架，传授新理念，创建新模式，展示工作室的教研特色，并提出设计要求：作品原创，目标明确，思路清晰，特点鲜明……唱响解决问题"三部曲"，关注"一头一尾"的发展，培养自主提问意识，练就举一反三能力。以年级组为单位合作研课，我先审核组长的初稿，并提出修改建议，再将定稿分享到小组，大家相互学习，交流心得体会，然后组员开始撰写教学设计……《用8和9的加减法解决问题》《乘加乘减解决问题》《求一个数的几倍是多少》《分段计费问题》《用比例解决问题》等作品都经历了审核、优化、分享的研究过程。老师们掌握了创作要领之后，文章越写越有味，思路越来越新颖。谈到解决问题教学，连年轻的新队员也颇有感触。根据我的建议和要求，他们的教案经过多次修改，终于达到了示范引领的效果，更重要的是小伙伴们逐步领悟了"解决问题"的教学之道。

时光在忙碌中飞逝，技艺在研磨中生长。2022年暑假，我们开展了第四期"创新解决问题教学设计"评比活动，通过审核老师们的作品，我发现大家对解决问题教学的理解更深刻了。

万美玲设计并执教的《乘加乘减解决问题》《归总问题》等课例，图文并茂话策略，思维碰撞智慧花。她引导学生脱去图画的美丽外衣，发现隐含的数据信息，将其注意力集中到关键点上；想方设法唤醒主体意识，激发学生从不同的角度思考问题，踊跃表达自己的想法或做法，体验解决问题策略的多样化；强化梳理"回头看"，在关键处和结尾处都带着学生比较、反思、总结，使其养成良好的个性心理和思维品质；关注画图策略的形成和建模思想的渗透。

《剪一剪》《铺地砖问题》等教学设计，目标明确，思路清晰，激发自主探究兴趣，重视学习方法的指导，关注学生动手能力和空间想象能力的培养。

《求原数问题》一课，王美锋注重学生对题意的理解，巧用情景再现化解思维难点，轻松地将实际问题转化为数学问题求解。教学伊始，她请小朋友上台表演领口哨的情景，使其明白"原来有几个"就是领走之前的口哨数量。这不仅培养了孩子们认真观察、倾听的习惯，还锻炼了"小演员"的语言表达能力。

何玲在六年级解决问题的教学中，经常使用"对比+提升"的教学策略：清晰地呈现"解决问题"三步骤，将各种解决方法、各类课堂练习进行对比，构建解决问题的基本方法，体验解题策略的多样化；关注代数思维，体会用方程、用比例解决问题的优越性；重视培养学生举一反三、灵活解决问题的能力。

杨燕领悟到：一个数量关系的建立，实际上就是一个模型思想的建立。她的课例以数学"模式"论作为指导，以实际问题为载体，让学生在解决问题中形成稳定的数学关系结构，进而培养以抽象、概括、可应用为主要特征的数学模型思维。

吴艳萍认为解决问题应注重解题思路的教学。她关注数形结合的思想，画线段图分析题意，理清数量关系，展示不同解答方法的探索过程；注重培养学生观察比较、分析推理、抽象概括的综合能力。

王轶男和陆莎莉分别执教的示范课《两数之和的奇偶性》《确定时间》关注问题意识的培养和数学思维的训练，更是让人受益匪浅。

　　精品课例，精心打磨，精彩演绎。创新解决问题教学研究，理论联系实际，好课不胜枚举，留待教学同仁细细品味。

目 录

千磨万研是浓香

一路风景在课堂

千磨万研是浓香

基于核心素养的解决问题教学实践与思考

罗　兰（鹰潭市第六小学）

新课标最大的变化是基于核心素养的数学课程目标体系的诞生。如何落实新课标的思想理念，关键在于教学方式的改变。基于核心素养的数学教学方式，要求突显学生学习的主体地位。在问题解决过程中，养成独立思考、分析问题的好习惯，促进学生应用意识和实践能力的提升。

关注问题意识的培养

为学患无疑，疑则有进。可见，问题意识的培养至关重要！发现并提出问题是分析和解决问题的前奏，问题解决能力标志着学生的数学学习水平。

思维从疑问和惊讶开始，好奇心播种问题意识的种子。这颗种子能否生根发芽，关键在于教育的空气、水分和阳光。问题意识从娃娃抓起，对于刚入学的一年级小朋友，发现并提出问题的确是个难题。但功夫不负有心人，你若想方设法做好示范，孩子定能学得有模有样。

比如：一年级上册"用加法解决问题"教学。教师精心创设情境，引导孩子看图说话，描述情境故事的同时收集数据信息：左边有 4 只，右边有 2 只。进而跳出画面，引导学生移步观察，将目光聚焦大括号及中间的问号。它表示什么意思？疑问引发思考，好奇走进大括号，关注问号的位置，孩子们伸开双手拥抱兔妈妈和兔宝宝，尝试说一说：把左边的 4 只和右边的 2 只合在一起，一共有几只？同桌相互比划，看看谁能说得更好。示范、模仿，生动活泼；理解、应用，别出心裁。"做一做"孩子们乐在其中，看图说话，动手比画：小企鹅真可爱，走路一摇一摆。把左边的 2 只和右边的 5 只合起来，一共有几只？激发兴趣，感悟要领，构建加法的模型水到渠成。问题意识的熏陶和表达能力的训练，促进了师生质疑问难思想的形成。

　　数学的眼光是"抽象"的门槛，能透过现象看本质，发现真实情景中的数学问题。会用数学的眼光观察现实世界，凡事都能引发疑问的兴趣。比如用加法解决问题教学，引导学生"剥离"故事情境，从中寻找关键信息，分析数量之间的关系，发现并提出问题：一共有几只？进而抽象出问题的本质：求 4 和 2 合在一起是多少？将实际问题转化为数学问题，需要数学的眼光"透视"和"黏合"，从而架设思维的桥梁。问题意识无处不在，教学案例不胜枚举。课前好奇：要挑战的问题是什么？课中质疑：怎样解决这个难题？课后反思：还有什么新的疑问？针对课题发问，抓住关键词质疑，在矛盾冲突中发现新的问题。读书无疑者须教有疑，有疑者却要无疑，到这里方是长进。

重视实践能力的训练

　　"纸上得来终觉浅，绝知此事要躬行。"实践的魅力让人刻骨铭心！数学知识原本抽象，要知其所以然，有效的办法是借助几何直观。让学生动手摆一摆、画一画，通过数形结合理清思路，建立数量关系，发现内在规律，渗透模型思想。

比如：教学列方程解决相遇问题，理解相遇时间是个难点。让学生上台演示，两人同时出发，相向而行，面对面走到一起，从中发现：速度快的人行驶的路程多一些，速度慢的人行驶的路程少一些，但两者所用时间是相等的。在此基础上，引导学生独立思考，画图探究相遇问题，从而建立等量关系，找到列方程的依据：小林骑行的路程+小云骑行的路程＝总路程。因为要求的是相遇时间，有的学生会利用乘法分配率来思考问题，列出不同的方程：$(0.25+0.2)x = 4.5$。先求每分钟两人行驶的路程和，再思考总路程里面有多少个这样的路程和。这一分析沟通了方程和算术之间的内在联系：运算意义是建立数量关系的桥梁。列方程是顺向思维，未知数参与计算，综合运用乘法和加法的运算意义，构建相遇问题的数学模型；算术方法是逆向思维，根据除法的含义列式计算。相比而言，列方程解决问题更好理解，顺着题意往前走，自然是一气呵成。受思维方式的影响，学生习惯了用算术方法解决问题，体会不到方程的优势，甚至感觉解题步骤更繁琐。教师不妨随机应变，改编例题，一题多用，精讲、深挖、活练。

实践应用是最好的证明！将相遇时间作为已知条件，替换例题中的某个信息，鼓励学生提出新的问题。这一设计让学生脑洞大开：小林和小云家相距多少千米？小林或小云每分钟骑行多少米？解决速度问题，用算术还是列方程？有的同学在思考中徘徊。无奈算术过程复杂，多次转换运算意义，最终还是选择了方程。深入浅出，同学们发现：解决相遇问题，从相向而行到背向而行，无论求时间还是速度，同一幅图、相同的等量关系，列方程的思路无人能敌。后继练习，无论求单价还是数量，或者解决工程问题、甚至追及问题，学生都能灵活运用相遇问题的模型，将方程的优势发挥得淋漓尽致。

数学的奥秘闪烁着智慧的光芒！会将数学的思维带入现实世界，从不同的角度提出问题，在实践中练就举一反三的能力。比如改编例题，对学生来说就是一次实践性挑战。既要思考如何提出新的问题，又要理清信息与问题之间的相互联系；力求发散思维、随机应变、深化理解、灵活运用。思维汇聚有源之水，知识生长根深叶茂！

促进思维品质的提升

基于核心素养的小学数学解决问题教学目标的达成，不仅要落实"四基""四能"，还要关注"三有""三会"。会用数学的语言表达现实世界，才能实现数学建模的功能。

思维来自指尖，升华于语言。在问题解决过程中，培养学生的语言表达能力是关键。分析解题思路、交流活动经验、发表奇思妙想、阐述不同意见，无一个是语言的支撑。茶壶里煮饺子——倒（道）不出，终究是遗憾。要清晰完整地表达自己的想法，数学语言同样需要文学的滋养。阅读理解，斟词酌句，不妨借鉴学习语文的方法。综合运用知识解决实际问题，淡化学科界限是前提。

有理想，有本领，有担当。培养"三有"新人，有助于提高学生的综合素养。小学数学教学，不只是传授知识技能，还要充分挖掘文本功能，结合教学内容适时渗透人文教育。比如文明礼让，注意安全；保护环境，节约资源；合理统筹，珍惜时间；助人为乐，团结友爱……在解决问题的教学中，培养正确的三观和健全的人格，帮助学生树立远大的理想。

落实双减，提高教育质量。将学生从"题海战术"中解放出来，教学方式的转变迫在眉睫。机械记忆题型和套路，不是解决问题的有效策略。授之以鱼，不如授之以渔。知识技能或许不能伴你远行，而核心素养却能使人受益终生。学会独立思考，掌握分析方法，培养钻研精神，即使遇到难题也能迎刃而解。

担当是一种责任，更是一种态度。仔细审题，认真检查，是对学习的担当和对知识的尊重。有本领，意味着乐学、善思、好问，富于想象，善于沟通。解决问题是一个持续探究的过程，分析思考、质疑争辩、理解感悟、应用创新，不断促进思维品质的提升。面向未来，坚持理想信念，练就过硬本领，承担时代重任！

江西省"罗兰名师工作室"揭牌仪式合影留念

在解决问题中培养学生数学思维能力

罗　兰（鹰潭市第六小学）

解决问题能体现学生的数学水平和思维能力，其内容编排和呈现方式，富含趣味性、开放性、探究性、现实性，有利于培养学生的挑战精神和创新意识。然而在教学过程中出现了许多问题：教材零散编排、习题跳跃设计，学生难以掌握解决问题的基本方法；教师苦口婆心，学生依赖思想严重，不爱动脑筋，等教师讲答案；课后独立练习，学生不认真读题，看漏信息、看错数据、误解问题……教师伤脑筋，学生没信心，从而影响了课堂教学质量。那么该如何走出教学困惑，培养学生的数学思维能力呢？

一、读取有效信息，发现并提出数学问题

新教材的编排图文并茂，给原本枯燥的数学知识赋予了鲜活的生命。因此，读懂文义、看懂图意、学会表达题意非常重要。小学生受知识和经验的局限，常常对题中某些术语或字句理解不透，导致出现错误的解题思路。我们不妨像语文老师那样，引导学生字斟句酌，反复推敲，透过情境探究问题的本质。比如读题三遍，题意自现。初读：说一说题目描述了什么事情；细读：划出重点词句，从中找到了哪些有用的信息；精读：根据信息提出数学问题，理清数量关系，确定解题步骤，形成解

题思路。

自主提出问题远比被动解决问题更具思考意义。出示例题的半成品，让学生补充问题。通过阅读理解，分析信息与信息之间的联系，有直接关系的两个信息可以产生一个问题，因为它们之间存在一定的运算意义；属间接关系的两个信息，无法产生一步计算问题，必须借助中间问题承上启下，也就是它们之间至少可以提出两个数学问题。

比如2021年月湖区三年级下册数学期末测试中的一道题：学校买了25箱苹果，每箱48元，每箱有2层，每层15个。根据以上信息提出一个数学问题并解答。因为题目开放，信息繁多，没有现成的问题，有些学生感觉无从下手。如果日常教学中，关注学生发现并提出问题能力的训练，这应该是令人皆大欢喜的一道题。如：买了25箱苹果，每箱48元。抓住关键词"箱"，单位相同，它们之间是直接关系，联系乘法的运算意义，可以提出"一共需要多少元"的问题；而25箱苹果和每层15个，"箱、层、个"三个单位，两步计算问题，必须借助"每箱有2层"这根桥梁，先求出"一共有多少层"或"每箱有多少个"或"25箱一层有多少个"的问题，才能解决"一共有多少个苹果"的问题；每箱48元和每层15个，无法联系运算意义来建立数量关系，不能提出"一共需要多少元"或"一共有多少个"的问题。学习小数除法后，可以结合"每箱有2层"这个信息，提出"连除或乘除混合运算"的问题并解答。以"读"促"思"，培养学生发现并提出问题的能力。

二、分析数量关系，沟通问题与运算意义的联系

"分析与解答"是解决问题的核心环节，关键要引导学生分析数量关系，并根据运算意义来理解，选择相应的算法解答问题，从而获得解决一类问题的方法策略。通常可以让学生动手摆

一摆，画一画，将抽象复杂的数学问题转化为形象直观的图表，一目了然看出其中的秘密。如：人教版二年级上册第 63 页例 7 "解决问题"的教学。学生第一次接触纯文字的题目，图解策略是通往成功的"桥梁"，既遵循了学生的认知规律，也尊重了教材的编排意图。创设情境，出示例题信息，引导学生提出数学问题并解答。让学生用自己喜欢的图形画一画：每排画 5 张，画 4 排，有 4 个 5。看图理解，解决"一共有多少张桌子"的问题，其实就是求 4 个 5 或 5 个 4 的和，可以用乘法计算；画 2 排，一排 5 张，另一排 4 张。一共有多少张，其实就是求 4 与 5 的和。有的同学会这样列式：4+5+2，教师可以巧用错误资源，引导学生分析算式中的每个数据具体表示什么。2 表示排数，5 和 4 都表示桌子的张数，先区分排数与张数的意思，再想想问题是求什么（桌子的张数），从问题出发引导学生选择信息，防止随意凑数列式，养成仔细审题的好习惯。解答过程中，出现乘加或乘减的方法计算（4×2+1）、（5×2-1），教师要给以肯定，并引导他们比较哪种方法更简便，倡导策略多样化的同时渗透优化的意识。数形结合，沟通了实际问题、数量关系、运算意义三者之间的联系，使学生明白了为什么两道题的解答方法不一样，同时培养了学生动手操作、分析思考、语言表达等方面的能力。

又如：一辆洒水车每分钟行驶 200 米，洒水的宽度是 8 米。洒水车行驶 6 分钟，能给多大的地面洒上水？因缺乏空间观念或不留心身边的事物，有些学生根本不理解题意，将面积和周长混为一谈，甚至不着边际求路程。教学时，可以还原问题情境，让学生画出草图或想象构图，洒水车经过的部分是一个长方形，"能给多大的地面洒上水"其实是求长方形的面积。长变宽不变，先求出 6 分钟行驶的长度（6 个 200 是多少），再计算面积（1200 个 8 是多少）。有步骤、有思路、有方法，做到有的放矢，学生就能轻松解决问题。

三、完善学习过程，积累解决问题的活动经验

求出问题的答案并不是问题解决的终结，还应对过程和结果进行评价，形成自我反思机制，帮助学生养成良好的检验习惯和认真的学习态度。如："按比分配解决问题"的教学。"回顾与反思"环节，鼓励学生用不同的方法进行检验：$100 + 400 = 500$；$100 : 400 = 1 : 4$；$100 \times (1+4) = 500$；$100 \div 1/1 + 4 = 500$；$400 \div 4/1 + 4 = 500$。问题解决的过程中，联系了除法和分数乘法的意义进行教学；检验时联系了乘法和分数除法的意义进行分析。将结果作为已知条件，让学生尝试编题，有利于培养学生的逆向思考能力。如：用 100ml 的浓缩液，按 1 : 4 的比可以配制多少稀释液？其中水的体积是多少？反思过程，积累经验：已知总量和相关量的比，求各种数量，有两种解答方法。（1）找出相关量的比，算出各种量占总量的几分之几，用乘法计算出各种数量；（2）将比转化为份数，总量除以总份数，求出一份数量，再计算出所求问题。抓住问题的本质，沟通两种方法的内在联系，初步构建"按比分配解决问题"的数学模型。培养学生举一反三、触类旁通的数学思维能力。

例谈解决问题的有效教学策略

罗　兰（鹰潭市第六小学）

　　问题解决是一种教学模式，更是一种发展高级思维、走向深度学习的方式。问题解决的教学策略多种多样，方法丰富多彩，最为常见的莫过于图解策略和建模方法！

　　画图分析数量关系，能将抽象的数学知识形象化，使之浅显易懂。如教学"归总问题"中，万美玲老师精心设计"画一画"的活动。让学生用画图的方式把题目的意思表达出来。凭借"归一"问题的学习经验，大多数学生采用了示意图的方式来呈现信息和问题，出现了三种情况：（1）用圆代表碗，6元一个，第一层画了6个；9元一个，第二层画了1个，问号打在空白处。（2）左边画6个圆，用大括号标明36元，右边画4个圆，同样标明36元。（3）分两层来画，第一层画6个圆，第二层画4个问号，中间用"36"元连接两个大括号。少部分同学画线段图表示，并且上下两条线段长度不一；只有极个别学生能用标准的线段图表示出总价相等这个信息。从示意图到线段图，是思维抽象的过程，需要教师适当引导。因此，创设矛盾冲突，是通往问题解决的有效途径。如果说比较几种不同的画法，你更喜欢哪一种，很多孩子会认为示意图更好。改变问法：对比分析，你认为哪幅图能准确地表达信息和问题？引发思考：第一种情况，问号打在空白处，和已知信息"9元一个碗"并列呈现，显然没有表达出问题的本质含义（求36元里面有多少个9），既无法体现"这些钱"和妈妈带的钱相等，更表达不出"一个数里面有几个几"的除法含义。第二种示意图，学生已经在心里作答，根据乘除法的运算意义将问题变成了已知信息，画图的意义和作用无从谈起。第三种虽然表明了"这些钱"和妈妈带的钱都是36元，用四个"?"表达要求的问题，问号已经失去了意义，已知信息"9元一个碗"也不见了踪影。通过比较，发现用示意图难以完整地表达题意，感受到示意图的局限性，线段图的画法才有了研究的必要。初次学习画线段图，示范引导很重要，落实"归总"问题的两个关键：表示总量的两条线段怎么画，为什么同样长？其中表示单一量的两条线段长度不同。分析数量关系的过程中，万老师善于抓住学生的思维特点和学习起点，巧设疑问，步步为营，将抽象的数学模型与直观的线段图融为一体，使图解策略焕发新的生机。

"做一做"让学生独立尝试画图。从买碗到看书，问题情境变了，解题模型依然如故：先求出总页数，再求每天看的页数或需要的天数。在画图操作中，学生领悟到解决这类问题的关键：无论单一量和数量如何变化，总量始终不变。因为单一量大小不同，它们在总量中出现的个数也不同。对比联系，根据"归总"数量关系解决问题的数学模型已建立。渗透反比例思想，让学生补充条件和问题，运用模型解决实际问题，学生得心应手！

又如解决"排队中的数学"问题，徐琴琴老师善于组织教学，带领一年级的小朋友生动活泼地学习。看图收集信息：小丽排第10，小宇排第15。想一想：小丽和小宇之间有几人？4人、5人、6人，孩子们各抒己见，个别学生从情境图中看到有3人。

究竟有几人？数一数，11、12、13、14，部分同学认为有 4 人，说明他们已经理解"之间"的含义，并且成功地将实际问题转化为数学问题：第 10 和第 15 之间有几个数？纠正"5 人或 6 人"的错误答案，画图验证的方法最有效。于是徐老师让孩子们用一个圆表示一个人，或用自己喜欢的图形画一画。反馈交流：有人一行画 15 个，教师适时引导学生数一数，标明第 10 和第 15，用大括号把这两个数"之间"勾画出来，打上问号，擦除前面的 9 个，得出他们之间有 4 人；有学生直接画 4 个圆，表明小丽和小宇之间有 4 人，让学生数一数是哪 4 个，巧妙地将问题转化为：从 11 数到 14 有几个数。重点研究 6 个的画法：为什么要多画两个圆？因为两端分别表示小丽和小宇，而他们之间不包括这两人，打"×"表示去除，数一数得出 4 人。对比分析哪种画法既简便又合理，使学生明白：把题目的信息都呈现出来，更有利于分析和解决问题。"做一做"练习中，学生基本上都能画图表示题意，数出第 4 和第 8 之间有 3 个数，可见图解策略正悄悄走进孩子们的心灵。画出自信，数出精彩，"序数、基数、数序"的含义被赋予了鲜活的生命。求两个数之间的个数问题，"数之间，去两端"的模型已初步建立。正所谓：数形结合百般好，这就是图解的魅力！

然而，问题解决更多指向意识和能力，而不局限于方法和策略。因此，在重视分析与解决问题的同时，还要关注"一头一尾"的发展，提高学生的创新能力。"一头"重在培养问题意识，让学生经历发现问题和提出问题的过程；"一尾"侧重训练反思意识，培养学生举一反三的能力。

如"列方程解决实际问题"的教学，上官琪老师精心创设情境：已知两人的速度，引导学生补充信息，发现并提出数学问题。问：5 分钟后，小林骑行了多少米？两人一共行驶了多少路程？提出问题的过程，促使学生联系乘法的运算意义思考数量关系：速度×时间=路程，求路程也就是求几个几是多少。因为相向而行，引发学生联想运动的结果。添加"相距 4.5km""同时出发"等信息，再次提出问题：两人何时相遇？一石激起千层浪，课堂里泛起思想的涟漪：相遇是什么意思？相遇时间有什么特点？相遇时小林和小云分别骑了多少千米？通过模拟演示，理解关键词"相向、同时、相遇"，从而使学生明白：相遇时两人所用的时间相等。进而画线段图分析数量关系：用箭头表示两人的运动方向，同时标明速度；相遇地点离小云家更近，因为小林的速度更快。看图直观理解数量之间的相等关系：小林骑的路程+小云骑的路程=总路程，以此作为列方程解决问题的依据。模拟演示和画图分析，都只是解决问题的辅助手段。而根据相关信息提出合适的问题，更需要学生动脑筋思考。因此，主动提出问题比被动解决问题来得更重要！问题意识的培养要从小做起。

好的开端是成功的一半！因为"阅读与理解"部分，教师重视培养学生提出问题的能力，"回顾与反思"部分才有了改编例题的精彩。将"相遇时间"作为已知条件，替换题目中的某个信息，对例 5 进行改编。已知相遇时间和两人的速度求总路程，不约而同地出现在学生的脑海中，原本检验方程解的过程被赋予了新的意义。点燃创新的火花，思如泉涌。求小云或小林的速度，看图分析数量关系，以总路程建立等式列方程：$0.25×10+10x=4.5$……对比分析，发现三道题的相同与不同。求总路程是顺向思考，用算术的方法解答更容易；求小云或小林的速度是逆向思考、多步计算的问题，如果用算术的方法解答，需要转换运算意义、重建数量关系；而用方程的思路解决问题，同一个等量关系式，同一幅线段图只需交换问号和信息的位置；进一步沟通与例

5 的联系：无论是求相遇时间还是其中某个人的速度，根据题目的表述顺向思考问题，寻找等量关系列方程，其中的便利不言而喻，容易理解，不易出错。春风化雨，润物无声。此时，孩子们心中，对列方程解决问题优势的认可油然而生！

从相向而行到背向而行，从相遇时间到个人速度，方向和问题都发生了变化，数量之间的相等关系依然不变。沟通习题与例题的联系，利用"路程和"建立等式列方程的数学模型已建立。渗透代数的模型思想，体会用方程解决问题的优越性，课堂又一次焕发出新的生机！

将"过程与方法"中的缄默知识显性化，图解架设思想的桥梁；关注"首尾"发展，问题解决的能力扶摇直上！

沐浴阳光，感恩成长！我们相聚在鹰潭市第八中学参加月湖区小学数学"解决问题"教学观摩会暨罗兰名师工作室课研成果汇展。上课教师循循善诱，说课老师娓娓道来，把握学情，研读教材，共同成就课的精彩！

本次教研活动圆满成功！感谢市八中校长的大力支持！感谢月湖区教研室主任朱水新的专业指导！感谢工作室全体成员的辛勤付出！

教研是一道美丽的风景，学会欣赏和发现，方能诗意前行！

创新解决问题教学评比拾翠

罗　兰（鹰潭市第六小学）

2022 年 11 月 3 日，罗兰、邵丹英两名师工作室在鹰潭市十二小举行"演课和评课"比赛。本期教学联谊活动，准备时间只有三天。小组合作线上磨课，组长认真负责，组员积极参与，工作室主持人适当引领和指导，这种学习氛围和教研模式非常好。凝聚智慧，开拓创新，有利于教师成长和团队发展。

演课比赛已经多次，老师们的表现越来越好。在此，我们祝贺各位参赛教师！

演课是一种新颖又实用的教研模式，无须考虑教学进度，不受场地和学生的约束，是近几年教师评聘常用的考试方式。作为名师工作室成员，我们必须掌握这项技能，并且在活动中积累经验，形成技巧。

演课是教学浓缩的精华，关键在于解决课堂的主要矛盾，时间控制在 15 分钟之内。导入环节要求简洁高效，探究新知必须突出重点、突破难点。重点环节，教师可以采用复述或转述的方法模拟学生作答，当学生有不同想法或做法时，可以采用小结和评价的方法模拟师生互动，还可以采用板书的方式呈现学生的思维过程。突破难点首先要设计有针对性的问题，进而引导学生表达自己对问题的理解。可以点名学生作答，建议同桌互相说一说，采用留白为学生提供合作讨论时空。模拟互动是演课的一项技巧，能使课堂栩栩如生，增添一抹灵动的色彩！

比如《用规律串珠子》教学，通过模拟互动体现解决问题方法的多样化。徐老师引导学生从左往右看，发现规律，说一说、圈一圈；从右往左观察，尝试发现规律，圈一圈、说一说。学生一个说，两个说，大家都来说一说，从而突出教学的重点。从左往右和从右往左观察到的规律是不一样的，因此圈图是关键。说一说几个为一组，为什么这样圈？这是突破难点必须思考的问题。从左往右看，一目了然，比较容易发现规律，黄黄蓝三个一组圈一圈；从右往左观察，对一年级的小朋友来说并不容易发现规律。因此，说清楚一次圈几个和为什么这样圈就显得特别重要。为什么圈三个一组？两个一组或四个一组不可以吗？展示学生的思考过程，暴露学生的思维缺陷，巧妙利用错误资源，同样可以为演课创造亮点。如果教师能够采用检验的方法进行知识强化，从左边观察得到的答案用来检验从右边观察发现的规律是否正确，课堂会更扎实、更生动。

又如《确定时间》教学，体现解决问题方法策略的多样性。陆老师借助课堂互动展现思维过程，有些学生是根据已知信息逐步推理出结果，有些学生是采用排除的方法筛选出答案。对学生的不同做法教师都加以肯定，并鼓励他们尝试掌握两种解答方法。如果用一种方法解决问题，就用另一种方法检验推理过程是否合理。这样一来，知识的掌握以及策略的构建都有了着落。突破难点时，教师采用活动教具，让学生动手摆一摆，在明白时间范围的基础上，自主探究问题的答案；说一说用什么方法推理出要找的时间，为什么圈这个时间才合理。通过交流分享，使操作思维外化。在简单的时间推理过程中，培养学生的语言表达能力。学习新知后，加强习题和例题的对比联系，引导学生构建解决问题的一般方法和策略：根据已知条件逐一分析；利用排除的方法进行筛选。对话亲切自然，课堂轻松愉悦，教学真实有效。

再如《两数之和的奇偶性》教学，王老师善于把握教材特点和学生认知规律，充分利用小组合作学习，促进学生自主探究，相互交流，灵活运用小结、评价、板书等方法模拟课堂互动。通过数形结合，使抽象的数学问题直观化；引导学生用字母表示数，感悟符号思想；运用转化的方法推理三数之和、四数之和、N数之和的奇偶性，并从中发现规律，培养学生思维的深刻性和灵活性。鼓励学生猜想并验证两数之差、两数之积的奇偶性，将课堂教学拓展延伸。老师们的演课都比较精彩，就不再一一列举了，留待大家自己领悟。

评课比赛，我们还是第一次。这项活动很有意义，也富有挑战性，考量的是教师的综合素养。这次参加评课的六位导师，表达能力都很强。六分钟左右，要将几堂课进行综合点评，得探寻课的灵魂所在。作为解决问题的教学，我们除了关注它的模式和特点之外，还要挖掘这类课带给学生的实际收益，传递给教师的教学启示。因此，深入分析，求同存异，从中提炼主题，围绕主题进行评课，这种做法值得提倡！主题评课需要智慧，更是教研的一道风景线。

比如杨燕老师的主题评课《立足儿童之真，造就课堂之实》，

既关注学习主体，又重视课堂效益。她结合"用规律串珠子"和"确定时间"两堂课的具体细节进行分析，说明执教老师善于把握儿童的真性情，促进活动体验之实；发现儿童的真困难，达成解决问题之实；珍视儿童的真需求，增强课堂巩固之实。透过现象看本质，求真务实，又不乏文采，语言流畅，出口成章。何玲老师的主题评课《让数学思想浸润我们的课堂》《在对比中寻找"变"与"不变"》观点鲜明，条理清晰。分别结合"两数之和的奇偶性""百分数解决问题"两堂课的教学过程深入剖析，挖掘思想精髓，突显对比之美，捕捉课堂的闪光点，指明不足并给出优化建议，引领教师走进课的纵深处，感悟解决问题的教学魅力！万美玲老师的评课紧紧围绕"问题意识的培养和举一反三能力的训练；运算意义的教学和画图策略的形成；思想方法的渗透和数学模型的构建"等方面，结合具体的教学环节进行分析，关注目标定位和教材处理，传递解决问题教学新理念。毛志丽老师从"立足板块视角研究数学问题"说起；刘万里和徐涛两位校长结合实际对教师成长提出建议，关注解决问题的教学是将实际问题转化为数学问题。各位导师学科底蕴深厚，实践经验丰富，评课都有自己的独到之处。

对一堂课的评价，我们可以从不同的角度看问题，有不同的观点和见解。能经得起反复推敲，能给学生带来实际效益，能综合体现教学特色的，一定是堂好课。作为评课教师，我们既要宏观看整体，又要细致入微地分析。观察三个层面：教师层面，学生层面，内容层面；剖析六个要点：目标定位，教材处理，方法选择，设计理念，教师基本功，课堂学习效果；体现四个关注：关注人文，关注交往，关注优化，关注传递。

看教学目标的确定是否全面、具体、适宜、有针对性和导向性，教学环节与教学手段能否为实现教学目标服务。作为演课，导入开门见山，尽快接触重点内容，重点内容的教学时间得到保证，知识技能得到巩固和强化。从授课教师所设计的各个教学环节和各项探究活动以及学生的收获来判断这节课是否实现了三维目标。

看教师能否准确把握教材，突出重点、突破难点、抓住关键。结合具体教学环节，分析突破重难点的方法是否有利于学生理解和掌握知识；看教学方法的选择和运用是否科学合理、符合学生的年龄特点和教学的实际需要，能否激发学习兴趣和探究欲望。

教学设计要体现新课标理念，思路清晰、层次分明，能促进学生主动地学，实现教师轻松地教，培养学生的核心素养。语言流畅、教态自然、知识结构丰富、板书简洁美观，这些都是考核教师基本功的重要内容。深入课堂观察，学生有积极思考、踊跃发言、合作交流、相互评价等思维活动，师生对话真诚友好，小组讨论真实有效，有启发深度学习的问题和思考，这些都是提升课堂教学效率的保证。

关注人文，既强调教师和学生的主观能动性，又重视对课程和教学内容的客观尊重；关注交往，个体的学习权利和地位得到保证，群体的学习优势得到发挥，师生关系和谐，课堂生动活泼；关注优化，把握新课改精神，处理好继承与创新的关系；关注传递，课堂教学信息交流的容量和信息传递的方式应饱满、畅通、简洁、高效。

上好一堂课不容易，评好一堂课更不容易！评课比赛要求每人六分钟左右，短短的六分钟能说些什么呢？聪明的你，可能会挖掘课的精髓，抓住其中最亮的面、最清晰的线、最突出的点，进行思考和分析，给出合理的评价，激励执教老师专业成长；有想法的你，一定不会错过示范引领的机会，发现课堂的闪光点，同时指明教学的不足之处，剖析问题产生的原因并给出具体的修改建议，促进执教老师虚心学习，不断进步；热爱研究的你，或许会结合本次教研活动的主题来谈一点自己的心得体会，从而传递给老师们一种新的教育观念、新的课堂模式……

导师们的评课聚智慧与学识为一体，有人开辟"主题评课"航线，高瞻远瞩，深谋远虑，传递新时代精神，明确新课程方向；有人抓住细节成就精彩，深中肯綮，鞭辟入里。

为六位导师的精彩评课点赞！为十五位演课教师的出色表现点赞！感谢高新区教研主任邵丹英的精心安排！感谢各位老师的辛勤付出！本次比赛活动圆满成功！

感悟搭配的美妙与神奇

罗　兰（鹰潭市第六小学）

穿衣打扮、饮食健康，合影留念、握手寒暄，赠送礼物、设置密码……搭配的知识应用非常广泛。做一个生活的有心人，感受更多的美好和情趣！

比如，每次一件上衣配一件下装，你有一件衬衫、一件T恤、一条裤子、一条裙子，稍加变化，就有四种穿法。选定一件上装，分别与裤子、裙子进行搭配，一衣两搭，两衣四搭，像是多买了两套衣服，感觉新鲜，立马换一个好心情。以此类推，原本买了三套不同的衣服，重新组合，巧妙搭配，竟然有九种穿法。如果再配上款式不同的帽子或鞋子，还能创造更多的美丽与神奇。变一变，你也是一个时尚达人！

健康饮食同样需要合理搭配。早餐营养不只是牛奶加面包，豆浆加馒头也是一种不错的选择。自助早餐，翻新花样，变换口感，饮品加主食的搭配应有尽有。一天之计在于晨，保证碳水化合物以及蛋白质和维生素的摄入，每天精力充沛。美食的灵感来自搭配的想象，全鱼宴集河鲜、湖鲜之大全，烹制五百多种美味佳肴，创造了餐桌文化的奇迹！

搭配的学问有讲究，掌握排列组合的规律很重要。无论是服装或饮食搭配，还是两两握手或进行比赛，都属于事物之间的相互组合，无须考虑先后顺序。能搭配出多少种不同的情况，可以用连线的方法画一画，一目了然看出问题的答案；也可以想一想，用计算的方法解决问题。比如有四个物体，如果两两进行搭配，通过连线可以看出有六种结果。举个例子来说，甲、乙、丙、丁，每两人握手一次，或他们之间开展单循环赛，一共需要多少次？连一连：甲乙、甲丙、甲丁；乙丙、乙丁；丙丁。还可用连续自然数分别表示甲、乙、丙开头的情况，进而通过连加计算出答案：$3+2+1=6$。也就是选定一人，再分别和他人进行组合。问题分析到这儿，你一定有所发现：先固定一个，再依次搭配其他。利用这个诀窍，即使求百人单循环赛的次数也不是难题。每两人对弈一局，共对弈：$99+98+97+\cdots\cdots+3+2+1=4950$。虽然两次的人数不同，但规律是相同的。对比分析，你会发现算式中的第一个数据比总人数少1，而且这个算式是一个等差为1的数列，末尾一个数是1。数学的奥妙闪烁着人类智慧的光芒，敢于探索、懂得变通，就会趣味无穷！

本着数学来源于生活又服务于生活的理念，新课程开设了"数学广角"专栏，旨在从简单的实际问题中发现规律，进而利用规律解决问题，培养学生的逻辑思维能力。"搭配"是其中一项重要的学习内容，在二、三年级连续出现。优质示范课教学，老师们都比较偏爱这个课题。

还记得两年前，优秀骨干教师王见英在联片教研活动中执教的"搭配"一课，从教学设计和实施过程来看，其目标定位准确，课堂扎实精彩！王老师带领孩子们生动活泼地探究有关数字排列的问题：从"1、2、3"当中任意选择两个，能组成几个两位数？教师巧设疑问，帮助学生理解题意，接着让他们独立思考，动手摆一摆、写一写。反馈交流，学生出现了多种情况：有遗漏或重复的，有顺序比较凌乱的，有按从小到大或从大到小排列的。充分暴露思维缺陷，矛盾冲突引发逻辑思辨。进而引导学生对比分析，每种情况有什么不一样，怎样做到不重复、不遗漏、快速准确地解决问题？学生亲身经历从无序到有序的过程，真正体会到全面有序思考的重要性。水到渠成，师生共同总结出搭配中排列问题的基本方法：先选定十位上的数，再依次搭配个位上的数；反之亦然，能组成六个不同的两位数。学以致用，孩子们的课堂练习做得井井有条，说得津津有味！

团队成员夏利平老师曾挑战"搭配（二）"的示范教学，经过多次磨课，在意犹未尽中师生出色完成"精品常态课"的实录。

同样是搭配问题，能组成几个两位数，必须考虑位置顺序，表明元素之间是有序的，这就是"排列"区别于"组合"的关键之处。比如：有三本不同的书要送给三位同学；或者一家四口排队照相，都属于排列问题，同样可以采用"先固定，后变化"的思路来分析。像组成三位数或四位数一样，依次考虑每个数位有几个数字可以进行选择，然后用连乘计算出结果。当然，这是培优后话，对于中低段学生，能够通过动手排一排，经历问题解决的过程即可。复杂的问题从简单的例子着手分析，从中发现规律，构建模型，更好地解决生活中的实际问题，这就是数学的魅力！

世界因你变化万千，生活有你丰富多彩！搭配的奥秘深藏不露，寻根之旅妙趣横生！

且行且思且成长

罗　兰（鹰潭市第六小学）

2021 年 4 月中旬，我有幸赴广东参加中山数学"名思教研"大会，心情甚是愉悦！大咖云集的盛会，久违的思想碰撞，来之不易！

核心素养背景下，全国小学数学"聚焦关键能力培养，关注中低段教学要素"名师课堂教学观摩研讨会，在中山市实验小学落下帷幕。回顾几天来的观课学习，感触不少，受益良多！

著名教育专家吴正宪老师，温柔谦卑、优雅大气，是众多数学教师心中的女神！早年曾现场观摩过吴老师的公开课，后来通过网络多次观看她的教学视频，高尚的人格魅力、精湛的教学技艺、充满意趣的课堂风采，无一不让人心悦诚服，难以忘怀！今天再次见到吴老师，她依然是那样的热情饱满，光彩照人，由内而外呈现出一种美的气质。她的课，知情交融，妙趣横生，对听课老师来说是一种享受！能成为她的学生，更是莫大的荣幸！最新课例《平移旋转》教学中，吴老师精心创设情境，充分激发兴趣，让学生在活动中观察、想象、思考、分析，深入学习平移与旋转，自主构建"平移"的空间表象。比如：让学生上台演示小女孩卡片"娜娜"的运动，大多数同学想到的是"上下和左右"两个方向的平移。"你还有想法吗?"教师巧设疑问，激发学生思维创新，"可以向左上方和左下方平移"。一石激起千层浪，孩子们争相表达自己的看法："方向可以是斜的，人必须是直直的。""第二次向左上方运动，不是平移，她旋转了。""要保持原来的姿势，不能倾斜，不能倒下。"……自主探索，明辨是非，平移的本质特征"方向一致"油然而生。此时，孩子们对"什么是平移"已经有了清晰的认识。日常教学中，教师大多关注横向和纵向的平移，因为它容易保持方向不变。而物体沿着斜线平移，对学生的操作和理解都有一定的难度，吴老师恰巧利用这一难点，制造矛盾冲突，暴露学习困惑，启发学生再度思考：娜娜的运动还是平移吗？从而使学生进一步认识到，只要保持方向一致，沿斜线也可以做平移运动。比如，"激流勇进"就属于平移现象。深度学习，让孩子们脑洞大开。在扮演汽车调度员的活动中，学生自由选择接 B 部客或 A 部客，从不同的角度思考，先朝水平方向再朝垂直方向，或先朝垂直方向再朝水平方向，得出两种不同的平移方案。有同学建议：汽车朝斜线运动，可以更快接到乘客。是啊，如果沿对角线开辟一条新的路径，又何必转弯抹角数方格呢！想象的力量是无穷的，"两边之和大于第三边"的原理，竟然被二年级的小朋友发掘！惊喜之余，数学美的奇迹悄然绽放！跨越时空，为"位置与方向（二）"架设桥梁，描绘"大单元思想"的彩虹！

吴老师非常注重培养学生的空间想象能力，引导孩子们在课堂、在游乐场、在生活中用心体验平移旋转，灵活应用知识。比如让孩子们在头脑中勾画物体运动的轨迹。她让学生思考：楼房搬家不拆一砖一瓦可能吗？同学们各抒己见："有可能，如果房子够轻的话，可以掏空里面的东西，在底下装个轨道。""楼房很高，超过 100 个砖头，搬不动呀。"……见证上海音乐厅平移 60 多米的奇迹，打开想象的闸门，学生思如泉涌。在"聪明的设计"和"长度计算"两个问题中，有同学坚持选择旋转门，考虑数据的同时，创新设计"向外开门"；有同学想象自己的身体向上平移，在30多米的高空向下看，大楼顶部安装的彩灯图案像拐杖、像手枪；还有同学提出将"手枪"向里边平移，再计算长度……趣已生，情更浓，意未尽。

不忘初心，为学生成长而教。"孩子，来呀""不急""谢谢你""对不起，是我错了，你能原谅我吗"……亲切的招呼，耐心的等待，真诚的请求，吴老师用事实告诉我们：教师的权威不是用来掩盖错误，而是尊重事实，获得学生的谅解，赢得学生的喜爱！

《改变教学方式 促进深度学习》吴老师的讲座同样深入浅出，妙语连珠！她以"小数的意义"为例畅谈单元学习主题，要求抓住关键问题，注重核心能力的培养，让学生心中有一颗"小太阳"照耀每个阶段的学习。比如创设情境，引发疑问：0.6~0.7之间会不会长出一个新的数？0.66的两个6一模一样，难道他们大小一样吗？通过动手操作、观察分析，引导学生从细化单位感悟小数的产生，从单位的累加理解小数的意义，从十进制和数位探究位值，从此打开一扇新的窗口，突破传统教学的探究瓶颈，把"小数的意义"教学统一到"数是对数量的抽象和对计数单位多少的表达"这一深度和广度，从而沟通不同数域之间的联系，感悟数本质的一致性。通过数轴呈现单位的扩长和细化，使整数和小数浑然一体，巧妙地渗透单元思想，让课堂教学变得更丰盈。她强调：单元学习主题必须打通"隔断墙"，建立"承重墙"，达到举一反三、触类旁通的境界，才能减负增效，呵护学生的成长。她倡导：交往时要把学生看成大人，充分表示尊重；教学时要把学生看成小孩，不能以为自己的认识就是孩子的认识……生动的比喻，经典的话语，朴实的道理，深深感染着在场的每一位观众!

终生痴迷讲台的黄爱华老师,他的课我非常喜欢!第一次在洛阳听他执教《圆的认识》一课,感觉新颖、生动、有趣;后来陆续观摩了他的很多课例,的确非常实用,很接地气。他善于创设情境,引人入胜,总是匠心独运,画龙点睛。殚精竭虑,追求卓越,他活在研究课堂的生命状态里,"磨"课千遍也不厌倦,华哥的课总能给人带来新的惊喜!这次他的最新课例《24时计时法》闪亮登场,让人耳目一新!设计预学单,让学生带着问题看微视频,把自己能解决的问题放在课前解决。课中紧紧围绕"12时与24时计时法有什么不同""为什么喜欢用24时计时法"两个大问题进行自主探究,合作交流,适时点拨,引导学生充分表达自己的想法。教师乐于倾听,善于判断,合理选择来自学生的信息资源,及时进行概括,归纳整理出三个不同:有没有重复的数;要不要加说明;有没有分段计时。黄老师非常注重培养学生的口头表达能力,认真做好示范,关键词句反复训练。比如:12时计时法有重复的数,而24时计时法没有重复的数;12时计时法把一天的时间分成两段来计时,而24时计时法把一天的时间看成一段来计时。要求严谨,连一个"而"也不错过,有理有据,凸显数学的本性。这让我想起身边有些教师总是埋怨学生表达能力差,那么请问你有没有做好"说"的示范呢?今天黄老师给大家做了榜样!在深度对话中,学生理解了"有没有分段"是关键。因为分段才有重复,才需要加说明。这样一来,为什么喜欢用24时计时法,道理呼之欲出。因此产生新的思考:为什么不把钟面改成0~24时呢?0在哪里?24怎么办?从而将课堂延伸,引发更多有关时间的疑问。让学生带着思考,意犹未尽!

信息技术与学科整合,施展翻转课堂的魅力。进入移动空间,带着反馈器上课,孩子们开心,教师及时掌握学情,更好地为课堂服务，何乐而不为。走进黄爱华老师的智慧课堂，与计算机亲密对话，我找到了大数据背景下课堂教学发展的新方向。近两年，我使用希沃白板制作课件、录制胶囊、预约上课、布置作业，每周一次在移动课堂和孩子们不见不散。我相信不久的将来，我们学校也能安装希沃白板，让师生畅游在智慧的海洋！

聚焦关键能力培养，关注中低段教学要素，"名思教研"为我们送上了一份"营养大餐"。华应龙大师的《花好梦圆》引领我们走进课外阅读，探索趣味数学的奥秘。他的课风趣幽默，散发着文化气息和科学哲理，让人在走走停停中流连忘返；倾听他和孩子们的交流，我深深地感受到"尊重、沟通、欣赏、宽容"是"化错化人"的真实写照。教研专家罗鸣亮、曹培英的课例和报告，循循善诱，娓娓动听；东道主徐铭侃校长的《田忌赛马》别开生面，精彩纷呈！十三节课例各具特色，倾注了大师们的心血和热爱！

华应龙名师工作室陈志芳老师的《乘法练习课》令我感触最深！在枯燥的笔算乘法练习中融入趣味思考，让学生经历观察、发现、猜想、验证、反思的学习过程，深入理解两位数乘两位数的计算原理及规律。比如 43×68 和 34×86 的结果为什么会相同？其奥秘源于乘法分配律。因为 43×68＝（40+3）×（60+8）；34×86＝（30+4）×（80+6）从中我们看出两位数乘两位数分成了四步：个位数相乘（尾乘尾）3×8＝4×6；十位数相乘（头乘头）40×60＝30×80；（首尾交叉相乘积相加）40×8+60×3＝30×6+80×4。可以用点子图加以验证，从而引导学生发现规律：当两个因数的个位数相乘等于十位数相乘时，十位数和个位数交换顺序，乘积不变。比如 13×93＝31×39；64×69＝46×96……但如果两个因数都小于 20，这个规律就不成立。有理有趣，你不妨也来试试。

还记得 2015 年我们工作室开展"踢十法和首尾交叉相乘法"

的研究，在杨燕老师任教的班级做实验，学生很感兴趣。作为辅助算法，不仅解决了连续进位乘法的困惑，还能用来验算，方便快捷。2017年，万美玲老师代表罗兰名师工作室成员，在鹰潭市小学数学练习课教学观摩大会上做示范展示，课堂生动活泼，孩子们学得很投入。因为新的算法和基础算法算理相同，只是计算顺序和书写格式有所不同，在点子图上可以一目了然看出它们的联系。无论哪种算法，两位数乘两位数都包含了四个部分：一位数乘一位数；整十数乘一位数；整十数乘一位数；整十数乘整十数。首尾交叉相乘法巧在将两个"整十数乘一位数"进行合并，甩掉了连续进位的烦恼。今天陈老师的这堂课，就用到了首尾交叉相乘法的技巧，引发学生好奇，激发学生兴趣，和万老师的课有异曲同工之妙，解决了计算练习课的"难上加难，烦上加烦"，为培养学生的计算素养做了一个很好的示范！也让我们团队为自己的勇于创新和乐于分享而自豪！

思未断，情未了！参加名思教研大会，我们不只是看课上得好不好，而要跳出课来看课，我们收获了哪些新的思想理念，感悟教育改革的发展趋势在哪里。深度学习，实施单元主题教学；深度对话，设计大问题研究；融入信息技术，开启课堂教学改革的新征程；加强课外阅读，引进趣味数学……聚焦关键能力培养，关注中低段教学要素，我们且行且思且成长！

三个"一"的力量

罗 兰（鹰潭市第六小学）

师者，传道授业解惑也。教师的一言一行都将影响学生的成长！

树立读书学习的一面旗帜

多读书，自然脱胎换骨；读好书，犹如拥有一笔财富。二十年前的那些夜晚，我一头扎进教育书刊，研读专家的教育理论，品读名师的教学设计，做批注，写反思，细嚼慢咽《小学数学教育》的精髓，感觉斯苗儿老师的文章特别有味。透过课改的热点冷思考，抓住问题的焦点深解剖，一个个鲜活的案例评析，看似行云流水，实则暗藏玄机。每每阅读，每每惊喜！2003年我第一次在《江西教育》核心期刊发表文章。"阅"读"阅"美，我走进了陶行知先生的教育思想：捧着一颗心来，不带半根草去；以科学之方，兴教育之事……"阅"读"阅"爱，我在于永正老师风趣幽默的行文中，感受到一种历经人生沧桑的凝重感。"不戚戚于贫贱，不汲汲于富贵。"以教为荣，以教为乐，用微笑诠释教育情怀！

坚持阅读学习，把爱心献给孩子，诚心送给家长，信心留给自己，不知不觉中我遇到了更好的自己。2007年荣获江西省特级教师荣誉称号，2010 年创建罗兰名师工作室，从此我带领团队成员读书学习。工作之余，鼓励小伙伴儿们阅读教学杂志，提升专业素养；寒暑假，开展主题学习，阅读文学名著，撰写心得文章，提高文化修养。在主题征文评比活动中，团队成员邵丹英、万美玲、张小英、何玲等教师脱颖而出。经过多次磨炼，张小英老师的文章越写越棒，团队成员李静、徐琴琴、徐云霞等 10 位年轻教师开始倾听竹子拔节的声音……

课堂上，我习惯结合教学内容适时引进课外知识，引发好奇心，触发想象力，激发孩子们自主阅读的兴趣。有时和孩子们同读一本书，分享书中有趣的话题或感伤的情节；谈谈自己对故事主人公的看法；是否喜欢故事的结尾？如果让你改编，有什么好的建议……读书学习，拉近了师生情感的距离。

擦亮精神长相的一面镜子

德高为师，身正为范。嘴不妄、眼不斜、耳不偏、心不窄、身不歪，"五官端正"是对教师的基本要求。

寸有所长，尺有所短，其实每个孩子都有自己的优势和不足，教师不宜戴上有色眼镜看人，应该尊重每一个学生，努力发现他们身上的闪光点，为其创造成功的机会；用真心诚意感化问题学生，帮助他们找出问题的根源，令其痛改前非，努力成为未来生活和学习的强者。擦亮精神长相的一面镜子，塑造健康的人格和正确的三观，照亮学生追求理想和幸福的道路。

教室后排的三位女生喜欢做手工，有时上课会偷偷地比比画画、修修剪剪，交流互动时，她们常常答非所问，甚至茫然不知所措。我用微笑的眼神赞美她们的创意，建议她们暂时把东西收起来，课后有时间会做得更好。有的老师年轻气盛，遇到这种情况，三下五除二，作品卷铺盖儿飞出去。女孩脾气更是倔，冒着"手心量尺子"的尴尬，也要及时把东西捡回来接着做……

如何尊重学生的课余爱好，同时调动她们参与课堂学习的积极性，我尝试现身说法，找她们聊聊感兴趣的话题。其实我从小就心灵手巧，读一年级时会编毛线网兜，四年级时能织袜子和手套，后来学了打毛衣，刚参加工作那会儿还迷上了服装设计，买了一台蝴蝶牌缝纫机，穿上自己亲手缝制的连衣裙，时尚自豪甭提有多高兴……但这些从没影响我的工作和学习，反而让我更加珍惜时间，发奋努力，以优异的成绩来奖赏我的创作设计。话题在笑声中传递，女孩们争相拿出自己的绝活，我答应她们做一次手工制作评比，前提是她们的学习有进步。谈话时间不长，方法挺管用。后来她们认真计算，工整书写，积极思考，踊跃发言，我看到了完全不一样的她们！

班上还有两个男孩特别淘气，班主任安排他们坐在老师眼皮子底下，说是方便管理。好动的男孩力气比较大，同学们甚至有些怕他。操场上到处有他的身影，每次学校开运动会，他总是兴高采烈地拿着奖状来见我，收获了赞美才离去。放暑假那天，老师一不留神，恶作剧男生开始了他的小把戏：将黄同学的成绩单和自己的调换，把姓名改得一塌糊涂。黄同学的家长来领成绩单，老师追到校门口才发现，原来两张成绩单上的各科分数都有差距……他还会换着花样玩淘气，不时上演一些恶作剧，令人啼笑皆非。被相关教师叫到办公室接受思想教育，则摇头晃脑，推脱"狡辩"。课后我和颜悦色地找到他，经过几番长谈，他终于领会了"诚信、友善"的含义，决心要做老师的好学生，同学们的好伙伴。第二天他真的有改变，主动擦黑板、打扫卫生、帮忙组长收作业；课堂上积极发言，对"亿以内数的读写"提出自己的思考和建议。后来他很有礼貌，帮助同学、体贴老师，关心班集体，作业经常得"优"。邻居座位上的好动男孩，深受启发，也铆足了劲读书学习。这次月湖区期末检测，他俩的数学成绩都有了很大的提升。

打磨专业成长的一块牌子

行走在教学研究的道路上，我和小伙伴们已成忘年之交，良师益友。为了一个研究课题，我们在市内十多所学校开启实验班级；为了一个教学主题，我们集思广益，群策群力；为了一个细节问题，我们反复琢磨，精益求精……

工作室一年一度的教学观摩研讨大会如期而至。落实"双减"提高素质，本期活动我们开展了小学数学解决问题的教学研究。这是我们刚立项的省级课题，为给广大一线教师做好示范引领，我们在教学模式和学习方式上进行了创新。重视图解策略的形成和模型思想的构建，关注"一头一尾"的发展，培养问题意识，锻炼逆向思考、灵活运用的能力。以点带面，触类旁通，在解决问题中培养学生的发散性思维，收获事半功倍的教学效果。

磨课千遍也不厌倦，加入罗兰名师工作室以来，万美玲老师坚持每年承担示范课任务。在繁忙的工作之余，每次电话和我聊课数十分钟，明确方向和思路后，写教案、做课件到凌晨两点。每每如此，让我心疼又爱怜！劝她注意身体，可她和我一样，做事喜欢一气呵成。因为反复磨炼，她的课很受欢迎，精妙的导入、精辟的讲解、精巧的过渡、精美的小结，广获教研专家和听课老师的好评。

分三个小组集体备课，互动磨课。我带头撰写三篇原创教学设计《排队中的数学问题》《归总问题》《列方程解决实际问题》，然后要求团队成员每人写一篇教案。在此基础上，组长带领小组线上互动研讨教案，初步形成示范课预案；通过我审核之后，进入线下磨课阶段。上课和说课由不同教师做示范，结合具体课题确定教研主题，围绕主题进行研课，每次试教老师们都深入课堂。记录时间安排，观察学习动态，分析对话效果，修改问题设计……

"排队中的数学问题"比较有趣，然而组织教学并不容易。徐琴琴老师年轻有胆识，第一次挑战一年级的课，刚开始遇到的问题还真不少：学生注意力不集中、不知道怎么回答问题、没理解"之间"的含义、不会画图解决问题等。琴琴老师肯钻善问，每次试教都有新的感悟。

为落实新课程的思想理念，我对《实际问题与方程》的教学预案进行了修改。重新定位目标与方向，优化环节设计，加强对比联系，培养学生列方程解决问题的意识，提高反思与编题能力。上官琪和官细珍两位老师多次电话请教，我们一聊就是四十多分钟甚至一个半小时。组长要求执教老师把我的建议录下来用心领悟，组员齐心协力，余江的王美锋老师冒着严寒，积极来鹰潭参加每一次研课；最后一次在六小试教，我们评课到中午十二点多……热情和专注像冬天里的一把火，温暖又照亮了前行的你和我。

杨燕带组员回家做课，管午饭管研磨；何玲组织老师磨课到晚上九点多；吴艳萍带领学校教师钻研业务；万美玲以身作则，率先垂范……以爱传承，以文化人，这是罗兰名师工作室的一贯作风。

三堂课各具特色，新颖、简洁、高效、实用，上课和说课都很精彩，给同行留下了深刻的印象！结合具体的教学环节，我和老师们分享了解决问题的有效教学策略，传授经验、传递思想，促进教研成果的推广。王轶男、李冬兰、朱燕争相制作美篇，一展小组教研风采；工作室全体成员积极撰写心得反思，本学期累计群发公众号原创文章27篇，发表论文12篇，收获荣誉奖项23人次。为做好日常教学研究，工作室的老师们正在不断努力。

彰显教育的人文情怀

杨　婷（鹰潭日报社）

　　科技创新，教育先行，人才是关键。创造性人才的培养应从娃娃抓起，培养观察兴趣、好奇心、想象力、动手能力、阅读习惯，开阔眼界，提升素养。作为教师队伍的先锋阵营，罗兰名师工作室聚智慧、勇创新、付真情，勤读书、做课题、出成绩……增长前进动力，激发自身潜力，彰显团队活力。

一、以课题研究为抓手，引领教师专业成长

　　课题研究是教师专业成长的必经之路，是学校教育发展的实际需求。争当"科研型"教师，潜心钻研，思想更新，思维蜕变，才能真正化茧成蝶！

　　近五年，罗兰工作室以课题研究为抓手，推动教师自主学习、自我反思，合作探究，共同进步。实施"五个一"方案以规范团队成员的日常教学研究行为：每周阅读一篇好文章；每旬设计一个好教案；每月上好一堂公开课；每学期上传一份阶段性研究小结；每学年发表一篇课研成果论文。先后开展了《构建练习课有效教学策略研究》《小学数学"解决问题"教学研究》等课题实验。优质资源共分享，送教下乡，全市推广；课程培训，广获好评；参赛评比，荣获大奖。课研成果突出，取得了良好的社会反响。

2020年10月，进一步深化"解决问题"教学研究，工作室开展了专题系列微课评比活动。写设计、做课件、录视频，小伙伴们一丝不苟，全神贯注。一路过关斩将，一路神采飞扬！经过市信息技术专家及教育部门领导的评审，杨燕、吴艳萍、万美玲、张小英四位教师脱颖而出，作品荣获一等奖；王轶男、盛晓琪、彭亨贵、徐琴琴、官细珍等老师获得二等奖。加强学科教学与信息技术的整合，罗兰坚持每周五录制一个"知识胶囊"，在希沃白板的移动课堂和同学们不见不散。发送微信海报到班级群，孩子们争先恐后观看罗老师的微课视频。智慧课堂，提高教学质量，工作室为广大一线数学教师做了很好的示范。

二、以读书学习为契机，促进个人素养提升

个人素养的提升非一蹴而就，可见育人比教书更重要。教育，长的是知识，修的是灵魂。成绩好的同学骄傲自满，或许你避而不谈；脾气差的学生惹是生非，或许你习以为常；心眼小的孩子自私自利，或许你不以为意。天长日久任其发展，后果不堪设想！健全人格的成长受家庭环境的影响，更与学校的教育有关。为人师表，率先垂范。教师虚怀若谷，才能帮助学生戒骄戒躁；师父无私奉献，才能促使徒弟懂得感恩。而这些恰恰与教师的人文情怀有关。

四年前，班上有个孩子是大伙儿眼中的学霸，但表现比较傲气。一次课间休息，罗老师看见有个同学去请教他题目。"走开，别烦我，笨蛋！"一句冰冷的话语，瞬间浇灭了不耻下问的勇气，也让她对学霸好奇。当天放学，罗兰找他谈心，普及助人为乐的意义；之后他送作业本到办公室，多次看到罗兰耐心指导青年教师业务学习，不厌其烦为他们答疑解惑。两个月后的一天，平行班的数学老师进教室问罗兰关于三角形面积推导的问题，学霸在旁边也听得津津有味，终于诚恳地对罗老师说他完全体会了助人为乐的可贵!

上学期,班上有个孩子变化很大。从前心眼变得特别小,回答问题、演板,总是抢着不让别人上,听到老师表扬同学,他便骂骂咧咧,歪鼻子瞪眼,想方设法找茬,不服别人比他强。罗老师做家访,找他妈妈聊天,得知家中添了二宝,家长全心照顾二宝,一个学期把他晾在姑姑家。"小太阳"被冷落,心里容不下别人。抓住问题的症结所在,罗老师一边找他谈心,一边找来美德故事和他共同阅读,交流心得体会。通过读书学习,熏陶文明礼让之风。如今,班里又多了一个阳光向上的小男孩。

日常教学中,罗老师很注重孩子的思想品德教育。结合教学内容适时渗透人文经典,读一篇颂扬仁人志士的美文,讲一个自己尊敬师长的事例……课前三分钟的"人文热身"活动,她和孩子们从没错过。不知不觉中,同学们的责任意识、感恩心态、智慧能力都有提升。

格局有多大舞台有多宽,要看涵养有多深。蜂采百花酿甜蜜,人读群书明真理。

多读书,读好书,墨韵书香最是致远! 2020 年暑假,罗兰名师工作室开展了"人文教育"主题征文比赛。老师们利用闲暇时光,读书研磨幸福。交流阅读心得,相互点评文章,心灵触动,灵魂闪耀着光芒。一片片润物无声,一缕缕春风化雨,一瓣瓣爱心传递,一朵朵花开如期。教育的人文情怀如此鲜活而美丽! 经过一番角逐,张小英、王轶男、何玲三位老师的作品荣获一等奖;万美玲、吴艳萍、章玮晋、盛晓琪等教师获得二等奖。其中部分作品发表于《鹰潭教育》。打造书香名师工作室,做学生读书学习的好榜样。罗兰带领团队成员阅读名著,撰写美文,不断提高个人综合素养,增强团队文化底蕴。近两年,罗兰发表散文20 余篇,其中《我是月湖小幸运》《自带光源福寿齐》《三花烂漫》分别荣获月湖区征文大赛一等奖、第二十七届江西省报纸副刊好作品奖、鹰潭市征文大赛二等奖。2020年5月，罗兰和国家级出版社签约出版个人文集《路径》。

"学道谦逊，常若不足。"智慧是成功的彼岸，读书是一叶扁舟。追逐梦想，罗兰和小伙伴们携手同行！

三、以示范观摩为平台，带动团队创新发展

结对"传帮带"，师徒共成长。工作室骨干力量，每人辅导本校1至2名年轻教师上课、说课、评课，参与案例分析、课例研发等活动，促进其教学能力和专业水平的提升。同时以老带新，工作室成员师徒结对，制定个人三年发展规划和每学年专业成长计划。示范观摩，相互听课，撰写听课反思、教学评析，研究再教方案，体验磨课的创造和快乐。其中夏利平老师身怀六甲，仍积极参加每一次的教研活动。前不久，李冬兰、上官琪两位老师，经高新区教研主任推荐和市教研室领导审批，已加入罗兰名师工作室学习。

2020年12月，罗兰名师工作室联合月湖区教研室在市六小举行"综合实践与数学广角"主题教学观摩研讨会。占丽琴老师执教的《植树问题》目标明确，思路清晰。通过观察、思考、画图等活动，渗透化繁为简的数学思想，抓住点段对应的关系，自主构建植树问题的数学模型，将模型思想与除法的运算意义有机融合，灵活运用到生活实际。章玮晋老师执教的《确定起跑线》以问题为导向，通过自主探索，合作交流，启发争辩，把相邻两条跑道差的计算方法变得简洁活化，从而培养学生的综合运用知识解决实际问题的能力。说课评课与问题互动环节，老师们积极发言，两堂精品常态课获得教研专家和听课老师的一致好评。

汗水洒满希望田野，梦想放飞广阔蓝天。做课题，促成长，博学善思，罗兰名师工作室始终走在了改革创新的前沿！

一 "网" 情深为教研

胡　佳（鹰潭日报社）

"海内存知己，天涯若比邻。"无须多虑风和雨，穿越时空来相聚。网络的神奇将教研风景尽收眼底。在鹰潭，就有这样一个"一网情深为教研"的名师工作室。

远程培训数千人

做一位教育事业的好网民，行走在教师网络研修的道路上，鲜花如潮，掌声迭起！2010 年 10 月，罗兰在江西教师网创建名师工作室。辛勤耕耘十余载，桃李芬芳春满园。

2011—2016 年，罗兰带领团队线上辅导学员，每年都培训来自省内 11 个地市的小学数学教师千余名。通过更新教师观念、创新学习方式、优化教学手段，引领学员走进网络研修；采取主题研讨、问题互动、学员质疑问难、导师释疑解惑，促进师生友好交流；通过资源共享，阅读案例、欣赏课件、观看微课、收听 YY 语音讲座、撰写研修日志，引领教师专业成长。

键盘敲击一言一语，涓涓细流汇聚美丽！每每坐在电脑前，批改作业、传授经验、分享快乐，罗兰时常工作到深夜零点。真心付出赢真情相待，硕果满枝溢香飘四海。学员们亲切地称罗老师为"知心姐姐""解惑大师"。江西省教育厅授予罗兰"优秀辅导教师"称号;2018年3月,罗兰名师工作室荣获鹰潭市"三八红旗集体"称号;同年6月,罗兰作为高层次人才参加清华大学鹰才培训班学习,随后接受省教科院专家和市教育部门领导的专访;2019—2021年,罗兰先后被评为"感动月湖"人物,省、市、区三级挂牌名师工作室主持人。

智慧课堂暖人心

不忘初心,砥砺前行。走进"互联网+"新征程,罗兰投身网络教育科研,带领团队开发课例,打造精品常态课;发表美篇和公众号,传播教研新思路。做课题,建资源,线上线下齐抓实,课内课外共研磨。工作室打造的精品录像课、系列微课入选听课网,供全国一线教师观摩学习;罗兰创作的课例、课件、论文分别荣获全国一等奖;指导教师参赛荣获录像课全国二等奖、微课全省一等奖、展示课全市一等奖。她引领团队成员上网学习教育名家的思想理念、观摩教学大师的课堂风采,结合实际活学活用,在深入反思的基础上,逐步形成自己的教学特色。比如关注"真爱梦想"教育,聆听专家对新课标的解读。观看中央民族大学教授孙晓天的直播课,罗兰深受启发:数学的眼光是"抽象"的门槛,能透过现象看本质,发现事物间的内在联系。把数学的眼光作为核心素养,意味着真实情景必须是数学课程不可或缺的组成部分。低年级教学活动化、游戏化、生活化,有助于激发兴趣、增强好奇心、旺盛生命力。健全人格的成长,培养学生核心素养意义深远!又如参加赣教云教师网络空间展示活动,她积极上传自己的优秀原创作品:课例、课件、微课、录像课、论文等,鼓励教师优质资源共建共享,为教育均衡发展贡献一份力量。

屏幕挡不住挚诚的瞬间，心灵闪烁着智慧的火焰。走进希沃白板，罗兰坚持每周录制一个"知识胶囊"，在移动课堂和同学们不见不散。发送微信海报到班级群，孩子们争相观看罗老师的微课视频。兴趣浓厚，信心倍长，同学们找到了自助学习的方法，家长发自内心地高兴，感谢罗老师的无私奉献！构建智慧课堂，提高教学质量，罗兰名师工作室做了榜样！

文明上网传真情

网络正在改变人类的生存方式，充分利用互联网提供便捷、提高效率是当今社会的发展趋势。熟练掌握网络办公技术是对团队成员的基本要求。罗兰心手相传，老师们青出于蓝而胜于蓝。

团队成员杨燕做"绿藤教育"网站，利用课余时间辅导学生，使用"钉钉"软件打造在线课堂。因材施教，鼓励优生挑战疑难，给后进生做"一对一"辅导。"燕子老师"深受学生喜爱，广获家长青睐！

教育是一场爱的旅行！团队成员万美玲默默耕耘"智慧作业"平台。为数百万家庭减轻作业辅导负担，她殚精竭虑，废寝忘食。每晚待女儿入睡后，开始在电脑上备课、在镜子前演练。2019年暑假，为了录好40多节微课，万老师不知有过多少个披星戴月的日子。信念是一盏明灯，奉献是青春最美的模样！2020年春节期间，万老师又承担了全省健康教育课录制工作。防疫学习两不误，查资料、看视频、听讲解，电脑面前一坐就是六七个小时。从架构教学思路、补充素材、撰写讲稿、做课件，反复修改，历经整整两周才完成录制。当她看到自己的课在"赣教云"播出，内心是满满的感动。网络信息一瞬间，天南地北手相牵。

在疫情大考验面前，她诠释了一名共产党员的高尚情怀。

团队成员何玲、吴艳萍，作为管理教学的副校长，她们积极带领本校教师开展网络教研活动，组织专人对网络教研平台的使用进行培训，对中老年教师进行个别辅导，使全体教师逐步认识到网络教研的优势；要求教师建立博客空间，每周上传教学设计、分享心得文章；加强家校联系，鼓励班级采用智慧作业软件，帮助学生走出学业困惑；同时引导师生文明上网，诚实友好交流，增强自护意识，维护网络安全，关注身心健康……做一个新时代的好网民。

团队成员邵丹英作为市名师工作室主持人，带领高新区教研团队打造网络教育之窗。其中李冬兰和上官琪两位优秀教师，勤于发表美篇和公众号文章，宣传学校最新教研动态。她们编辑的作品样式新颖、内容丰富、音画和谐、声情并茂，赢得基层教师的一致好评！

团队成员盛晓琪、王美锋、王轶男等教师，作为教研组长，脚踏实地、心灵手巧，做出的美篇和公众号一期比一期漂亮！

心系教研，一"网"情深！罗兰名师工作室全体成员在网络研修的道路上优雅地前行，成为我市教育战线上一道亮丽的风景。

让智慧之花在学生指尖上绽放

——"画长方形"教学设想

罗　兰（鹰潭市第六小学）

动手操作是一种重要的学习方式，能挖掘知识的本质、彰显生命的灵动、放飞理想的翅膀！外化的"活动"与内隐的"思维"相辅相成，共同诠释数学的真谛！概念形象了，特征鲜活了，道理明朗了……思想云开雾散，课堂闪烁着智慧的光芒！有效的操作活动，要有明确的目标和方向，让学生明白为什么操作、怎样操作；要把握时机、抓住关键、提升思维，让学生学会自主探索和自我创造；要对比分析、交流探讨、相互评价，让思维在指尖飞扬！比如引导学生作不同方位的垂线，用多种方法画长方形，寻求问题解决策略的多样化。感悟数学美，培养学生的空间观念和作图能力，请和我一同走进"画长方形"教学园地。

一、以问促思，引发学习联想

合理创设问题情境，激发自主探究兴趣，促进学生数学思维能力提升。比如教学伊始，教师抛砖引玉：你能想办法创造一个长方形吗？问题点燃思维的火花，有人奇思妙想，从实物中捕捉长方形的身影；有人按部就班，在点子图中刻画长方形的模样；有人别出心裁，尝试用尺子挑战长方形的特征，进而引发新的思考和疑问：怎样才能画出一个标准的长方形？选择什么方法作图？有哪些不同的画法……以"问"促"思"，以"思"导"行"。学生在画长方形的操作活动中，足智多谋、各显神通。又如，在思维关键处设疑：作图过程中，你想提醒同学注意些什么？在深化理解处设疑：对比习题和例题，它们之间有什么区别和联系？在类比联想处设疑：利用今天所学的知识，还能解决生活中的哪些问题？每个疑问都像一根神奇的指挥棒，赋予联想的翅膀，启发学生不断思索，勇往直前。

二、做中体悟，激活创新灵感

学生是学习的主人，教师是张扬学生个性的有心人。在实践中体悟方法与技巧，课堂充满灵动，学习事半功倍。我们知道，作图是"平行四边形和梯形"这一单元的教学难点，方法不难理解，动手并不容易。学生习惯凭目测解决问题，只会画水平线的垂线，甚至认为作高就是画直线。与其反复强调规则，不如让学生自己动手试一试。比如：留给学生足够的时间和空间，让他们独立思考、动手操作，并在小组内交流自己的做法。对于作图有困难的学生，适当给予点拨和指导，让他们从一个被动的接受者或懒惰的观望者变为积极主动的探索者。因为耐心等待，因为热情期待，课堂有了不一样的精彩。选择作垂线的方法画长方形，方位和顺序灵活多变；选择作平行线的方法画长方形，考量技术和耐心。作图方法多种多样，每一笔鲜活，每一画灵动，一笔一画都凝聚着学生的智慧和信心。

三、思维碰撞，点燃智慧火花

创设轻松愉悦的学习氛围，引导学生客观分析、辩证思维，建议能说会道的同学言简意赅，鼓励消极沉默的同学大胆发言。比如小组代表上台分享作品，同学们带着思考和疑问做好交流准备。你认为他们画得怎么样？哪些地方值得学习？想提出什么建议或新的问题？哪种方法更好？为什么？教师热情的话语、赞许的目光、亲昵的动作激励着学生参与评价的信心。发现作图方法的"相同与不同"，体验解题方案的"更胜一筹"，学生有观察、有分析、有倾听、有争辩、有评价、有补充，切实进行了真正意义上的探究。有了交流评价意识，学生才乐意表达自己对"挂画"问题的设想，才敢于评价他人"正方形"作品的优劣，才善于总结学习收获和体会。思维来自于指尖，升华于语言！孩子们相互学习和欣赏，使得"画长方形"一课有了长远的教学效益。

一路风景在课堂

用 6 和 7 的减法解决问题

官细珍（鹰潭市逸夫小学）

‖ 教学内容 ‖

《义务教育教科书·数学》（人教版）一年级上册第 47 页。

‖ 教材分析 ‖

这节课是上一课时《简单求和的数学问题》的延伸，学生在初步接触了加法解决问题的全过程后学习。本节课还是用情境图配以大括号和问号的形式呈现一个简单的求剩余的数学问题。意在让学生再次经历使用所学数学知识解决问题的过程，体会解决问题的基本步骤，巩固和掌握基本方法。这部分内容的教学能够帮助学生巩固对减法含义的理解和减法的计算方法，培养学生的应用意识和解决问题的能力。

‖ 教学目标 ‖

1. 进一步理解大括号和问号的意思，并能读懂题意；

2. 在解决问题的过程中，体验解决问题的步骤、并自觉用于解决生活中的简单问题；

3. 感受数学与日常生活的密切联系，体验数学带来的乐趣；

4. 养成有序思考问题的习惯，感受用数学解决生活问题的快乐。

‖ **教学重难点** ‖

重点：能解决简单的求剩余的实际问题。

难点：让学生学会用观察、分析、比较等方法解决实际问题，并根据图意提出合适的数学问题。

‖ **教学过程** ‖

一、创设情境，复习旧知

师：小朋友，今天老师带来了我们的好朋友——企鹅一起上课。大家和好朋友打个招呼吧！

师：（动画演示）走来了4只企鹅，又走来了2只。

师：你能提一个数学问题吗？

【学情预设】一共有几只企鹅？

师：你说得可真好！很有数学眼光。

师：这个问题在图中怎么表示？

【学情预设】用大括号表示一共有几只。

师：你是个会学习的孩子，大括号是我们上一节课认识的，我们一起来画上吧！

师：大括号把所有的企鹅都合在了一起，还要在它的下面画上"?"表示问题。

师：你会解答吗？

【学情预设】4+2=6（只）。

师：看来小朋友上一节课学得很好哦！

【设计意图】通过请出我们的好朋友企鹅一起来上课的情境，既激发了学生的兴趣，又在情境中复习大括号和问号所表示的意思。

二、自主探究，学习新知

1. 读懂题意，完整表达。

(课件出示主题图)

师：现在我们一起去美丽的荷塘边看看青蛙吧。你看到几只青蛙？它们在做什么？

师：你都是从哪儿看出来的？能指着图说吗？

【学情预设1】生（指着图）：有2只青蛙往水里跳了。

【学情预设2】生（指着图）：大括号的下面写了7只，表示还有7只。

【学情预设3】生（指着图）：大括号的下面写了7只，是表示一共有7只。

师：这里的7只到底是表示一共有7只还是剩下7只呢？

师：你知道这里藏着什么问题吗？是从哪儿看出来的？

【学情预设】学生指着图说：荷叶那里有"?"，问题是荷叶上有几只青蛙？

师：你真是个善于观察的孩子！给你点赞！

师：谁能把知道的和问题完整地说一遍？

师：我们在说题目的时候一般要先说知道的再说问题，

师（指着图）：一共有7只青蛙，有2只跳走了，荷叶上还剩几只？

师：谁能像老师这样指着图说一说？

师：你回答问题的声音真响亮，说得很完整。谁再来说一说？

【设计意图】一年级小朋友要理解题意的难度很大。首先对抽象符号的理解比较难；其次问题意识不强，不知道什么是问题；再次观察图缺乏有序性；最后完整的语言表达能力较弱。基于这些难点，在教学中通过有效提问达到教学目的，如：1."你看到了几只青蛙？它们在干什么？"这个问题能引导孩子们有目的性地观察。2."大括号下面的7只到底是表示还剩7只还是一共有 7 只呢?"此时不急着给出答案而是让孩子们争论,在争论中孩子们能越辩越明。3. "这里藏着一个什么数学问题呢?"既培养了问题意识又使学生明白问题可以找"?"的地方,进而提出数学问题。4. "你能指着图说一说吗?"指着图说一说的过程中孩子能将图与数相结合,能更好地理解题意。5. "谁能再来说一说?""你能像我这样完整地说一遍吗?"这样能给表达能力稍弱的孩子有照着说的依据,也注重了孩子们完整的语言表达能力的培养。

2. 自主探究,明确方法。

师:这题怎么解答呢?请写在你的作业纸上。

【学情预设】5+2=7,7-2=5,7-5=2。

师:我看到小朋友有几种不同的算式,哪种正确呢?说说理由。

【学情预设 1】5+2=7 对,荷叶上有 5 只,2 只跳到水里,一共就有 7 只。

【学情预设 2】7-2=5 是对的。问题是:还剩几只?就用减法计算。

师:用减法是对的。为什么不能用 7-5=2?

【学情预设】题目中是跳走了 2 只,应该是减 2。

师:小朋友们听懂了吗?谁再来说说为什么用减法计算?

师:算式中 7、2、5 分别表示什么意思?

【设计意图】先让孩子们自主写出算式,很多小朋友是用加法来计算。但这题是用 7-2=5 来计算,要让学生明白为什么用减法是本节课的重难点,课中出现了不同答案时如果直接告知,说服力不够,这时让孩子们争论,在争论中孩子们越来越明白:算式是要和问题息息相关的,问题是:荷叶上还剩下几只?算式的得数就要是 5 只。

3. 回顾反思，积累经验。

师：这个问题解答好了吗？我们还要记得写什么？

师：想想我们在解答这题的时候是先做什么再做什么的？

师：是呀！你们可真了不起！今天又学会用减法解决问题了。

【设计意图】回顾反思中让孩子们回想解题的步骤与方法，完整的解题三部曲再一次在脑海中浮现，为后面的学习积累了活动经验。

三、比较练习，建立模型。

1. 青蛙捉迷藏

师：小青蛙还想和大家玩个捉迷藏的游戏。

课件出示图：一共有 7 只青蛙，荷叶上有 5 只，跳到水里的有几只？

师：怎样解答？

【学情预设】$7-5=2$（只）。

师：小朋友，青蛙捉迷藏的题和青蛙跳水的题有什么相同的地方和不同的地方？

【学情预设】相同的是：都有 7 只青蛙，荷叶上有 5 只，水里有 2 只。

【学情预设】不同的是：问题不一样。

师：两个都是用减法算式解答，为什么一题是减 2，一题是减 5？

【学情预设】因为问题不同，第一个是问：荷叶上还剩几只？就要得数是 5 的算式。第二个问题是：跳到水里的有几只？就要得数是 2 的算式。

师：你真是个会学习的孩子！

2. 企鹅捉迷藏

师：小企鹅们看到青蛙们玩捉迷藏的游戏，它们也玩起了捉迷藏哦。请看，从图中你知道了什么？要解决的问题是什么？

【学情预设】一共有 6 只企鹅，有 4 只站在冰山前面，有几只躲在冰山后面？

师：怎样解答呢？

【学情预设】6−4=2（只）。

师：完全正确，你真棒！

3. 观察对比，建立模型。

师：小朋友我们一起来看看这三道题，它们有什么相同的地方？

第一题：一共有 7 只青蛙，跳走 2 只，还剩几只？

第二题：一共有 7 只青蛙，荷叶上有 5 只，跳走了几只？

第三题：一共有 6 只企鹅，站在冰山前有 4 只，冰山后面有几只？

【学情预设】都是用减法解答的；都是先知道一共有几只。

师：我们再来看看两道关于企鹅的题，它们有什么相同的地方和不同的地方？

第一题：走来了 4 只企鹅，又走来了 2 只。一共有几只？

第二题：一共有 6 只企鹅，站在冰山前有 4 只，冰山后面有几只？

【学情预设】相同的是：都有 6 只企鹅。

【学情预设】不同的是：一个用加法算式，一个用减法算式。

师：为什么一个用加法解答，一个用减法解答？

【学情预设】第一题的问题是"一共有几只"，就用加法来解答。

【学情预设】第二题的问题是"冰山后面有几只"，用减法来解答。

师：再看看用减法解答的三道题，它们的问号都在什么位置？

师：用加法解答的题，问号又是在哪儿？

【学情预设】用减法的题，问号在上面。

【学情预设】用加法的题，问号在大括号的下面。

师：是啊！你们有一双善于观察发现的眼睛。

【设计意图】本环节进行了三次观察对比，第一次对比：两个关于青蛙的问题，都是用减法解答的题，一个是7-2=5（只），一个是7-5=2（只），为什么减法算式不同？从而使孩子们明白要根据问题选择正确的算式。第二次对比：三个用减法解答的题，它们有什么相同的地方？孩子们观察比较发现用减法解决的题都是求其中一部分的量，从而很好地理解用减法解决问题的类型。第三次对比：两个关于企鹅的问题，为什么一个用加法解决，一个用减法解决。孩子们在观察对比讨论中，进一步深化对加减法意义的理解，也为建构模型打下基础。

四、全课总结，分享快乐

师：今天我们和企鹅、青蛙朋友们一起学习了用减法解决问题。这节课学得开心吗？你有什么想要和大家分享的吗？

‖ 作业设计 ‖

把这节课的收获回家和爸爸妈妈分享分享吧。

‖ 设计思路 ‖

解决问题是数学学科的重点和难点，特别是对于一年级小学生来说第一次接触解决问题理解起来难度较大，在信息观察方面、语言表达方面都需要老师的引导。基于本节课的重点和难点，主要有以下几个方面的思考：

1. 有序观察，读懂题意

解决问题的关键一步是读懂题意，一年级的小朋友要能读懂题意并不容易，要在老师的引导下进行。首先，导入以动画形式出现好朋友企鹅的情境，既激发了学习兴趣又复习了大括号和问号的意思，还渗透了两个已知条件和一个问题构成了一道完整的题目。其次，引导孩子们有序观察主题图时，通过有效的提问引导观察，如："你看到了几只青蛙？它们在做什么？"先让孩子找到已知数学信息，再提问："问题是什么？你是从哪儿找到的？"这样一步一步引导孩子们有序观察，找出已知信息和问题。最后，把已知信息和问题完整地说一说。既注重了有序观察、完整表达，又注重了图与意思相结合。

2. 自主探究，解决问题

在解决问题环节，先让孩子们自主写出了三种不同的算式：$5+2=7$，$7-2=5$，$7-5=2$。受上节课用加法解决问题的影响，有的孩子用加法，如果直接告知正确答案说服力不够强，这时组织孩子进行讨论：到底哪个算式正确？为什么减 2 的算式才正确呢？让孩子们在讨论中产生了思维的碰撞，越说越明了，最后发现要根据问题才能选出正确的算式，也更好地理解了用减法解决问题的意义，又体现了孩子们是学习的主体老师只是组织者、引导者。

3. 对比发现，建立模型

本节课进行了三次对比，第一次的对比：关于青蛙的趣。问号的位置变了，算式也就变了，使孩子们明白了已知总量求分量用减法来解决，但是要如何选择正确的算式还需要看清问题是什么。第二次对比：三道减法算式的题。同样是用减法算式解决题，它们有什么相同的地方，使孩子们加深对减法意义的理解，建立减法的模型。第三次对比：加减法的题。通过不同题的对比发现，进一步深化对加法和减法的认识，建构了加减法解决问题的基础模型。

用 8 和 9 的加减法解决问题

王美锋（余江区第四小学）

‖ 教学内容 ‖

《义务教育教科书·数学》（人教版）一年级上册第 57 页。

‖ 教材分析 ‖

8 和 9 加减法的"解决问题"内容与前面 6、7 加减法中安排的"解决问题"内容略有不同，其区别主要表现在三方面：一是用同一情景图反应三个不同的数学问题，这有利于学生感受数学与生活的广泛联系；二是例题和练习题选用什么计算方法去解决问题完全由学生自己决定，教材未做任何提示，这里的要求比 6、7 加减法中的"解决问题"更高；三是题中的某些已知数量不是通过数数得出的，而改为直接告诉已知数量，这有利于学生通过分析数量间的关系而选择正确的计算方法解决问题。在教学中，要及时询问："你是怎么想的?""为什么用加（减）法?"从而帮助学生理清思路，深化理解。

‖ 教学目标 ‖

1. 能看懂图文结合题的题意，初步学会解决图文结合的问题；

2. 会根据图中信息，发现问题、提出问题、解决问题；

3. 培养学生的语言表达能力，能较好地说出解题过程；

4. 体会数学与生活的联系，在探究过程中培养学习数学的兴趣。

‖**教学重难点**‖

能看懂图文结合题的题意并能用语言完整地表达出来，会解决图文结合的问题。

‖**教学过程**‖

一、情境导入，激发兴趣

师：（课件出示主题图）一个天气晴朗的周末，我们一起来到一片草地上玩耍。

师：小朋友，请仔细观察，从图中你看到了什么？

【学情预设】有的学生会说我看到了大白鹅；有的会说我看到有 3 只小鹿跑出来了；还有的会说我看到树下有蘑菇。

师：你们有一双善于发现的眼睛。

【设计意图】通过美的情境将孩子带入课堂，激发孩子学习的兴趣，让孩子们畅所欲言。

二、探索新知，明确方法

1. 关于小鹿的问题

（1）理解题意

师：（出示小鹿图）小朋友，我们一起看看，关于小鹿你知道了什么？你是怎么知道的？

【学情预设】有的学生会说我看到 5 只小鹿，是数出来的。有的会说有 9 只小鹿，是看到上面有一行字。

师：你真厉害，不但认识这么多字，还找得非常准确。

师：有的小朋友是数出来的，有的小朋友是看文字得到的信息。你认为哪种方法更好些？

【学情预设】有的孩子会说数一数比较好，有的会说看文字更好些。

师：我们看到像这样的有图又有文字的题目，一般看文字更能准确地获取信息。

师：除了知道一共有 9 只小鹿。还知道什么？

【学情预设】有 3 只小鹿跑走了。（板书：跑走 3 只）

师：要求的问题是什么？你从哪儿看出来的？

【学情预设】还剩几只小鹿？（板书：还剩几只?）我看到小鹿的下面有"?"（学生指着图说）。

师：是啊！你观察得可真仔细。这是我们的好朋友问号，小鹿有问题要我们帮忙解决哦。

师：（指着板书）小朋友，"一共有 9 只小鹿，跑走 3 只。"这是我们知道的信息。"还剩几只?"是我们要解决的问题。

师：谁能把知道的和问题完整地说一遍？

师：你表达得真清楚、完整。谁能像他这样说一说？

师：你说话的声音真好听！真棒！谁还能来说一说？

（2）明确方法

师：这个问题怎么解答？

师：你为什么用减法来解答？

【学情预设】学生可能会说跑走 3 只就是从 9 只里去掉 3 只，所以用减法来计算。

师：你知道这里的 9、3、6 都表示什么吗？

【学情预设】学生结合算式与图说一说。

师：听懂了吗？谁能再说一说？

师：我们一起来回答这个问题，还剩 6 只。

【设计意图】一年级的孩子是形象思维占主导地位，习惯性去数一数，对文字信息常常忽略。因此在教学中有意引导孩子们通过阅读文字获取信息，然后又通过数一数与阅读文字两种方法进行对比，得出阅读文字得出的信息更便捷、准确。再者是注重孩子们表达能力的培养。

2. 关于大白鹅的问题

师：（出示大白鹅图）关于大白鹅，你知道了什么？要求的问题是什么？

【学情预设】孩子们根据图文获取相关信息：一共有 8 只鹅，游走 3 只。草丛里还有几只？

师：这里的问号写在哪里？

【学情预设】学生讨论问号的位置。

师：你们同意他说的吗？为什么写在这里？

【学情预设】学生可能说要求的问题是草丛里还有几只？就写在草丛那儿，一看就明白了。

师：谁能把这题完整地说一说？

师：你说话的声音真响亮！

师：那怎么解答呢？

师：为什么用减法计算？

师：题目中的 8、3、5 分别表示什么？

【学情预设】学生结合算式与图说一说。

师：你回答得很完整！

师：解答正确吗？

学生口答。

【设计意图】大白鹅的问题和小鹿的问题都是用减法解决的问题，不同的是大白鹅的没有直接给出问题，而是要自主提出问题，在教学中重点让孩子们完整地说一说题目并讨论问号应在哪个位置，从而感受到两个信息和一个题目就组成了一个数学问题，培养问题意识。

3. 关于蘑菇的问题

师：（出示主题图）刚才我们解决了小鹿和大白鹅的问题，

你还能提出其他问题吗？

【学情预设】学生根据图获得信息：树根下有 6 个蘑菇，草地上还有 2 个。一共有多少个蘑菇？

师：你真是个会观察的孩子。不但把知道的找出来了，还提出了数学问题。

师：大家听懂了吗？谁还能来说一说？

师：那这里的问号又该写在哪儿呢？

师：这里要把两边的合起来还要请出我们的好朋友大括号来帮忙。（画出大括号以及问号）

师：谁来解答下这道题目？

师：为什么用加法来计算？

【学情预设】把两边的蘑菇合起来就用加法计算。

师：解决问题也不要忘了口答哦。（板书课题：解决问题）

【设计意图】蘑菇的问题放手让孩子从整幅图中找出有用的信息并提出问题、解决问题。培养了孩子们发现问题、提出问题以及解决问题的能力。

4. 对比中建立模型

师：（出示主题图）在这一幅图中，我们解决了三个问题。看看它们有什么相同的地方？

师：为什么这两个问题都用减法来计算？

【学情预设】小鹿是跑走了，大白鹅是游走了。都用减法来计算。

师：再看看这两个问号都在其中一部分的地方，所以用减法。

师：那蘑菇的问题为什么又用加法来计算？

师：真是个会动脑会思考的孩子。

师：蘑菇的问号在两边合起来的地方，所以用加法计算。

【设计意图】通过三个问题的对比发现，"还剩几只""还有几只"用减法解决，"一共有几个"用加法解决。进一步对比问号所在的位置，知道问号在其中一部分的地方用减法计算，问号在两部分合起来的地方用加法计算。从而让孩子们真切感受到什么情况下用加法解决问题，什么情况下用减法解决问题的数学模型。

三、巩固练习，提升能力

1. 书 58 页第 3 题

师：刚才小朋友们在草地上玩的同时还解决了 3 个数学问题。现在我们一起去沙滩看看吧！（出示图）

师：这里也有一些问题要小朋友帮忙解答下哦！你们愿意吗？

师：先仔细观察再想一想要解决关于什么的问题？然后把已知和问题完整地说出来给大家听一听。

根据学生不同的回答在图中圈一圈、画一画。

【设计意图】这一练习主要放开让孩子们自主发现问题、提出问题以及解决问题。让孩子们的自主学习能力得到锻炼以及充分的肯定。

2. 看算式编题

师：我们在沙滩上也帮忙解决了一些问题。现在我们一起回到故事区去看看吧！（出示一道加法算式和一道减法算式）你能根据加法算式或减法算式编一个数学故事吗？

孩子们自由编故事，老师给予肯定。

【设计意图】编数学故事是一个开放式的题目，孩子们可以自由的编故事情境，这样既能锻炼孩子们的语言表达能力又能加深对加减法解决问题模型的理解与建立。

四、全课总结

师：小朋友，今天你们学得开心吗？你学会了什么呢？

‖ **作业设计** ‖

画图编题：自己画一幅图，根据图中信息编一道题并解答。

‖ **设计思路** ‖

数学学习是一个循序渐进的过程，重在培养孩子爱学数学、对数学充满好奇、会用数学的眼光观察现实世界、会用数学的思维思考现实世界、会用数学的语言表达现实世界的能力。在理论的指导下，我主要从以下几个方面入手进行教学：

1. 培养孩子完整的语言表达能力

一年级小朋友好动、爱说，基于孩子自身的特点，我从孩子感兴趣的直观图出发，在观察图后，让孩子们充分地说说看到了什么，给孩子提供一个敢说、会说的课堂氛围。但是很多孩子的表达是不完整的，所以我重点培养孩子完整的语言表达能力，培养孩子认真倾听的学习习惯。如：你能把问题完整地说一说吗？你听懂了吗？你能和他一样说一说吗？

2. 在问题解决中建立解决问题的模型

模型思想是连接数学与实际生活的桥梁，运用模型解决问题方便易懂，能有效激发学习兴趣、增添学好数学的信心。第一，在解决问题中建立加减法解决问题的模型：在解决了主题图中的三个问题后，引导学生进行对比，先找出相同的：用减法解决的问题，提问为什么这两题都是用减法来计算？再找出用加法解决的问题，为什么用加法来计算？最后两种题进行对比，加深对加减法问题的理解，很好地建立了问题解决的数学模型。第二，渗透数学问题的结构：在关于大白鹅、蘑菇的问题解决时，引导学生自主提出数学问题。教学中，多次让孩子把知道的和问题完整地说出来，让孩子们体会到两个相关的信息和一个问题能够构成一个数学题目，这是对数学问题结构的渗透。

3. 由扶到放，注重孩子自主学习能力的培养

孩子们第一次接触图文结合的题目，我采用了先扶后放的方法，先引导孩子们观察图中的信息时可以从文字中得到也可以数图得出，然后进行比较让孩子们感受到阅读文字中得到的信息快捷、准确。在关于蘑菇的问题教学时，让孩子自己发现问题、提出问题并解决问题，孩子们充分感受到了要解决问题需要找出哪些有用的信息。最后的看算式编题更是一个开放式的习题，让孩子们自由地编故事情境，在编故事中再次加深对数学问题的构成的理解。

‖ **教师简介** ‖

王美锋，中学一级教师，鹰潭市骨干教师、优秀授课教师；执教的《搭配（一）》荣获国家级录像课一等奖；在省级、市级刊物发表文章多篇。

排队中的数学问题

徐琴琴（鹰潭市第六小学）

‖教学内容‖

《义务教育教科书·数学》（人教版）一年级上册第79页。

‖教材分析‖

人教版一年级上册第六单元中例6安排的解决问题，为学生综合运用本单元所学知识创造了机会。从解决问题的角度来说，继续让学生体验解决问题的一般过程，积累解决问题的经验。同时，使学生理解"画示意图"是帮助理解题意的重要手段，数数是一种有效的解题策略，鼓励学生灵活运用自己能理解的方法解决问题，培养学生用数学的意识。

‖教学目标‖

1. 能用数数与画图的方法解决现实生活中第几和第几之间有几个的问题；

2. 通过数一数、画一画，体验发现问题、提出问题、分析问题、解决问题的过程，初步培养学生分析问题、解决问题的能力；

3. 在观察、比较中，初步感受数学与生活的联系，体验学习的快乐。

‖教学重难点‖

重点：能用数数与画图的方法解决问题。

难点：灵活运用自己能理解的方法解决问题。

‖**教学具准备**‖

多媒体课件，学习单。

‖**教学过程**‖

一、游戏导入

师：上课前我们来玩一个小游戏，老师需要 9 位同学在讲台站成横排。

师：游戏规则是老师讲到哪位小朋友就按照老师的要求做，做得对的话下面的小朋友就掌声送给他！做得不对的就请下面的小朋友们帮他指出来。

师：游戏开始，我们先开始报数 1、2、3、4、5……请第三位小朋友把手举起来（正确）。请第四位小朋友学猫叫（正确）。请第五位小朋友蹲下（正确）。第五位小朋友的前面有几人（4人）？第五位小朋友的后面有几人（4人）？

师：刚刚我们玩一个排队有关的游戏，今天我们继续来解决一些生活中有关排队的问题，"排队中的数学"。（板书课题：排队中的数学）

【设计意图】激发学生的学习兴趣，帮助学生复习基数与序数，为新知的学习做铺垫。

二、探究新知

1. 你知道了什么？

（课件出示教科书 P79 例 6 情境图）

师：小朋友们我们快来看一看，一（5）班的小朋友在玩什么？

【学情预设】在给大熊猫拍照。

师：是的，大熊猫是国宝，我们要有秩序地排队观看大熊猫。

师：（指着小丽问）图中的这位小朋友叫什么名字？

师：（指着小宇问）这位小朋友又叫什么名字？

师：他们说了些什么？

【学情预设】小丽说我排第 10。

【学情预设】小宇说我排第 15。

师：像这样，小丽和小宇告诉我们的信息叫已知信息。我们可以给它画上横线。

师：我们要解决什么问题呢？（可提示带有问号的叫问题）

【学情预设】小丽和小宇之间有几人？

师：像这样打了问号的叫作问题。我们可以把它圈起来。

师：（示范）小丽排第 10，小宇排第 15，小丽和小宇之间有几人？

师：谁能像老师这样把已知信息和问题大声地读一遍。（请 2 位同学说一说）

（一个学生说完后）

师：谁还能像这样大声地读一读？

师："之间"是什么意思？

生：中间。

师：小丽和小宇中间在图上哪？你可以在图上指出来吗？

（生指了之后）师追问：包不包括小丽和小宇呢？

生：不包括小丽和小宇。

2. 怎样解答？

师：孩子们想一想，小丽和小宇之间有几人？（3 人，4 人，5 人）

师：请把你的想法在学习单上表示出来。快来试一试吧！

学生尝试用自己的方式解决问题，课件展示学生的作品。

【学情预设 1】写数或数一数的方法。从第 11、12、13、14，得到小丽和小宇之间有 4 人。

师：我们一起来看一看××小朋友的，他用的是数一数的方法，你能把你写的数出来吗？

生：11、12、13、14。（根据学生数的板书："数一数：11、12、13、14（4人）"）

师追问：你为什么不从 10 数到 15 呢？

生：之间不包括小丽和小宇（第 10 和第 15）。

【学情预设 2】画图的方法。

①画 15 个圆

师：我们一起来看一看××小朋友的，他是画一画的方法。

师：我们一起来看看他画了多少个圆，师领着学生一起数。（1、2……15）

师：小丽和小宇之间有几人呢？（4 人）

（师在上面画勾钩）

师追问：包不包括小丽和小宇呢？

生：不包括小丽和小宇。

②画 6 个圆

师：我们一起来看一看××小朋友的，他也是用画一画的方法。

师：你画了多少个圆？（6 个圆）

【学情预设】引导学生说出两端的是小丽和小宇，中间的 4 个圆表示小丽和小宇之间有 4 人。（师在上面画钩）

师：上面两位小朋友都用画一画的方法表示出小丽和小宇之间有 4 人。你们觉得哪种的方法更简便一些呢？

生：6 个圆更简便一些。

师：小×你觉得你画的 15 个圆中哪些可以不用画？

生：（第 10）小丽前面的 9 个圆。(师可适时引导：小丽和小宇之间有几人在第 10 和 15 之间，与小丽前面的 9 个圆没有关系，所以我们可以不画。）

③画 4 个圆

师：××小朋友你也是用画一画的方法，你画的 4 个圆表示什么？

生：小丽和小宇之间的 4 人。

师：6 个圆和 4 个圆的画法，哪种画法能同时表示题目的信息和问题？

【学情预设】6 个圆的。

师：那我们再一起把 6 个圆的这种画法好好研究一下吧！（板书画图）

【学情预设 3】：列式法：15-10＝5（人）请同学判断正误，通过后面的画图法理解 15-10＝5（人），这 5 人指的是第 11、12、13、14、15，5 位同学，然而第 15 位同学不在"之间"，所以也要减去，因此 5-1＝4（人）。

师：小朋友们，刚刚我们用数一数、画一画、算一算的方法解决了小丽和小宇之间有几个人的问题。

3. 解答正确吗？

师：小丽和小宇之间有（　　）人？（填 4）

师：问题解决完了，我们还要记得口答哦！

口答：小丽和小宇之间有 4 人。

【设计意图】在解决问题的过程中，引导学生逐步感受解决问题的一般过程，调动学生已有的认知经验，通过尝试，寻求解决问题的思路和方法。在这个过程中，注意对学生的数数、画图、推理等策略的指导与归纳，提高学生运用知识解决问题的意识和能力。

三、巩固应用、拓展延伸

1. 完成教科书 P79 "做一做"。

（课件出示 79 页做一做的情境图）

师：来，快来看一看！图中的小朋友们又在玩什么游戏呢？

生：玩滑滑梯。

师：是的，图中的小朋友们正在有秩序地排队玩滑滑梯。

师：玲玲说了什么？

【学情预设】玲玲说我排第 4。

师：东东又说了什么？

【学情预设】东东说我排第 8。

师：我们可以给已知信息画上横线。

师：我们要解决什么问题呢？

【学情预设】玲玲和东东之间有几人？

师：我们可以把问题圈起来。

师：玲玲和东东之间有几人？请小朋友们拿出学习单，你可以数一数，画一画，算一算，选择你喜欢的方法把玲玲和东东之间的人表示出来。

课件展示学生的作品。

画一画：

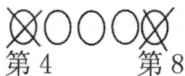
第 4　　　第 8

2. 完成教科书 P81 练习十八第 6 题。

（课件出示第 81 页第 6 题）

师：图中的小男孩告诉了我们什么呢？

引导学生读出：今天我从第 10 页读到第 14 页，明天该读第 15 页。（把已知信息画上横线）

师：要解决的问题是什么？

引导学生读出：他今天读了几页？（把问题圈起来）

师：从第 10 页读到第 14 页，要不要数第 10 和 14？

师：小朋友们我们一起来打开书数一数，请翻开书从第 10 页开始数。第 10，第 11 页、第 12 页、第 13 页、第 14 页。读了 5 页。

师追问：从第 10 页读到第 14 页要数第 10 和第 14 吗？（明确从哪一页读到哪一页，包括两端的两页。）

引导学生说出：从第 10 页读到第 14 页要数第 10 和第 14。

师：这道题与我们前面解决的问题有什么不同？

师引导学生说出：前面的第几和第几之间有几人不数两端的。而这道题从第几读到第几要数两端的。

师：请用你喜欢的方法表示出从第 10 页读到第 14 页。

课件展示学生的作品。

画一画：

○○○○○

第 10　　　第 14

四、课堂小结

师：小朋友们通过这节课的学习你学会了什么？

师小结：这节课我们解决了很多有关数数的问题。有时两端都不数，有时两头都要数。小朋友们一定要先仔细阅读题中的信息，理解其中的含义。再画图来解答！

‖ 作业设计 ‖

课本练习十八的第 5 题。

‖ 设计思路 ‖

本节课的内容涉及《人教版义务教育教科书·数学·一年级上册》79 页，第六单元《11—20 各数的认识》中的例 6 及做一做。它是在学生掌握了 20 以内数的大小和 11—20 各数的读法和写法以及能区分几个和第几个的含义的基础上进行的。在进行教学设计时，我们尊重一年级学生的认识起点，关注学生的数学学习，突出学生的主体地位，紧扣解决问题的基本过程，充分利用学生的已有经验，通过实践体验、交流反思、比较内化、应用提升等，力求学生在课堂中实现真体验、真思考、真领悟、真提升。为此在教学设计中主要凸显如下几点：

1. 合理组织，真经历

"排队中的数学"这节课首先以游戏导入，让学生在愉快的氛围里体会到排队当中的许多数学知识，复习了数数、基数和序数等有关知识，为后续学习做了铺垫。

2. 适当引领，真思考

本节课例题教学的理解题意、分析问题环节采用自己领悟的方式，提出"根据题中的条件和问题，你是怎么想的，请把你的想法告诉大家"，让学生先独立思考，根据学生已有经验解决问题。这样可以更真实完整地暴露学生的学习困难，找到需要重点交流的内容，为教师的教学指明方向。

3. 畅通交流，真领悟

分析与解答环节设计先独立思考理解题意、分析问题，是为了待学生在解决问题过程中暴露问题时，教师适时介入，引导学生互动交流，学生在交流中借鉴，在争论中启发。新课程理念提倡数学教学，要重视运用形象直观的方法，借助形象化教学把抽象的知识转化为学生喜闻乐见的有趣知识，使数学学习变得深入浅出。为此，在教学设计时，我们的想法是要用图形语言，化隐形为显性，以"理"纠错。我们借助图形语言启发学生悟理、说理、辩理，将语言表达与思维活动有机结合，从而提高学生的说理能力，发展学生的核心素养。错误是学习的必然产物。学生说出的错误答案往往是他们认为正确的想法，有时会显得比较"固执"。若教师简单生硬地塞给学生正确的方法，不能以有效的方式加以引导、修正，接下来的学习会出现一错再错的现象。然而，知识中蕴含的道理是内隐的，要理解隐蔽的算力，并说清楚错误的原因，这对于以形象思维为主的小学生来说，无疑是件难事。本节课教学中，徐老师面对学生有价值的错误资源，15-10 = 5（人），巧用画图策略，把"之间"本质含义以显性的方式呈现出来，由看不见变为看得见，让学生自主领悟为什么错，寻找错在哪里，明白怎样做才正确。

多角度解决问题

叶峰俊（鹰潭市余江区第四小学）

‖ **教学内容** ‖

《义务教育教科书·数学》（人教版）一年级上册第 97 页。

‖ **教材分析** ‖

本课的学习是建立在前面已学的解决问题，以及 20 以内的进位加法基础上的。教材提供了开放的问题情境，可以从两个不同的角度找到信息并分别列式解决，体现了解决问题方式的灵活性。要引导学生从不同的角度观察，找出相对应的数学信息，列出相对应的算式，学生掌握起来还是有一点点的难度。因此，在教学时，要充分帮助学生理解题意，培养学生从多角度观察信息、提取信息的能力。不管学生用 7+8 还是 6+9 计算都要予以鼓励，都是利用加法的含义列式解决。通过比较两种解答方法的异同，加深学生对解题思路的理解，体会解决问题策略的多样性。

‖ **教学目标** ‖

1. 培养学生的观察能力、应用意识和解决问题的能力，会用学过的数学知识解决简单的实际问题；

2. 培养学生从多角度思考问题的能力，体验同一个问题可以从不同的角度去思考，用不同的方法去解决；

3. 指导学生从多方面进行回顾反思，使学生进一步理顺解决问题的一般步骤；

4. 感受数学在日常生活中的应用，激发学生学习数学的兴趣。

‖ **教学重难点** ‖

1. 能够从图中提取信息，掌握"同一个问题可以从不同的角度去思考，用不同的方法去解决"的解题方法；

2. 能多角度观察思考，理解解题思路。

‖ **教学过程** ‖

一、课前铺垫，激发兴趣

师：孩子们，今天上课之前，老师要考考你们的眼力，敢接受挑战吗？

（课件出示双关图）

师：在这幅图中，说说你看到了什么？

【学情预设】有的学生会说我看到了一个杯子；有的会说我看到两个人脸。

师：同一幅图片，为什么你们观察到的事物不同呢？

【学情预设】学生可能会说，同一幅图看白色的部分是杯子，看黑色的部分是人脸。

师：孩子们，你们真棒，有一双善于观察的眼睛！在同一幅图中，从不同的角度观察，有时能看出不同的事物。让我们带着这双慧眼走进今天的数学课堂吧！

【设计意图】通过双关图，让学生初步感知同一幅图从不同角度可以观察到不同的事物，激发学生的学习兴趣。

二、探索新知，明确方法

1. 创设情境，仔细观察

师：我们学校一（1）班的小朋友参加了"庆元旦"文艺汇演。瞧，他们来了！（课件出示例5"啦啦操表演"主题图）

师：请小朋友仔细观察，从图中你知道了什么数学信息？

【学情预设】有的学生会说看到后排有8人，前排有7人；有的会说看到男生有9人，女生有6人；还有的会说男生比女生多。

师：同一幅图，为什么大家观察到的数学信息不一样呢？

【学情预设】交流讨论后，学生可能会说可以从后排和前排观察信息，也可以从男生和女生观察信息。

师：你们真是一群会观察的孩子！观察角度不同，得到的数学信息也不同。这幅图可以从他们站的位置观察，也可以从他们的性别观察。

【设计意图】通过主题图，让学生再次感知同一幅图可以从不同角度观察思考，为后面学习多角度解决问题做好铺垫。

2. 分析理解，明晰思路

（1）引入课题

出示问题："一共有多少人？"（课件出示）

齐读问题。

引入课题：这就是要解决的问题，今天老师和同学们就一起来探讨这样类型的"解决问题"。（板书课题：解决问题）

（2）理解题意

师：谁能完整地说说这幅图的意思？

【学情预设】学生可以从不同的观察角度说图意。

师：你的回答真完整！还可以怎样说这幅图的意思？

师：你真棒！观察真仔细，会从不同的角度去描述。

（3）明确解题方法

师：问"一共有多少人"，该怎样解答呢？

【学情预设】学生可能会说用加法，因为把两个数合在一起就用加法。

师：怎样列式？请把你的解答方法写在作业纸上，再和同桌互相交流一下。

学生独立完成后，互相交流，然后全班交流。

【学情预设】学生可能会有两种列法：8+7=15（人）、9+6=15（人），也有可能会列7+8=15（人）、6+9=15（人）。

师：小朋友们真厉害，能想出这么多方法！

【板书：8+7=15（人）、9+6=15（人）】

师：谁来说说这里的8、7各表示什么意思？（板书：后排前排）

师：请你说说是怎么想的？

师："9+6=15"你是按什么来分的？这里的9和6表示什么意思？（板书：男生 女生）

师：你是怎样快速计算出来的？

（4）解答正确吗？

验证方法：摆小棒、凑十法、接着数。

师：最后别忘记口答哦！（学生口答：一共有15人。）

【设计意图】通过让学生完整的说说题意，让学生进一步明白这类"解决问题"是可以从不同角度观察的，帮助学生理解这道题的两种解题思路。

3. 比较异同，建立模型

这两种解答方法有什么不同？有什么相同的地方吗？

【学情预设】学生可能会说观察的角度不同（按位置、按性别），提取了不同的信息，所以列出的算式也不同。但不管列出哪个算式，都是把两部分合起来，所以都用加法解答。

师：你们真是爱思考的孩子！

【设计意图】通过比较两种解答方法的异同，加深学生对两种解题思路的理解。

4. 回顾解决问题的一般步骤

师：回头看，我们是怎样解决这个问题的？

（交流解决问题的一般步骤）

（1）知道了什么？

（2）怎样解答？

（3）解答正确吗？

【设计意图】通过回顾小结，让学生再次牢记解决问题的一般步骤，培养学生解决问题的能力。

三、巩固应用，提升解题能力

1. 教材第 97 页做一做"天鹅题"

师：同学们已经会多角度观察思考解决问题了，接下来我们去动物园看看天鹅吧。（课件出示图）

师：从图中你知道了什么数学信息？你能提出一个数学问题吗？

根据学生的回答，教师板书：一共有多少只天鹅？

（1）你想怎么解答？还可以怎样解答？

学生列式计算。

（2）指名说一说为什么都要用加法计算。

（3）都是求"一共有多少只天鹅"，两种解答的方法有什么不同呢？

学生们讨论交流，让学生明确"同一个问题可以从不同的角度去思考，用不同的方法去解决"的学习方法。

（4）解答正确吗？

进行验证。

2. 教材第 99 页练习二十三第 1 题

师：接下来我们去看看小朋友们表演节目吧。（出示题）

（1）从图中你知道了什么？

（2）要求的问题是什么？

（3）怎么解决？

（4）还可以怎样解答？

（5）都是求"一共有多少人"，两种解答方法有什么不同？

（6）解答正确吗？

3. 举一反三，找找生活中类似的问题

（1）师：孩子们，你们用一双智慧的眼睛，发现了"天鹅图"和"小朋友表演节目图"里的数学秘密，那就是"同一个问题，可以从不同的角度观察思考"。其实，我们生活中有很多这样类似的问题。比如，要求"小红一家一共有几个人"这个问题，你们可以从哪些角度观察呢？

出示小红一家人照片。（小红、妹妹、弟弟、爸爸、妈妈、爷爷、奶奶）

学生们独立思考后，在小组内说一说自己的想法。

全班讨论交流。

【学情预设】有的学生可能会说按性别观察，分男、女，是 3+4=7（人）；有的学生的可能会说按大人、小孩分，是 4+3=7（人）；还有的学生可能会位置分，是 4+3=7（人）；还有的学生可能会说按衣服颜色分，是4+3＝7（人）……

师：孩子们，老师要为你们的火眼金睛点个大大的赞！

师：同一道题，怎么会有这么多种不同的解答方法？这些方法有什么相同的地方？

（2）师：你们能在身边找到这样类似的问题吗？

学生举例说一说：我的铅笔一共几支、第一小组一共几个人、我家一共几个人……

【设计意图】在巩固练习中，让学生掌握运用解决问题的一般步骤，并能从不同角度思考，培养学生运用所学知识解决问题的能力，加深学生对多角度解决问题解题思路的理解，提升解题能力。并让学生感受到数学与生活的联系，学会用数学知识解决身边的一些问题。

四、课堂总结

1. 通过这节课的学习，你学会了什么？

2. 解决问题的一般步骤是什么？（三步）

3. 还学会了从不同角度观察思考问题。

师：无论是观察还是思考问题时，都要从不同的角度来试一试，才能让我们看得更全面，想得也更全面！

师：希望同学们都做一个会观察、会思考的有心人！

‖ 作业设计 ‖

1. 教材第99页练习二十三第3题：一共有多少个灯笼？

2. 一共有多少个辣椒？

3. 一共有多少个立体图形？

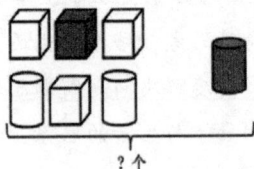

?个

【设计意图】通过练习，进一步巩固学生从不同角度思考解决问题的能力。

‖ 设计思路 ‖

解决问题一直是数学教学的一个重点和难点，尤其是一年级的学生刚接触解决问题，对题目的题型、格式要求，理解起来有一定的难度。所以在教学中，要充分帮助学生理解题意，让学生学会观察、学会表达、学会思考。让学生经历解决问题的思考过程，体会从不同的角度寻找信息在解决问题时的异同，感受数学与生活的密切联系。

我主要从以下几个方面入手进行教学：

1. 培养学生的观察能力

课前，我和孩子们玩"考考眼力"的挑战，通过观察双关图，学生初步感知同一幅图从不同角度可以观察到不同的事物，激发了学生的学习兴趣。接下来，在主题图的教学中，让学生再次感知同一幅图从不同角度观察，得到的信息也不同，为后面解题思路的理解做好铺垫。

2. 培养学生的读题能力

读题是解决问题的基础。对于一年级孩子来说，我们应让学生大胆去说、去尝试，要想方设法让学生从不同角度，用不同方法去表达、理解同一道题的意思。其实在说的过程中学生就已经打开自己的思路，思维处于积极状态，这样去理解题意定会事半功倍。所以我在课堂中，多次给学生提供"说"的机会。如：课前"双关图"、课中"主题图"、练习中"天鹅图""小朋友表演图""小红一家人图"，通过这几幅图说说"你看到了什么"，让学生完整地说说题意等。学生在不断的"说"的过程中，明白了这类"解决问题"是可以从不同角度观察思考的，自然而然就理解了题意。

3. 培养学生的思考能力

本课是多角度解决问题，同一幅图观察的角度不同，提取的信息也不同。如主题图可以按位置，还可以按性别，所以列出的算式也不同。但不管列出哪个算式，都是把两部分合起来，所以都用加法解答。在课堂中引导学生比较两种解答方法的异同，进一步理解"加法"的意义。通过观察对比，加深学生对两种方法解题思路的理解，达到建模的效果。

4. 培养学生解决问题的能力

掌握和强化正确的解题步骤是一个完整的思维过程，在平时教学时，就要注意引导学生按正确的解题步骤解答，逐步养成良好的习惯，特别是检查和写好答案的习惯。在课堂中，可以从 3 个问题进行突破：图中有什么？怎样解答？解答正确吗？我不仅在课堂上引导学生按正确的解题步骤解答，还多次进行回顾反思，并指导学生在巩固练习中也运用解题的一般步骤，培养学生解决问题的能力。并让学生举一反三，找找身边类似的问题，感受到数学与生活的联系，提高学生应用数学的意识。

求原数的问题

王美锋（余江区第四小学）

‖教学内容‖

《义务教育教科书·数学》（人教版）一年级上册第98页。

‖教材分析‖

本单元的解决问题是在学生已经学会了20以内的进位加法后进行教学的。教材安排了两道例题的解决问题，都是用加法解决的实际问题。两道例题的编排都体现了解决问题的一般步骤："知道了什么——怎样解答——解答正确吗"。其中例6是一道"求原数"（逆向加法）的问题，这样的问题对于一年级学生来说有一定难度，主要体现在两点：一是问题情境比较复杂，需要学生弄清已知条件与问题；二是学生可能受思维定式的影响，例如看到"剩下"就用减法。因此教材呈现了画图的策略，既帮助学生理解题意，又为学生选择用加法计算提供了依据。

一年级小朋友主要以具体形象思维为主，对逆向思维的题理解比较困难。在学习中要把难以理解的文字题通过现场情景模拟、画图等方式呈现出来，帮助学生理解题意，使学生体会到画图策略解决问题的优越性和重要性。

‖教学目标‖

1. 经历解决问题的全过程，在具体情境中理解"求原数"

的数量关系，会用加法解决这类的问题；

2. 在解决问题的过程中体会画图是分析问题的重要策略，能借助画图策略分析和解决问题；

3. 体验数学与日常生活的密切联系，感受数学在日常生活中的作用；

4. 注重培养学生的语言表达能力，让学生感受到分享的快乐。

‖ 教学重难点 ‖

1. 会用画图策略分析和解决问题；

2. 会用加法解决求原数的问题。

‖ 教学过程 ‖

一、情境再现，理解题意

师：小朋友，我校将在下周举行秋季运动会。为了保障运动会能顺利进行，我校体育老师可是做了充分的准备哦。看，体育老师到器材室领了一些口哨。可是器材室的老师遇到一个数学问题想要小朋友帮个忙，你们愿意吗？

师：（课件出示例6）请看大屏幕，从题中你知道了些什么？

【学情预设】学生会说：老师领走了7个口哨，还剩下5个。

师：要解决的问题是什么？

【学情预设】原来有多少个口哨。

师："原来"是什么意思？

【学情预设】"原来"就是没领走之前，也就是把领走了的放回去看看有多少个口哨？

师：我这儿有一些口哨，谁能来表演下领口哨的情景？

两名学生上台进行表演。（一生演体育老师：我领走了7个口哨；一生演管理员：还剩下5个。）

师：请仔细观看哦！看看他们演得好不好？

师：看明白了吗？

师：现在谁能把知道的和要解决的问题完整地说一遍？

师：你说话的声音真响亮！

【设计意图】理解题意是解决问题的关键一步，在引导孩子们理解题意时先让孩子们自己说说知道了什么？要解决的问题是什么？重在培养孩子认真审题的好习惯。对"原来"的理解是本节课的重点也是难点，为了突破这个难点，我让孩子们把领口哨的情景表演出来从而帮助学生更好的理解"原来"就是没领走之前（把领了的口哨放回原处）有多少个口哨？

二、借助画图，明确方法

1. 画图表示题意

师：现在你能用画图的方法把这题的意思表示出来吗？画在你的作业纸上。

生独立思考后画图。

师：画好了的小朋友和你的同桌说一说：你是怎么画的？

师：现在请画好了的小朋友用最端正的坐姿告诉老师。

展示学生作品。

师：我们一起来看看这几幅作品。你看懂了吗？

师：掌握有请×××小朋友来说说你的想法。

【学情预设1】我画了7个三角形表示领走了的，再画了5个圆形表示还剩下的。

师：谢谢你第一个站起来给大家分享，给勇敢的你点赞。

【学情预设2】我划掉了7个圆形表示领走了的，还剩下5个没划掉。

【学情预设3】我画的左边的7个正方形是领走了的，右边的5个正方形是还剩下的。

师：这几幅作品都能清楚地表示出题目的意思，那"原来有多少"是图中的哪些部分呢？

【学情预设】原来的就是把领走的放回去再看看有多少个口哨。

老师根据学生的回答在图中标出"原来的"那一部分。

师：你看懂了吗？谁再来指一指原来的那部分。

师：老师真喜欢你指着图边指边说的样子，真像个小老师！

师：谁还能像他这样指一指，说一说？

师：现在请在你的图上也表示出"原来的"那一部分吧！

【设计意图】这一环节让学生画图表示题目的意思，大多数学生只会用图表示出领走了的和还剩下的，而不知道"原来的"怎么表示，通过提问"原来有多少"指的是图中的哪些部分，然后让多名学生在图中指一指，从而明确原来的就是把领走的和剩下的合起来，为明确解题方法做好了铺垫。

2. 明确解题方法

师：我们知道了"原来"是这部分，那你会用算式表示出来吗？请写在你的作业纸上。

学生独立完成。

【学情预设】有 7+5＝12、5+7＝12、7-5＝2。

师：这三道算式到底哪个算式是对的？

【学情预设】7+5＝12 和 5+7＝12 都是对的。

师：说说你的理由。

【学情预设】求原来有多少个口哨，就是把领走的和剩下的合起来，就用加法计算。

师：为什么不能用减法？

【学情预设 1】用减法算出等于 2，2 个口哨怎么能领走 7 个呢？所以是错的。

【学情预设 2】要求的是原来有多少，原来的是把两部分合起来要用加法计算。

师：你们真是善于思考的孩子！

师：请仔细观察图和算式 7+5＝12，你能在图中找出算式中每个数代表哪一部分吗？它们分别表示什么意思？

【设计意图】通过画图理解题意后孩子们能正确地列出加法算式。当出现减法算式时就组织孩子们讨论：为什么不能用减法计算？这样做既锻炼语言表达能力又提升了数学思维能力，更明确了"求原数"（逆向加法）的解题方法。最后让小朋友把算式和图对应起来说意思，渗透了数形结合的数学思想。

3. 回顾与反思

师：写好算式后，你还有什么要提醒大家的？

【学情预设】有的会说要检查，有的会说没写单位和口答。

师：你想怎样检查？

【学情预设】我从 12 个口哨中划掉 7 个，还剩下 5 个。所以是正确的。还要写上单位：个。口答：原来有 12 个口哨。

师：小朋友，你们真了不起！帮器材室的老师解决了问题。这是一个求原来有多少问题。（板书：求原来有多少的问题）

师：现在我们回过头来看看，刚才在解决问题的时候是先做什么？再做什么的？

【学情预设】先读题目，再用图表示出题目的意思。

师：那看题目中的字和看我们画的图你更喜欢哪种呢？说说你的想法。

【学情预设】看图。图比较简单。

师：是啊！图简单明了就能表示出题目的意思。

师：以后在解决问题时，如果遇到了不懂的问题，我们怎么办？

【设计意图】孩子们在做题的时候往往会忘了检查、忘了写单位和口答。让孩子们自己回想：还有什么要提醒大家的？从而培养孩子认真检查的习惯。在"回头看"的环节，孩子们把文字与图进行对比，从而感知到图能简单、清晰地表示出题目的意思。"以后如果遇到了不懂的题目时，我们怎么办？"这个问题使学生对画图策略形成深刻印象，并愿意应用画图策略。

三、练习对比，提升能力

1. 第一关

师：小朋友，我们已经学会求原来有多少的问题。现在我想考考大家学得怎么样？你们敢接受挑战吗？

师：请看第一关，妈妈说：吃了 3 个鸡蛋，还剩下 6 个。原来有多少个鸡蛋？

师：从题中你知道了什么？要解决的问题是什么？

师：怎么解答？

师：解答正确吗？

2. 第二关

师：恭喜你们挑战成功！请看第二关：原来有 9 个鸡蛋，吃了 3 个。还剩下多少个？

师：怎么解答？

3. 第三关

师：现在老师要加大难度哦！准备好了吗？

请看第三关：原来有 9 个鸡蛋，还剩下 6 个。吃了多少个鸡蛋？

师：怎么解答？

师：小朋友，仔细观察这 3 道题，它们有什么相同的地方？又有什么不同的地方？

【学情预设】这三题都有 9 个鸡蛋，吃了 3 个，还剩下 6 个。但是它们的问题不相同，算式也不同。

师：你能用图表示出这三题的意思吗？

师：请用你们的火眼金睛观察比较这三道题，什么情况下用加法计算？什么情况用减法计算？

同桌讨论后全班交流。

师：小朋友，你们真是太棒了！挑战了一关又一关。给自己点个大大的赞吧！

【设计意图】通过三道题的练习、对比使孩子们体会到要根据不同的问题来确定解题方法，感受到顺向问题与逆向问题的不同。并结合一幅图理解三个算式的不同意思，渗透了数形结合的思想，体会到画图策略的优越性。

四、全课总结，巩固内化

师：快乐的时光总是短暂的，下课时间马上就要到了。小朋友们，今天你有什么收获？

‖ 作业设计 ‖

请编一道"求原来有多少"的问题，你可以写一写、画一画。

‖ 设计思路 ‖

"求原数的问题"是一年级上册第一次出现的逆向加法解决的问题。基于孩子们的学习困难以及学习特点，我主要从以下几方面进行教学设计：

1. 情景再现助理解

解决问题一直以来是小学数学教学内容的重点和难点。解决问题首先要注重对题意的理解，本题中对"原来"的理解学生会有一定的困难。教学时，我请两个小朋友上台表演领口哨的情景，这样能明白"原来"就是领走之前的口哨数量。在情景再现的过程中不但培养了孩子们认真观察、倾听的学习习惯，还锻炼了"小演员"的语言表达能力。

2. 画图策略显优越

当孩子们初步理解了"原来"就是领走之前的口哨，接着让孩子们画图表示出题目的意思，这个小小的改变能让孩子从具体情景中转到半抽象的数学图形中来，感受到数学的简单抽象。然后，让学生指出图中的每部分都表示什么，重点指出"原来"的是指哪部分，这样孩子们理解了原来的就是把领走的和还剩下的两部分合起来，从而清晰地知道用加法算式来解决。最后，引导孩子们思考，文字题与图哪个更好理解？使孩子们体会到画图策略的重要性和优越性。算式 7+5＝12 出来后把图与式对应着说说算式中每个数是图中的哪部分，并把它们的意思说出来，渗透了数形结合的思想。

3. 问题对比要明辨

新知与旧知进行对比，在对比中升华才能将知识点串成知识链。在练习对比中，通过一题三变使孩子们清楚地理解同一幅图能提出不同的问题，再把图与式结合起来说说算式的意思，既让孩子们感受到了变中有不变的思想，又渗透数形结合的思想。接着给孩子们足够的时间和空间进讨论、辨析：什么情况下用加法算式？什么情况用减法算式？把多种类型的解决问题串成问题链，建立了解决问题的模型。

用一套七巧板拼三角形

周建琴（余江区第四小学）

‖ **教学内容** ‖

《义务教育教科书·数学》（人教版）一年级下册第4页。

‖ **教材分析** ‖

教材在例3中正式引入了七巧板，并让学生先"用一套七巧板拼三角形"，再比一比"看谁拼得多"。既渗透了数学文化，又给学生提供了认识平面图形的丰富的素材，使学生借此进一步感知平面图形的特征，发展学生的空间观念、操作能力，培养创新意识。教材通过3个问题，让学生继续经历解决问题的完整过程，有目的、有计划地培养学生理解问题、分析问题、解决问题及反思的能力，使学生逐步获得解决问题的一般方法。如果说例2是学生自由拼组，例3则是学生有目的地拼组——拼三角形。解决问题的具体方法就是利用之前的经验去"拼"。教材分别展示了学生用七巧板中的2个、3个图形拼组三角形的结果，也暗示了解决问题的基本思路——有序，从用2个图形开始拼，再到用3个图形拼。

‖ **教学目标** ‖

1. 在用七巧板拼三角形的过程中，进一步加深学生对三角形、长方形、正方形、平行四边形这些平面图形特征的认识；

2. 在解决问题的过程中，有目的、有计划地培养学生的审题能力，初步获得分析问题、思考问题、解决问题的基本方法；

3. 培养学生的创新意识，感受所拼图形的数学美。

‖教学重难点‖

进一步感知平面图形的特征，体会解决问题的基本思路——有序。

‖教学过程‖

一、听故事激趣，认七巧板

宋朝有个叫黄伯思的人，对几何图形很有研究。他热情好客，发明了"宴几"——请客吃饭的小桌子。可以根据吃饭人数的不同，把桌子拼成不同的形状。这样吃饭时，人人方便，气氛特别好。因为它十分巧妙、好玩，所以人们叫它"七巧板"。

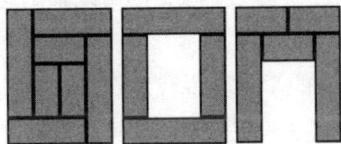

师：小小图形的变化竟然这么神奇，今天我们就去图形世界看一看。

【设计意图】通过小故事了解七巧板的前身，让学生知古明今，感受数学文化，激发学生学习兴趣。

教师课件出示一套七巧板。（板书：七巧板）

师：请仔细观察，七巧板中有哪些你认识的朋友？数一数各有几块？

【学情预设】有的学生会说1、2、3、4、5、6、7，七巧板一共有7块。（课件展示）

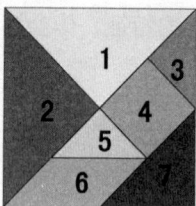

有的会说我发现三角形有5块，正方形有1块，平行四边形有1块。

师：你们的观察能力很强。

师：那先一起来看看这些三角形吧，你有什么发现呢？老师给每位同学都准备了一套七巧板，你可以拿出这些三角形来比一比，看一看。

【学情预设】有的学生会说我发现1号三角形和2号三角形是一样大，有的会说3号三角形和5号三角形也是一样大的。

师：你们有一双善于发现的眼睛。

【设计意图】结合学生年龄特点和心理特征，通过动手比一比，在操作中找到三角形的特点，为下面的拼图做好铺垫。

二、操作讨论，积累经验

1. 理解题意，明确要求

师：你们想动手拼一拼吗？下面就让我们一起来做个游戏。

师（出示例3）：请大家读一读题目，说说看你们都知道了什么？这里有几个词特别重要，你们发现了吗？谁来说一说？

【学情预设】有的学生会说"一套"很重要，一套有7块，最少可以用2块板拼，也可以用3块、4块来拼，最多可以用7

块板来拼；有的会说"拼三角形"很重要，要求了拼的形状；有的会说"看谁拼得多"很重要，看来不止一种拼法。

师：你们找关键词找得可真准，理解题目的意思也非常到位。谁能完整地说一说题目要求我们做什么？

【学情预设】学生会说每人用一套七巧板，要求是拼三角形。

师：开动脑筋，看看你能拼出多少种方法。

师：你的表达能力真强！(补充板书：用一套 拼三角形 多)

【设计意图】通过找题目中的关键词，引导学生理解要解决的问题，为学生的拼图有效性提供一些帮助。

2. 观察想象，初步操作

教师：在动手操作之前，请大家先想一想怎么拼，然后再按照你的想法动手拼一拼，看谁拼的三角形最多。

学生独立活动，动手操作。

3. 交流方法，对比启思

(1) 用 2 块拼三角形

师：我们先来看看小明的作品，使用了几块板？怎样拼的？

【学情预设】有的学生会说是用 1 号和 2 号三角形，拼出一个大的三角形；有的会说是用 3 号和 5 号两个小三角形，也可以拼出一个大的三角形。

师：你很会学习，能看懂别人的想法，并准确地表达出来。

师：那下面请你对比一下，这两个拼好的三角形有什么相同的地方？又有什么不同的地方呢？

【学情预设】有的学生会说我发现他们都是用两个大小完全

相同的小三角形，拼出了一个大的三角形；有的会说它们的大小是不同的，用 1 号和 2 号拼出的三角形大，用 3 号和 5 号拼出的三角形小。

师：你们很会思考！

【设计意图】从 2 块开始拼，学生能很快拼出三角形，有助于学生获得成就感和自信心。教师先展示用 2 块板拼的学生作品，并说："通过这两个作品请你对比一下，这两个拼好的三角形有什么相同的地方？有什么不同的地方呢？"让学生初步感知拼的方法，培养学生的观察能力、思考能力。

（2）用 3 块拼三角形

师：我们再来看看小丽拼的。谁看明白了，说一说，分别用了哪几块拼出来的？

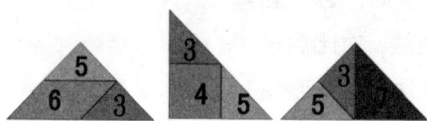

师：请大家仔细观察，这三种拼法，有什么相同的地方？有什么不同的地方？

【学情预设】有的学生会说都是用 3 块板拼的；有的会说都用了 3 号和 5 号；有的会说第一个用了 6 号平行四边形，第二个用了 4 号正方形，第三个用了 7 号中号三角形。

【设计意图】在拼一拼、想一想中找到七巧板的特点，感受平面图形之间的关系，为后面的学习积累感性经验，培养学生的想象能力和空间观念。

师：同学们真聪明，通过积极思考，动手操作，想到了用 2 个三角形拼摆和用 3 块图形拼摆，这两种方法有什么联系？

【学情预设】有的学生会说用 3 块拼的三角形里都用到了 3

号和 5 号，有的会说 3 块就是在 2 块的基础上加了一块。

师：你的发言特别精彩，说到了关键的地方上了。

师：我们在拼的时候，既可以全部使用三角形的板去拼，还可以加入其他形状的板去拼。拼的时候从用 2 块板拼开始，拼出了所有 2 块板的，再增加板的数量，这样有序地拼摆，不仅能拼出更多的三角形，还能不重不漏。（板书：有序）

【设计意图】从用 2 块板拼过渡到用 3 块板拼，让学生感受到拼的方法是用两个大小一样的图形去拼，也体会到拼的基本思路——有序，先从 2 个图形拼，再到 3 个图形拼。

（3）用 4 块拼三角形

师：按照这样的顺序，接下来你们觉得可以用几块板来拼三角形？

生：4 块。

师：对，那在刚才 3 块的基础上，如果再加一块，你还能拼成三角形吗？仔细试一试吧！

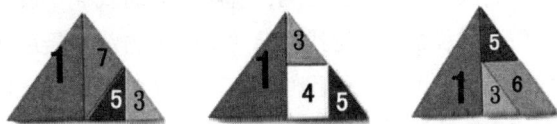

【学情预设】有的学生会说我在原来用 3 号、5 号、4 号拼好的小三角形上又增加了一个同样大的 1 号三角形，这样也组成了一个更大的三角形。

师：同学们，多么重要的发现啊！只要在原来的三角形上拼上一块同样大的三角形，就可以得到一个更大的三角形啦，快看看是这样吗？

【学情预设】有的学生会说是这样的，我在原来用 3 号、5 号、6 号拼好的小三角形上又增加了一个同样大的 1 号三角形，这样组成了一个更大的三角形；有的学生会说我在原来用 3 号、5 号、7 号拼好的小三角形上又增加了一个同样大的 1 号三角形，这样也组成了一个更大的三角形。

师：你的学习能力可真强！看来在 3 块的基础上加一块就是 4 块的拼法了。

【设计意图】通过前面的学习，学生已经体会到有序地拼三角形。利用迁移作用，让学生独立思考，找到用 4 块板拼摆的三角形，使学生逐步获得解决问题的一般能力。

（4）回顾过程，总结方法

师：请大家想一想，这节课我们在解决"用一套七巧板拼三角形"这个问题时是怎样做的？我们先做了什么，又做了什么？

【学情预设】有的学生会说先理解问题，然后动手操作，找到用一套七巧板拼三角形的方法；有的会说先从 2 块开始拼，然后再加 1 块，再加 1 块。

师：你们很会小结呀！是啊，解决问题时我们一般先要理解问题，然后通过观察、思考找到解决问题的方法，最后在动手操作的过程中不断验证、完善我们的想法，找到用一套七巧板拼三角形的方法。按照这样的规律，还可以用更多块七巧板拼三角形呢！由于上课时间有限，课后你们再去拼一拼吧。

【设计意图】通过小结，培养学生的总结能力，渗透有序思想，巩固今天所学知识，培养学生的思维能力。

三、拓展延伸，激发兴趣

师：七巧板果然很奇妙，但七巧板的魔力不止如此。你们知道吗？如果用上七巧板中的七块板，还能够拼出美丽的图案呢！你们看，这是老师拼好的图案，看一看它像什么？

生：它像一条小鱼。

师：你们想不想也动手来拼一条小鱼呢？不过，拼之前请你先仔细观察，这个图案都用到了七巧板中的哪几块，每一块的位置在哪儿，然后再来动手拼。

【设计意图】通过呈现出用一套七巧板拼出的美丽图案，让学生感受到七巧板的神奇魅力。

四、课堂小结

师：今天我们知道了一套七巧板由7个图形组成，1个正方形、1个平行四边形、5个三角形。

师：今天我们用七巧板拼出了很多漂亮的图形，有序地拼一拼是个特别好的方法。

【设计意图】通过小结，帮助学生理清整节课所学知识，形成一个整体的知识结构，逐步培养学生归纳总结的思维能力。

‖ **作业设计** ‖

1. 用一套七巧板拼出你喜欢的图形。

师：刚才你是用模仿来拼图案的，现在你能自己创造出一些

你喜欢的图案吗？看谁的作品最有创意！

【设计意图】通过动手操作，发挥想象能力，培养学生的创新意识和应用意识。

2. 下图是用七巧板拼成的图形，请把相应的图形连起来。

【设计意图】通过练习，进一步熟悉学过的平面图形。

‖ 设计思路 ‖

兴趣是最好的老师。《数学课程标准》指出，数学学习必须从学生的生活情境和感兴趣的事物出发，为他们提供参与的机会，使他们感到数学在身边，对数学产生亲切感。

1. 故事导入，激发兴趣。

一年级的学生课堂专注持续时间不长，而本课程内容较为开放，为激发学生学习兴趣并帮助学生专注学习，在本课程的导入环节中，我让学生听故事，引导学生明确今天的学习内容，同时结合一年级学生的年龄和心理特征，让学生听故事之后先自由玩一玩七巧板。在玩一玩的活动中，给学生时间让他们充分了解七巧板，巩固了学生的平面图形知识，同时也为后面的解决问题做准备。

2. 凸显问题解决过程。

在新授环节，让学生经历解决问题的完整过程，从"你知道了什么"到"怎样拼"再到"看谁拼得多"分别对应问题解决中的"阅读与理解""分析与解答""回顾与反思"三大版块。

有目的、有计划地培养学生理解问题、分析问题、解决问题及反思的能力。

3. 在有序操作中发展思维。

在分析问题这一环节中，引导学生明确要求："用一套七巧板拼三角形，看谁拼得多"，通过有趣的七巧板激发学生的学习、动手操作的欲望。"怎样拼"环节中，让学生先用 2 块拼，学生因为有之前随意拼摆的操作之后，对七巧板有了一定的了解，知道七巧板有 2 组一样大小的三角形，所以能很快地找到用 2 块拼的方法。再用 3 块拼，并请学生对比分析 2 块和 3 块的拼法，清楚 3 块的拼法中，都是在 2 块拼法上加增的一块，引导学生有序地拼组，然后询问："能在 3 块的拼法上增加一块变成一个大一些的三角形吗?"发展学生有序操作的思维。在 4 块拼法中，明确除了增加 1 块，重新摆放位置也可以拼出新的三角形，使学生有目的地拼组，培养学生的几何直观。

减去相同数的问题

王美锋（余江区第四小学）

‖ **教学内容** ‖

《义务教育教科书·数学》（人教版）一年级下册第78页。

‖ **教材分析** ‖

例5是"减去相同数"的实际问题。由于解题的步骤比较多，学生不经过尝试和探索，很难从给出的两个信息出发直接获得答案，对学生而言具有一定的挑战性。教材编排的目的就是要激发学生探究的欲望，用所掌握的知识与方法，进行解决新问题的尝试。教材在呈现画图策略的基础上，又呈现了列表、倒着连减等新的方式。

小朋友已经历了多次解决问题的全过程，基本掌握了解题步骤。在解决连减同数的问题时，让孩子们自主探索，运用已有知识解决问题。让学生充分经历了分一分、圈一圈、减一减的过程，既积累了解决问题的经验，又搭建了由减法到除法过渡的桥梁，便于学生今后更好地理解除法的意义。

‖ **教学目标** ‖

1. 通过模拟具体的情境、动手操作，帮助学生理解题意和探究解题的思路，并经历分一分、圈一圈、减一减的过程，进一步积累解决问题的策略；

2. 在观察与操作活动中，通过多种策略解决问题，感受解决问题方法的多样性，培养学生初步分析问题、解决问题的能力；

3. 激发学生探究的欲望，鼓励学生用不同的方法解决问题，感受数学与生活的联系。

‖ **教学重难点** ‖

1. 经历分一分、圈一圈、减一减的过程，学会简单、清楚地表达思考过程；

2. 进一步积累解决问题的策略。

‖ **教学过程** ‖

一、情境再现，激发兴趣

师：六一儿童节当天，我校将举行欢乐游园活动。小朋友通过玩各种游戏赢得礼品。老师准备的礼品有：糖果、水果、玩具、文具等等。现在请小朋友一起来帮忙包装礼物！

师：先包装糖果，每 5 颗装一袋。要求：同桌合作，一人数糖果，一人包装。

师：装好了的小朋友用端正的坐姿告诉老师。

师：包装好了之后你有什么发现？

师：你为什么不把多的 2 颗装一袋呢？

【学情预设】是每 5 颗装一袋，只装 2 颗就不符合要求了。

师：你是个会认真读题的好孩子。

师：把多的都给我吧，现在我的手上有 10 颗糖，想想这 10 颗糖果能装几袋？

师：你是怎么想的？

【学情预设】10 颗装了 5 颗还剩下 5 颗，再装一袋，就是两袋。

师：说得真好！你真是个爱思考的孩子！

【设计意图】情境再现：动手分一分的活动，不但激发了孩子们的兴趣，也使孩子们理解了"每5颗装一袋"的意思是：每袋装5颗不能多也不能少，为后面的解题做好了铺垫。再提问：10颗糖果能装几袋？这个问题为下一环节让小朋友提一个数学问题起到了示范引领作用。此时不再操作，是让孩子们从动手操作到脑海中操作的转变，为后面离开动手操作列出算式埋下了伏笔。

二、自主探索，解决问题

1. 理解题意，提出问题

师：现在我们一起来包装橘子。（课件出示）28个橘子，9个装一袋。

师：你知道了什么信息？

师：9个装一袋是什么意思？

【学情预设】就是每9个橘子装在一个袋子里，再9个橘子又装一个袋子里。

师：你能提一个数学问题吗？

【学情预设】可以装几袋？还有多的吗？

师：你提问题的水平真高！和我想的一样：可以装满几袋？

师：谁知道装满是什么意思？

【学情预设】装满就是每个袋子里都要装9个，如果只装8个或7个就没装满。

师：也就是说每个袋子里要装9个，能装10个吗？能装6个吗？

师：谁能把知道的和要解决的问题完整地说一遍？

师：你回答问题的声音真响亮！

【设计意图】问题意识要从小开始，在出示例题时没有直接给出问题，而是让孩子们根据已知信息提一个数学问题。培养了孩子们根据已知信息发现问题、提出问题的能力。

2. 动手操作，积累经验

师：可以装满几袋呢？请你动手分一分、圈一圈、算一算吧！

温馨提示：①有圆片的小朋友，可以用手中的圆片代替橘子分一分、圈一圈；②有作业纸的小朋友，可以画一画、圈一圈、算一算；③完成后和同桌说一说你的想法。

学生操作，教师巡视。

【设计意图】本环节给了充足的时间和空间让孩子们自主探究，用所掌握的知识与方法解决新的问题。孩子们经历了数一数、分一分、画一画、圈一圈、算一算等活动，积累了解决问题的活动经验。

3. 展示交流，方法多样

第一种：摆圆片

师：老师看到小朋友们都坐端正了，是完成了吧！谁愿意上来分享你的想法？

【学情预设】我是用圆片代替橘子分一分的，可以装满 3 袋，还剩下 1 个。

师：谢谢你的精彩分享。小朋友，你们看懂了吗？

【学情预设】如果能把 9 个分在一起的橘子圈起来就更清楚了。

师：是啊！这样一圈就更能看出 9 个装一袋了。谢谢你的建议。

第二种：画图圈一圈

师：谁还有不一样的方法？来和大家分享下吧！

【学情预设】我是先画了 28 个圆形代替橘子，然后把 9 个 9 个圈起来，圈了 3 次，还剩 1 个。

师：你们看懂了吗？从哪儿看出装了 3 袋？谁能指给大家看？

师：给你点赞！能指着图说，真棒！

第三种：画表格的

师：谁还有不一样的？

【学情预设】我是画表格的方法。上节课我们学了表格法，我今天就用表格法做的：

袋数	1	2	3
橘子个数	9	18	27

师：你是个善于学习的孩子！会利用我们学过的知识来解决新的问题，太棒了！

师：谁来说说这里的每个数都是什么意思？

第四种：连减法

师：谁用的是算一算的方法？

【学情预设】$28-9-9-9=1$（个）。

师：谁看懂了他的方法？

【学情预设】我想是这样的意思：减一个 9 就是装了一袋，又减一个 9 又装了一袋，再减一个 9 又装了一袋，总共装了 3 袋。

师：从哪儿看出装了 3 袋？

师：结果等于 1 是什么？

第五种：箭头符号记录连减过程

师：你们真了不起！有这么多种解决的方法。老师这儿还有一种方法，谁看懂了？板书：$28 \xrightarrow{-9} 19 \xrightarrow{-9} 10 \xrightarrow{-9} 1$

【学情预设】我知道：28个橘子减9就是装了一袋后还有19个，又减9是又装了一袋还有10个，再减9是再装了一袋还有1个。

师：你知道这里的箭头表示什么意思吗？

师：听懂了吗？你再来说一说。

师：谁能把第二位小朋友画的图和这个算式合起来说一说？

【学情预设】指着图说：减了一个9就是这里了圈了一次，又减一个9又圈了一袋，再减一个9是再装了一袋。

师：这个算式中从哪儿能看出装了3袋？

【设计意图】在交流展示环节，孩子们感受到解决问题方法的多样性。交流的过程中，不但培养了孩子们的语言表达能力，还注重引导学生读懂、听懂他人的想法，能帮助他人完善不清楚的表达。

4. 对比讨论，优化方法

师：这么多种方法，你最喜欢哪种？为什么？和同桌说一说。

【学情预设】我喜欢画图的方法，很容易理解还能清楚地看出装了3袋。

【学情预设】我喜欢摆图片，这样题目就很简单了。

师：第一种摆圆片和第二种画图的方法都是用图来帮助我们理解题意，解决问题，它们能让我们更清楚地看出9个装一袋，装了3袋。但是如果橘子的数量比较多的话画图就会比较麻烦了。

【学情预设】我喜欢用连减的方法，这样能快速地算出答案。

师：第四种和第五种方法都是减法计算，观察它们有什么相同的地方和不同的地方？

师：用了箭头的能清楚地看出什么？

师：第四种连减的方法能直接看出什么？不能直接看出什么？

师：我们再看看减法算式中，它们的减数都有什么特点？

师：是的，真是一群会观察会思考的孩子。这就是我们今天学习的减去相同数的问题。（板书课题：减去相同数的问题）

【设计意图】多种方法进行对比，优化出较好的方法，使孩子们感受到用箭头表示的方法简单明了。连减与用箭头记录这两种方法，既显出了其简便的优势又搭建了由减法到除法过渡的桥梁，便于学生今后更好地理解除法的意义。

5. 回顾与反思

师：问题解决好了，还有什么要提醒大家的吗？

【学情预设】还要写单位和口答，还要检查下是不是正确。

师：谢谢你的提醒。你想怎样检查呢？

【学情预设】有的用减法再算一次，有的用加法来检查：9+9+9＝27，27 再加上剩下的 1 个正好 28 个。

师：我们一起回过头来看看，刚才在解决分橘子问题时是先做什么？再做什么？最后做什么？

【设计意图】在解决了问题之后提问：你有什么想要提醒大家的？使孩子们养成认真检查的好习惯。用加法进行检验，使学生进一步理解加、减法之间的关系，强化检验的意识，并学会了基本的检验方法。

三、巩固练习，提升能力

1. 分气球

师：非常感谢你们帮忙把橘子包装好了，接下来我们要分气球给各班装饰教室。

（课件出示）准备了 50 个气球，每个班分 8 个，可以分给几个班？

师：用你自己喜欢的方法解答。

让学生独立完成。

展示用箭头倒着连减的方法，用了其他方法的也给予肯定。

2. 分跳绳

师：非常感谢能干的小朋友们，教室也装饰好了。体育组老师也想请大家帮忙咯。

（课件出示）一年级有 5 个班，每个班分 8 根跳绳，准备 36 根跳绳够吗？

师：用你自己喜欢的方法解决吧！

让学生独立完成。

师：谁愿意来说说你的想法？

【学情预设】我是先画了 36 根小棒代替跳绳，8 根圈一次，只圈了 4 次，就还剩下 4 根了，所以不够。

师：你用画图的方法，很清楚。谁还有不同的方法？

【学情预设】我用箭头表示：$36 \xrightarrow{-8} 28 \xrightarrow{-8} 20 \xrightarrow{-8} 12 \xrightarrow{-8} 4$ 也是只减了 4 次就不够了。

师：你的方法很有数学味。谁还有不同的方法吗？

【学情预设】我是用加法的：8+8+8+8+8＝40（根）每个班分 8 根，有 5 个班，5 个 8 加起来就要 40 根跳绳，准备了 36 根是不够的。

师：你真是个爱动脑的孩子。用连加的方法也解决了这个问题。

师：小朋友，我们观察下分跳绳的和分气球、分水果的题有什么不一样的地方？（课件一起出示 3 道题）

师：这两种题的解题方法有什么不一样？

【学情预设】两种题都可以用画图、连减的方法来算，够不够的问题还可以用加法来解决。

师：是啊！够不够的问题可以先算出需要多少根跳绳，再和准备好了的比一比就知道够不够。

师：小朋友，在以后的解题中要认真读懂题意再来解答哦！

【设计意图】练习巩固环节的两道题是不同类型的，第一个分气球的是基础题，使孩子们在练习中得到巩固。第二个分跳绳的是变式题，使孩子们从不同的角度思考问题，感知问题不同解题方法可以一样也可以不一样。

四、课堂小结

师：小朋友真是太棒了！谢谢你们帮忙准备了六一活动的礼品，在这节包装礼品的课中有什么是你印象最深刻的？

师：这节课就上到这儿了！提前祝大家六一快乐！

‖ **作业设计** ‖

动手做毽子：做一个毽子要用 4 根羽毛，18 根羽毛最多可以做几个毽子？

‖ **设计思路** ‖

本节课让学生体会数学与生活的密切联系，以及优化思想的应用，培养学生应用数学知识解决问题的能力。在有趣的活动中学生受到数学思想的熏陶，形成探索数学问题的兴趣与欲望，逐步发展数学思维能力。本节课有以下几个特点：

1. 动手操作促理解

动手操作是学习数学重要的方法，对于低年级的小朋友更适合。课开始就让孩子们动手数一数、分一分，在数、分的过程中理解题意，初步形成表象。在自主探究环节，又给了孩子们充分的时间和空间让孩子自主探究解题方法，孩子们经历了数一数、分一分、减一减的过程，在动手操作中学会用所学的知识解决新的问题，积累了活动经验。

2. 方法多样比谁优

在自主探究环节，孩子们有的选择分一分、圈一圈的方法，有的用减一减的方法，使孩子们感受到解题方法的多样性。然后通过观察比较发现：分一分或圈一圈的方法能直观清楚地表示出几个一袋，能装几袋，但是当数量比较大的时候就会比较麻烦了。而连减和用箭头表示的方法既能看出装了几袋也能快速准确地算出结果，但是连减有可能会减多了或减少了，用箭头表示的方法既能清楚地表示出几个装一袋还能清楚地看出装了之后还剩下几个，所以这种方法是比较优的。

在回顾与反思环节用了减法和加法进行检验，也体现了方法的多样性。用加法进行检验，使学生进一步理解加、减法之间的关系，强化检验的意识。

3. 展示交流懂他人

读懂、听懂他人的想法是形成良好学习习惯的必备条件。在展示交流环节，每种解题方法出来后追问：你看懂了吗？听懂了吗？你再来说一遍。这样培养了孩子们认真思考、认真倾听的好习惯。在交流连减与箭头表示的方法时，还让孩子将算式与图相结合说说算式中的意思，很好地渗透出数形结合的思想。

确定长度单位

陆莎莉（鹰潭市师范附属小学）

‖教学内容‖

《义务教育教科书·数学》（人教版）二年级上册第7页。

‖教材分析‖

本节课是在孩子已经认识米和厘米这两个长度单位，学会用米和厘米去测量物体的长度的基础上学习的，重在培养孩子实际运用的能力。教材提供了丰富的生活场景，以拉近抽象的长度单位和孩子实际生活的距离，因此充分利用这些素材，激发孩子的学习热情是关键。

‖教学目标‖

1. 通过推断、比较，学会选用合适的长度单位描述物体的长度；

2. 建立米和厘米的长度单位表象，培养学生估测物体长度的意识；

3. 感受测量物体长度与生活的密切联系，增强运用数学知识的意识，体会建立长度观念的意义。

‖教学重难点‖

重点：会选用合适的长度单位描述物体的长度。

难点：学会思考、比较，运用合适的方法确定长度单位。

‖**教学准备**‖

课件、学生尺、米尺。课前布置任务：回家调查或测量身边熟悉的物体的长度。

‖**教学过程**‖

一、回顾引入

（1）师：小朋友，现在我们认识了哪些长度单位？（厘米和米）

师：1厘米和1米分别有多长？

（2）用手比画比画。

依次用手比画出：1厘米、2厘米、10厘米、1米的长度。

（3）你觉得厘米适合用来测量哪些物体的长度？米呢？

（4）课前老师让大家回家调查或测量身边熟悉的物体的长度，谁来汇报一下你的发现？

通过复习长度单位，说说分别适合测量什么物体的长度，尤其是说说生活中熟悉事物的长度，为后面选择合适的长度单位作好铺垫。

揭示课题：小朋友们都说得很好，今天我们要研究的就是"选择合适的长度单位"来测量。（出示课题）

二、探究新知

（一）出示问题

1. 课件播放升旗仪式，引入主题，出示旗杆。

师：每周一，学校都会举行升旗仪式，庄严的五星红旗在全校师生的注视下冉冉升起，我们的目光从地面一直追随到旗杆的顶端。（手势推出很高的感觉）

当我们仰望国旗时，你有没有想过它有多高呢？

来，小朋友用手比划一下旗杆有多高。手够得着吗？踮起脚呢?

【设计意图】在用手比画的过程中学生已经完成了将旗杆和自己的身体进行比较的过程，感知旗杆是个比身体长得多的物体，用哪个单位来测量就已经呼之欲出了。

2. 提出问题：那么，一根旗杆到底有多高呢？老师给你个数量，你来填单位：一根旗杆的高度是 13（　　）。

3. 你认为旗杆的高度是 13 厘米还是 13 米呢？为什么？

（二）解决问题

1. 学生思考（小组讨论）

师：想好的可以和同桌小声交流一下。

2. 全班交流

师：说说你的想法吧。

【学情预设】有的学生会想到，手 1 拃长 13 厘米，旗杆的高度不可能是 13 厘米；有的会说我身高 1 米多，旗杆肯定比我高，应该是 13 米；还有的会想到尺子 18 厘米，旗杆不可能比尺子短，所以不可能 13 厘米。

得出结论：一根旗杆的高度是 13 米。（板书）

（三）小结

有这么多的方法可以来确定答案，大家有没有注意，我们都是怎样选择合适的长度单位的呢？要多思考多比较，要和生活中我们熟悉的事物来比。

【设计意图】从生活中常见的升旗仪式情境入手，提出数学问题，引导学生观察、分析、比较、交流，教师适时指导，在活动中感受数学的思维方法，让他们发现和身边熟悉的事物长度来比，就比较容易判断出哪个单位更合理。把已经成形的答案外化成语言，让孩子在表达的过程中逐步明确思想方法。

（四）运用新知。

每次升完旗，咱们就会排队回教室，你知道咱们面前的课桌适合用那个单位来测量吗？

课件出示第 7 页做一做图一。

宽 60 （　　　）

师：课桌宽 60 米还是 60 厘米呢？想一想，谁来说说答案并说明你的理由。

【学情预设】有的学生会和旗杆比，60 米都比旗杆还长了，所以是 60 厘米。有的学生会和米尺、房间等生活中常见事物的长度比，都能得出应是 60 厘米的结论。

师：同学们说得真好，大家特别善于总结方法，总结后也不忘把所学方法运用到实践中，从熟悉的事物迁移到不熟悉的事物中，这是咱们学习数学必须具备的能力。

请大家用这种方法继续完成第 7 页的"做一做"。

1. 学生独立思考完成；

2. 汇报交流。

不但要考虑单位，还需要考虑数量。

三、巩固练习

师：小明认识长度单位后特别开心，打算回家用所学知识写一篇数学日记，我们来欣赏一下。

今天早晨，我从 2 厘米长的床上惊醒，马上起来，走到 3 厘米宽的卫生间，拿起 18 米长的牙刷开始刷了起来。吃完饭，我快步走了 300 厘米才来到学校，打开 21 米宽的课本大声朗读起来。8 时整，广播音乐一响，我们就排队来到 200 厘米宽的操场做起操来。

师：小明真有心，还用所学知识写了篇数学日记。不过刚才我听到有小朋友边读边笑，怎么了？

哦，你们有不同意见，那我们来帮帮他吧。（让学生指出长度单位用的不合理之处并修改）

咱们以后运用单位可要想清楚了，学得不扎实可是会闹笑话的哦。

【设计意图】应用所学知识解决生活中的实际问题，不仅加深对知识的理解，而且深刻体会到建立长度观念的意义，从而增强运用数学的信心。

四、延伸拓展

通过今天的学习，你有没有信心正确运用长度单位？小明的马虎劲儿咱们不能学，但他学以致用的态度还是值得表扬和学习的，咱们也用本课所学写一篇数学日记吧，一会儿我们来欣赏交流一下。

学生先独立构思，把想法记录下来，指名上台展示，集体欣赏、评价、订正。

【设计意图】写数学日记，既能巩固所学，又锻炼了孩子的语言组织、表达能力，对提高孩子学习、运用数学的兴趣和信心也有积极的影响，让孩子又一次感受到数学知识和生活息息相关，数学就在身边，又一次感受到运用数学知识解决问题的愉悦感。

五、全课总结

师：同学们，这节课你有什么收获呢？

今天我们进一步认识了长度单位米和厘米，在判断选择什么长度单位合适时，我们可以通过用手比画去推理出它的长度，也可以借助身边熟悉的物品长度来分析物体的实际长度，最终选择合适的长度单位。

【设计意图】通过回顾小结，进一步培养学生运用合理的方法解决实际问题的能力。

‖ **作业设计** ‖

书上第九页第 8 题。

‖ **设计思路** ‖

数学学习中，迁移类推是个很重要也很常见的思维方法，大多知识点都是根据已有经验转化而来。本课的学习就是建立在认识米和厘米，会用米和厘米测量物体长度，以及生活中常见的物体的长度的基础上的。

选择合适的方法确定单位，关键在于方法。为了方便上课进行比较，推测出合适的长度单位，我布置了孩子回家调查生活中熟悉的事物的长度，如床长约 2 米，10 岁儿童的身高 135 厘米左右，黑板长约 4 米……有了这些数据和经验的支撑，本课重难点就不难化解。

本课教材仍是以阅读与理解、分析与解答、回顾与反思这"三步曲"来呈现解答问题的完整步骤的。在新授以及练习环节，我也注重从已有知识经验出发，选择孩子熟悉的场景和物品来探究，孩子们在一次次对比、观察、发现、总结中，积累了足够的经验，认识到要以熟悉的物体长度作标准，代入情境解决问题。

为了调动课堂氛围，提高孩子们的学习兴趣，巩固练习的设计，我选择以数学日记的形式呈现，让孩子们当小老师去纠错，然后把自己的生活故事以数学日记的形式写出来，给孩子想象和创作的时间和空间，让他们主动去思考、去运用所学。在这个过程中，孩子要充分调动已有生活和知识经验去组合，既巩固了对知识的理解，又培养了孩子的语言组织、独立思考等多方面的能力。

‖ **教师简介** ‖

陆莎莉，中学一级教师，多次荣获省、市级优质课竞赛一等奖；撰写的论文多篇荣获全国一等奖。积极承担示范课任务；送教下乡，广获专家和听课教师好评。潜心教研，默默耕耘，是孩子们的良师益友。

用三角尺拼角

章玮晋（鹰潭市八一小学）

‖ **教学内容** ‖

《义务教育教科书·数学》（人教版）二年级上册第42页。

‖ **教材分析** ‖

本课时内容是在学生对角有初步认识后安排的一节内涵丰富的综合实践活动课。意在让学生动手经历用三角尺拼角的过程中，加深对直角、锐角和钝角的认识及三者之间的关系的理解，积累数学活动经验和解决问题的经验。同时还能使学生更加熟悉三角尺上角的特点，为后续学习作好铺垫。

教材例题编写遵循解决问题三环节，在"知道了什么"中，关键在于理解"一副三角尺"的含义，并知道自己可以利用的都有哪种角，同时调动关于锐角、直角、钝角之间大小关系的知识，为"拼"做好准备。在"怎样解答"中，教材呈现了两种策略：一种是通过直接拼的方式去尝试；一种是根据钝角与直角的关系，以直角为基础和锐角去拼。在"解答正确吗"中，学生可以通过直角比的方式对拼出的角进行检验，也可以用道理加以说明。

‖ **教学目标** ‖

1. 让学生动手经历用三角尺拼角的过程，加深对直角、锐角和钝角的认识及三者之间的关系的理解，领会拼角活动的内涵；

2. 通过操作活动，使学生学会解决用三角尺拼指定角的简单的实际问题；

3. 在培养学生动手能力的同时，帮助学生积累数学活动经验和解决问题的经验。

‖教学重难点‖

重点：能用三角尺拼出指定角，掌握用三角尺拼角的策略。

难点：能根据策略有理有序地运用角的知识解决简单的实际问题。

‖教学过程‖

一、创设情境，导入新课

（一）谜语导入

师：小朋友们，你们喜欢猜谜语吗？老师这有 1 个谜语，想不想猜一猜？"一对亲兄弟，像帆不会扬，三足而鼎立，学习好帮手。"（打一数学学习工具）

【学情预设】根据学生的学习经验及学具准备，学生应该可以根据谜面猜出谜底：三角尺

【设计意图】教学从学生喜欢的猜谜活动入手，一方面顺势引出本节课的主要学习用具——三角尺，另一方面充分调动学生课堂参与的积极性，激发他们的学习兴趣。

（二）复习旧知

师：（出示一个三角尺）你能在这个三角尺上找到我们学过的知识吗？上来指一指。

师：（PPT 出示一个钝角）这是什么角？你是怎么判断的？

【学情预设】学生根据本单元已学知识可以用另一个三角尺上的直角比一比，比直角小的角是锐角，比直角大的角是钝角。

师：我们在判断角的类型时找了谁来帮助？（三角尺）是啊，三角尺可是我们的好帮手，不仅能测量长度，还可以帮我们判断角的类型。

（三）认识三角尺上的角

师：（出示一副三角尺）这样的两个三角尺，我们称为一副三角尺。（板贴：一副三角尺）

活动一：请你们拿出自己的一副三角尺，认真观察，比一比找一找这两个三角尺有什么相同的地方和不同的地方。

学生独立操作后回答。

相同点：每一个三角尺都有一个直角，两个锐角。

不同点：一个三角尺上的两个锐角相等，另一个三角尺上的两个锐角不一样大。（要求学生指认）

师：一副三角尺有几个角？这6个角中有几个直角？几个锐角？这4个锐角一样大吗？

活动二：想办法比一比这4个锐角的大小，并给它们起个名字。

学生独立操作后回答。

【学情预设】有的学生可能会说1号角、2号角……有的学生会以大中小来区分；甚至有的同学可能会以字母表示等等。只要能比较出大小，说出道理，师都要予以肯定。

师：你们觉得谁起的名字能一下就让人判断出这4个锐角的大小排序呢？为了方便后面的学习，我们就按×同学起的名字来称呼它们吧。

师指生认：大锐角、中锐角、小锐角、直角，同桌再互认。

师：三角尺上有直角、锐角，但是没有什么？（钝角）

师：一个三角尺中没有钝角，那一副三角尺能不能制造出钝角呢？今天我们就来学习用三角尺拼角。（板书课题）

【设计意图】1. 回顾旧知，利用三角尺让学生复习对锐角、直角、钝角的认识。知道一副三角尺中"一副"的含义，知道一副三角尺中的两个三角尺各有哪些角。同时调动锐角、直角、钝角之间大小关系的知识，为"拼角"做好准备。2. 给一副三角尺中的4个锐角按大小起名字，使后续课堂拼角活动的说明更清晰明了，方便总结。

二、动手操作，解决例6

（一）理解题意，掌握正确拼角的方法。

板贴例6：用一副三角尺（之前已贴）拼出一个钝角。

师：通过读题，你知道了什么关键信息？（板书关键信息）在拼角游戏开始之前你想提醒大家注意什么？

【学情预设】有的学生会说：一副三角尺就是这样两个三角尺（学生说，师圈出"一副"）。有的学生会说：是要拼钝角（师圈出"钝角"并问：什么样的角是钝角）。有的学生会根据刚才的活动说出这两个三角尺都有一个直角和两个锐角。有的学生可能会说：我想提醒大家拼角的方法是把两个三角尺上的两个角这样拼。（鉴于学生语言描述可能不够完整准确，可提示操作给大家看）

师边演示边总结：同学们可真是火眼金睛，一下就找到了题目的重点。我们要用两个不同的三角尺上的一个角拼在一起，两个角的顶点相对，两个角的一条边互相重合来拼角，注意是要拼一个钝角。

【设计意图】让学生感受解决问题的基础在于分析题意，提取关键信息。为后面"拼角"活动正确操作做好准备。

（二）小组合作，动手拼角。

师：我们找到了关键信息，现在就要开始拼角了。（板书：拼）

1. PPT 出示要求：

①说一说：小组讨论，什么样的两个角能拼出钝角？

②贴一贴：把你们的拼法贴在练习单上，并写出选用的是哪两个角。

2. 交流反馈：请一小组上台展示作品并进行拼法说明，另一学生用教具同时在黑板上拼贴。各小组汇报补充得出 4 种拼角方法。

【学情预设】正确为 4 种拼法（图+文字）：直角+大锐角、直角+中锐角、直角+小锐角；第二类：大锐角+小锐角。有的学生可能得到 4 种以下拼法，有的学生得到 4 种拼法，甚至有的学生会由于有两个中锐角分别与直角相拼得到 5 种拼法。

3. 拼出的角是钝角吗？你们是怎么检验的。（板书：检验）

【学情预设】有的学生会说用眼睛看；有的学生会说用三角尺上的直角去比一比；有的学生会说直角+锐角一定是钝角。

4. 将这 4 种拼法分分类，你们会怎么分？

小组讨论后一生汇报，一生上台移动板贴（图和文字一起移动）。

【学情预设】学生可能会根据拼的方法分为两类。第一类：直角+大锐角、直角+中锐角、直角+小锐角；第二类：大锐角+小锐角。

5. 认真观察分类结果，有什么发现？

【学情预设】有的学生可能会说：用直角和锐角拼出的一定是钝角；有的学生会说：用两个锐角拼的可能是钝角，也可能不是；有的学生会说：用大锐角和中锐角拼的一定是钝角。

【设计意图】通过"说——拼——验证——分类——总结"一系列活动，放手给予学生足够的空间充分动脑动口动手。让学生在合作中探讨、在操作中思考、在验证中肯定想法、在分类总结中优化策略。理解根据钝角与直角的关系，以直角为基础和锐角去拼的优势。

（三）巩固策略，有序拼摆。

师：同学们真会总结，看来用直角和锐角拼出的一定是钝角；用两个锐角拼出的有可能是钝角。这就是用三角尺拼钝角的策略，这些策略你们都掌握了吗？下面咱们来做个拼角比赛游戏，想试试吗？

PPT 出示：拼角游戏，用一副三角尺快速拼出不同的钝角。

学生展示拼法。

师：根据策略去拼有什么感受？（在拼前板书：有理有序）像这样掌握了拼角策略，再去有序地拼摆，就能拼得既不重复也不遗漏。

【设计意图】通过比赛不仅能活跃课堂气氛，还能让学生感受用策略拼角的优势，体会数学学习过程中有理有序的思考，可以提高解决问题的效率。

（四）总结解决拼角问题的步骤。

师：现在让我们回顾一下，刚刚我们是怎么解决例 6 的？

【学情预设】根据例 6 的活动经验及板书，学生能回答出：找关键信息——有理有序地拼——检验。

三、拓展运用

师：用一副三角尺拼角我们已经顺利解决了。现在有个更难的挑战，你们愿意接受吗？

1. 出示书 42 页做一做：从两副三角尺中选出两个，拼出锐角、直角和钝角。

①想一想：从两副三角尺中选出两个可以怎么选？

②贴一贴：把你的拼法贴在练习单上。

③说一说：和同桌说一说你是怎么想的。

2. 展示反馈，并说明想法。

【设计意图】相比例6，这题信息更复杂、拼法也更为多样。每次拼角时学生可以选2个同样的三角尺，也可以选2个不同的三角尺，更体现了有理、有序思考的重要性。

四、全课总结

师：今天我们解决了什么问题？你有什么收获？

【学情预设】有的学生会说学会了用三角尺拼角；有的学生会说拼角要先找到题目的关键信息；有的学生会说要有理有序地拼；有的学生会说拼完后还要检验；有的学生会根据板书完整地说出解决拼角问题的三个步骤。

【设计意图】通过谈收获归纳总结全课，让学生感受学习成功的快乐。

‖ 作业设计 ‖

1. 判断题：一个直角和一个锐角一定能拼成一个钝角。（　　　）

   两个锐角一定能拼成一个钝角。（　　　）

2. 操作题：从两副三角尺中选出两个，拼出锐角、直角和钝角（有序地拼出所有拼法）。

3. 思考题：钝角去掉一个直角是什么角？钝角去掉一个锐角是什么角？

‖ 设计思路 ‖

用三角尺拼角是在学生对角有初步认识后安排的一节内涵丰富的综合实践活动课，也是本单元的最后一节课。意在让学生动手经历用三角尺拼角的过程，加深对直角、锐角和钝角的认识及三者之间的关系的理解；又能培养学生的动手能力，积累数学活动经验和解决问题的经验；同时还能使学生更加熟悉三角尺上角的特点，为后续学习做好铺垫。为达成上述教学目标，教师在设计教学时重点抓住以下几点：

1. 让学生理清思路

教学从学生喜欢的猜谜活动入手，引出本节课的主要学习用具——三角尺。然后利用三角尺让学生复习对锐角、直角、钝角的认识。知道一副三角尺中"一副"的含义，知道一副三角尺中的两个三角尺各有哪些角。同时调动锐角、直角、钝角之间大小关系的知识，给角标记名称等帮助理清现有的角与要拼的角之间的关系，为"拼角"做好准备。

2. 为学生留足空间

用三角尺拼角是一项内涵丰富的学习活动，因此，要将一系列的拼角活动贯穿于整个教学，给予学生充分的时间和空间放手去拼。从随意地拼到有序地拼，进而明确拼角的策略，积累数学活动经验，培养动手操作能力。同时也能巩固学生对直角、锐角、钝角的认识，加深对这三种角之间关系的理解。

3. 让学生充分交流

为了更好地有效交流，促进学生思考，除了时间上的保证外，教师设置了讨论"什么样的两个角能拼成钝角"——展示汇报——讨论分类 4 种拼法——展示汇报——总结策略等一系列小组交流、全班交流、生生交流、师生交流活动，让学生充分思考探讨继而总结出用三角尺拼角的策略，理解根据钝角与直角的关系，以直角为基础和锐角去拼的优势，突出有理有序的思考，深化对角的认识。

‖ **教师简介** ‖

章玮晋，江西省小学教学骨干教师，鹰潭市优秀教师。始终坚守教学一线，参加各级各类学科竞赛活动，屡有斩获；用心对待教学生涯的每一分每一秒，是她成为一名教师的思想和行为准则。

乘加乘减解决问题

万美玲（鹰潭市师范附属小学）

‖教学内容‖

《义务教育教科书·数学》（人教版）二年级上册第84页。

‖教材分析‖

"表内乘法（二）"是第四单元"表内乘法（一）"的继续，在"表内乘法（一）"单元学习中，学生已经认识了乘法的意义，学习了2~6的乘法口诀，本单元主要内容是7、8、9的乘法口诀，在学习了8的乘法口诀之后，例3安排了"求几个几是多少"的简单问题，在学习了9的乘法口诀之后，例5安排了"乘加两步"计算解答的问题，让学生尝试用学过的知识解决简单问题，培养数学应用意识。例5乘、加两步计算的问题，学生有第四单元中"乘加乘减"课时的学习，两步计算及运算顺序不会有困难，本课时重在让学生借助生活经验理解问题的实际意义，能多角度地进行观察并用不同的方法解题。不要求学生都列出综合算式，只要能用自己的方法计算，能结合画图，交流思路、解释问题就可以。

‖教学目标‖

1. 通过在具体情境中探究，进一步理解乘法的意义，学会用加、减、乘法运算解决实际问题；

2. 让学生在经历自主探索、合作交流的过程中感受解决问题的不同方法，体验策略的多样化；

3. 培养初步的应用意识和解决生活问题的能力，积累解决此类问题的经验，体验学习数学的乐趣。

‖ 教学重难点 ‖

重点：培养多角度观察问题、分析问题、解决问题，体会解题方法的多样性，掌握解决问题的一般方法。

难点：培养如何分析、理解数学信息、寻找解题方法，培养思维的灵活性。

‖ 教学过程 ‖

一、复习导入

直接说出得数，并说说你用的是哪句口诀。

对口令：$2×5=$　　　　　$3×6=$　　　　　$7×2=$

　　　　$6×6=$　　　　　$4×8=$　　　　　$9×3=$

　　　　$4×7=$　　　　　$8×9=$　　　　　$6×8=$

　　　　$3×7+7=$　　　$7×9+9=$　　　$5×8+8=$

　　　　$5×7-7=$　　　$9×9-9=$　　　$7×8-8=$

【设计意图】导入环节，安排了常规游戏——拍手对口令，在活动中学生进一步熟悉运用乘法口诀。接着利用题组沟通相邻乘法口诀之间的联系，教师适时启发"还能直接说出得数吗？仔细观察，想好了再和大家说说你是怎么想的"，既帮助了学生记忆较大数的乘法口诀，又进一步深化学生对乘法意义的理解，培养学生灵活思考的能力。

二、探究新知

师："读万卷书，行万里路"，我们不仅要从书籍上学习知识，更要走出自己的小圈子，去探索外面的大世界。瞧，同学们期待已久的研学之旅如约而至了。此次二（1）班的同学们准备参观科技馆，可是在租车的过程中遇到了问题，大家愿意帮助他们去解决吗？

1. 收集信息，明确问题

出示例题：二（1）班准备租车参观科技馆。有 2 名教师和 30 名学生，租下面的客车，坐得下吗？

师：谁来读一读？通过读题，你知道了什么？

【学情预设】大多数学生能准确地找到已知信息"有 2 名教师和 30 名学生，租一辆客车"和问题"坐得下吗"。

师：知道有 32 人要租这辆车，现在能直接求"坐得下吗"，还需要知道什么？

【学情预设】把学生的关注点引到图画上，"得数一数才知道。""还不知道客车有多少个座位呢！""只要知道客车有多少个座位，和总人数比一比，就知道能不能坐得下了。"

师：说得真好，谁能用自己的话说说你对这道题的理解？

师：客车有多少个座位呢？可以怎么计算呢？

【设计意图】用学生熟悉的事例创设情境、导入新课，为学生发现数学问题，探索解决问题的方法提供了生动的资源。"通过读题，你知道了什么？"教师注重引导学生认真审题，把信息和问题梳理清楚，"谁能用自己的话说说你对这道题的理解"初步读题后，再把图文所有信息综合起来，用自己的话来表达，其实就是学生对该题所含信息的提取、组合、加工和表达，学生只有通过细心、认真的观察，抓住了关键的信息，才能把话说得比较完整。让不同层次的学生都有话要说、有话可说。

2. 分享过程，感悟方法

（1）出示座位图

（2）课件出示"助学单"提示：

①仔细观察座位示意图，一共有多少个座位？可以怎么计

算呢？

②每一小组选一名同学进行汇报，说清解题思路。

（3）全班讨论交流，教师相应板书。

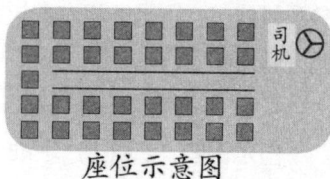
座位示意图

投影展示，学生在"助学单"画一画，结合图形说出解题思路。

【学情预设】学生通过圈一圈，把座位分成了几个几，而且圈的方法不同，则对应的解答算式也不同。如：$4 \times 7 + 5 = 33$（个）、$4 \times 8 + 1 = 33$（个）、$2 \times 7 = 14$（个）、$14 + 14 + 5 = 33$（个）、$5 \times 8 - 7 = 33$（个）、$8 \times 4 + 1 = 33$（个）等，只要学生能表达出想法，都予以及时肯定。

师：感谢小老师为我们分享了这么多种方法，你喜欢哪一种呢？为什么？

师：通过刚才的解答，我们知道学生和老师一共有（　　）人，客车有（　　）个座位，现在你知道客车能坐得下吗？

【学情预设】学生板书：$32 < 33$ 或 $33 - 32 = 1$。

口答：（多了一个座位）能坐得下。

3. 沟通联系，深化理解。

问题①：信息相同，问题相同，为什么有这么多不同的算法？

问题②：这些不同的算法中有什么相同的地方？

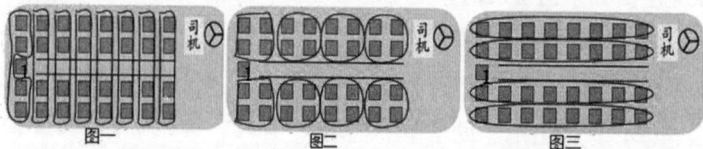
图一　　图二　　图三

【学情预设】学生通过比较，不难发现大家观察的角度不同，而且有几组算式数字相同，表达的意义却不同或对应的图示不同，如 $4×8+1=33$ 和 $8×4+1=33$，有的"小老师"说"一排有 4 个位子，有 8 个 4 再加 1"（见图一），有的"小老师"看到的 8 个 4 却是这样的（见图二），有的"小老师"说"一行 8 个座位，有 4 行再加 1 个中间的位子"（见图三）。

4. 回顾与反思。

问题①：我们是怎样解决这个问题的？

【学情预设】通过读题找到已知信息，求出一共有 32 人，也就是需要 32 个座位，再求出客车有多少座位，最后进行比较看够不够。

问题②：用到了哪些方法？

【学情预设】画图的方法可以很好地帮助我们分析。

问题③：怎么知道是否能坐得下？

【学情预设】用师生总人数和客车的座位数进行比较。

师小结：看到这么多的解答方法，老师真为你们感到骄傲！老师把大家的解答方法分成两类，一个是横向观察，一个是纵向观察。由于观察的角度不同，解决问题的策略也就不同，但在解决问题的过程中我们都利用了乘法、加法的意义，以及画图的方法解决问题。

【设计意图】"分析与解答"环节，引导学生结合图形说说解题思路，同时老师在黑板上呈现不同的解题过程，由于观察的角度不同，解决问题的策略也就不同。老师引导学生优化算法："你喜欢哪一种呢？为什么？"学生在表达时思维过程再次得到巩固，通过对比、交流，渗透优化思想，学生思维得到碰撞，感受到算法的多样性及画图方法很实用。"回顾与反思"环节，从三个方面引导学生全面回顾如何解题，强调计算客车座位数时，不管用哪一个方法，都要找好每份数和份数，这样学生对乘法和加法的意义又有了进一步的认识。

三、巩固运用

1. 数学书84页"做一做"。

问题：

①你知道了什么？

②解决"这些鸡蛋够吗"这个问题，需要知道哪些信息？

③这道题你会解决吗？试着独立完成。

④同一个问题列出了不同的算式，你能读懂这些算式的意思吗？

2. 数学书85页第3题。

①学生读题并独立完成。

②全班交流汇报。

【学情预设】学生可能会列分步算式或乘加、乘减综合算式，如5×5+2=27（个）、5×6-3=27（个）。

【设计意图】通过练习两道习题，学生对"两种数量相比，够不够"的数学模型，得到了巩固深化。第一道"做一做"，"解决'这些鸡蛋够吗'这个问题，需要知道哪些信息?"教师引导学生试着从问题入手进行分析，培养学生逆向思维能力。第二题，结合具体情境，重在帮助学生加深对乘法意义的理解，也就是当若干份中有一份与其他份的数量不同时，可以先用乘法求几个相同加数的和，再加上不同的数，也可以假设每份都相同，写成乘法，然后再把多算进去的减去，学生对乘加乘减的应用得到进一步巩固。

四、全课总结

这节课你有什么收获，和大家分享一下吧！

【学情预设】学生互相补充：观察角度不同，所以解决问题的方法也就不同；不管用哪一个方法，都要找好每份数和份数；可以用乘加或乘减计算；在示意图中圈出便于理解和计算。

‖ **作业设计** ‖

1. 连一连

6+6+6 3×6 3+3+3+3+3+3 6×3 3+6

3 与 6 相加 3 个 6 的和 3 个 6 相乘 6 乘 3

3 与 6 相乘

2. 一根跳绳 8 元，老师想给 6 个小朋友每人买一根，钱够吗？如果够，还剩多少元？

‖ **设计思路** ‖

1. 思维碰撞"智慧花"

语言是思维的外壳，当学生把数学知识与数学思想通过数学语言的方式表达出来时，学生的思维会更加明晰，学生对知识的理解和掌握会更加深刻。

在课堂中，教师想方设法唤醒学生的主体意识，培养其主体能力，尽可能地为学生创造一种自由和民主的氛围。在新授部分，教师注重引导学生用自己的话，阐述想法；在座位示意图上画一画，表达不同的思考过程，"还有不一样的想法吗？还可以怎样思考？"让学生充分表达自己的思维，表明自己的观点，表现自己的欲望，学生纷纷开动脑筋，说出不一样的想法。老师不仅一一板书展示予以肯定，为了激发学生的兴趣，还将一个个计算方法以发言人名来命名书写在黑板上，为了展示自己的"独到之处"，学生们兴趣盎然地参与课堂。在老师的启示下，学生把不同的解答方法大致分成横向观察和纵向观察的，还自己总结出"由于观察的角度不同，解决同一问题时就会有不同的策略"，切实感受到画图是解决问题的好方法，感受解决问题方法的多样性。

2. 强化梳理"回头看"

"反思是数学思维活动的核心和动力"，回顾与反思，是对课堂内容的再认识、重新思考，也是学生发现问题、提升自我的过程。在引导学生梳理解决问题的过程时，教师通过三连问："我们是怎样解决这个问题的？""用到了哪些方法？""怎么知道是否能坐得下？"在课的结尾，逐步引导学生进行知识回顾。在新授部分"沟通联系，深化理解"环节，教师引导学生带着两个问题"回头看"："信息相同，问题相同，为什么有这么多不同的算法？""这些不同的算法中有什么相同的地方？"在"关键处"及"结尾处"都带着学生反思。长期坚持每堂课用上三四分钟时间引导学生进行回顾反思，在低年级数学教学中有意识地培养学生的反思习惯，使学生具备初步的反思意识，为学生形成良好的个性心理品质创造条件，对于学生来说是终身受益的。

3. "图文并茂"讲策略

低年级问题解决题型，很多是图文结合的，不少学生会出现"顾此失彼"的审题状况。而解决图文问题的关键是读图，如果把图意读懂了，再结合相关文字，就为下一步找到解决问题的正确方法打下扎实的基础，所以教学中要讲策略才行。

在"图文并茂"教学中，学生要解决问题，首先要弄清楚题目已知信息和问题："通过读题，你知道了什么？"给学生充分交流的机会，培养学生数学表达能力；学生读图后，是怎么理解图意的？"谁能用自己的话来说说你知道了什么？""知道有32人要租这辆车，现在能直接求坐得下吗？还需要知道什么？"引导学生发现图画中的信息能补充解决问题；"'每排 4 个座位，前后共有 8 排，再加 1 个位子'这个同学从图中得到这么多信息，真善于观察！"教师用赞赏性的评价语言，引导学生脱去图画中美丽的外衣，突出图画中的数字信息，让学生的注意力集中到关键点上，通过如此提示，其他学生也会"效仿"如何有条理地表达，有顺序地观察了。

‖ **教师简介** ‖

万美玲，江西省小学教学学科带头人，鹰潭师范附属小学副校长。曾获得"江西省关心下一代工作先进个人""优秀少先队辅导员""青年五四奖章"等十多项荣誉称号；积极主持并参加省级课题研究，是省级课题《构建练习课有效教学策略研究》的核心成员，发表教育教学论文十余篇，多篇荣获国家级一等奖；在罗兰名师工作室开展的教学观摩研讨系列活动中上示范课六次，在"创新解决问题教学设计"评比活动中荣获特等奖四次。

乘加对比解决问题

章玮晋（鹰潭市八一小学）

‖ **教学内容** ‖

《义务教育教科书·数学》（人教版）二年级上册第63页。

‖ **教材分析** ‖

教材中例7将用乘法解决的问题与用加法解决的问题对照编排，设计了两个情境相似、数据相同、问题相同但数量关系不同的问题，目的是让学生学会根据乘法、加法的意义选择不同的运算解决问题。例题的编排体现了解决问题的一般步骤。在"知道了什么"环节，主要让生初步理解题意；在"怎样解答"环节，引导学生进一步思考：两题中都有4和5，为什么解答方法不同？并利用语言表征和图形表征两种不同的表征方式将具体问题和运算的意义相联系，选择正确算法；在"解答正确吗"环节，以文字呈现了回顾检验的内容和顺序——先检查图再检查算式，教给学生回顾检验的方法。

‖ **教学目标** ‖

1. 经历解决问题的一般步骤，能根据乘法和加法的意义，选择合适的运算解决实际问题，提高分析、解决问题的能力；

2. 利用画图、语言描述等方式表征问题结构、分析数量关系，辨析乘和加的数学模型；

3. 感受将实际问题抽象为数学问题的过程，获得分析问题和解决问题的基本方法，体会乐趣，感受成就。

‖ 教学重难点 ‖

重点：根据乘法和加法的意义正确辨析乘和加的数学模型，选择正确算法解决问题。

难点：利用画图、语言描述等方式表示数学问题。

‖ 教学过程 ‖

一、创设情境，出示例题

师：二（1）班的值日小朋友为了明天的队会课正在整理桌椅，我们一起去看看他们是怎么摆的。

课件出示例7：

（1）有4排桌子，每排5张，一共有多少张？

（2）有2排桌子，一排5张，另一排4张，一共有多少张？

【设计意图】从生活情境出发引出例题，让学生感受到数学学习的价值。

二、比较辨析，解决问题

（一）初步分析题意

1. 师：读一读这两道题，你知道了什么数学信息？问题又是什么？（生答，师圈）

（1）有 ④排桌子，每排5张，一共有多少张？

（2）有2排桌子，一排5张，另一排4张，一共有多少张？

2. 师：比一比，这两道题有什么相同的地方？又有什么不同的地方？

【学情预设1】学生通过初读，并圈出信息与问题，再进行比较，不难发现问题都是"求一共多少张"，条件不一样，或两道题都有4和5这些显而易见的相同与不同之处。

【学情预设2】有的学生可能会更深入地思考，发现两道题都有 4 和 5，但意思不一样。

【学情预设3】第一题的 4 表示 4 排，5 表示每排都有 5 张桌子；第二题的 5 表示第一排桌子的数量，4 表示第二排桌子的数量，两排桌子数不一样。

3. 情况 1：只出现学情预设 2，师追问：刚有同学说两道题都有 4 和 5，它们意思一样吗？

情况 2：出现学情预设 3，师：你们听懂他的想法了吗？你也说说。

师小结：虽然这两道题中都有 4 和 5，但所表示的意思不一样。

【设计意图】引导生将两道题进行对比分析，并着重于 4 和 5 的不同解读，为后面的模型构建、算法正确选择作好铺垫。

（二）数形结合，建立模型

1. 师：有什么方法能把题目的意思更清楚地表示出来？

【学情预设】学生根据已有的数学操作经验，应该会说出画图、摆小棒等方法。

2. 师：为方便展示，请你们用画图的方式表达题目的意思。

要求：先想一想，再画一画，最后再和同桌说一说你是怎么画的。

3. 展示交流（选择不同的图形、样式）

（1）你画的图是什么意思？

（2）两道题中都有 "4" 和 "5"，为什么画得不一样？

师小结：虽然图形和样式不完全相同，但是都表示出了题目的意思。现在你能列式解决这两个问题了吗？

4. 列式计算，汇报交流

（1）独立列式，指名汇报。

5×4＝20（张）　　　　　　5＋4＝9（张）

或4×5＝20（张）　　　　　或4＋5＝9（张）

（2）师：每个算式中都有4和5，它们分别指的是哪一部分？谁能边讲边在图中圈一圈？

（3）师：为什么第一题用乘法解决，而第二题用加法计算呢？

【学情预设】第一题是求4个5相加，用乘法。第二题是把4和5合起来，用加法。

师小结：通过图我们能明显看出第一题是求4个5相加的和是多少，用乘法更简便，可以写成5×4，也可以写成4×5。而第二题是4和5直接相加，所以列式为4＋5或5＋4，用加法计算。这就是我们今天学习的内容，解决问题之乘加对比（板书课题）。

5. 检验：你认为该怎样检查？同桌讨论。

师小结：我们要先检查图画得对不对，再看看算式是不是正确地表示了图的意思，最后看计算是否正确。

【设计意图】让学生运用几何直观辅助分析、解决问题，数形结合构建"乘"与"加"的数学模型。

（三）辨析巩固

师：回顾刚才解决问题的过程，我们是用什么方法来帮助分析理解题意的？（画图）是的，画图能够帮助我们更清楚明了地理解题意，从而选择正确的运算方法，请同学们要善用它。

下面我们就来看一组生活中的问题吧。

1. 出示题目：

左边3道题的题意分别用哪幅图表示？用线连起来。

（1）二年级举行摄影展览。如果每个班要选出4张照片，6个班一共要选多少张照片？（书P64-1）

（2）小明和伙伴们租了两条船，一条坐了4人，另一条坐了

6人，一共有多少人？（书P64-2）

（3）小林家阳台上的地砖，横着看每行是6块，竖着看每列是4块。一共铺了多少块地砖？（书P65-7）

①先想一想，再在小组里说一说；②汇报交流；③列式解答。

2. 对比分析

PPT出示例7的2道题和练习的3道题，进行比较分类。

师：哪几道题可以分为一类，为什么？

师小结：求几个几相加的和是多少的题用乘法解决，求不同的数相加的和是多少用加法解决。

【设计意图】设计让学生根据不同的情境、问题选择相匹配的图示，加深学生对"乘"与"加"的数学模型的理解，并能根据乘法和加法的意义正确辨析运用"乘"与"加"的数学模型。

三、拓展提升

练习：从6×3、6+3中任选一个算式进行编题。

【设计意图】该练习为拓展练习，由一个算式去创编，既考查了学生对运算意义的理解，"乘"和"加"的数学模型的正确运用，还锻炼了学生的语言表达能力。

四、全课小结

师：今天我们运用数学知识解决了生活中的一些问题，你有什么收获？

【学情预设】在解决问题的过程中，可以用画图帮助理解题意；求几个几相加的和是多少的题用乘法解决，求不同的数相加的和是多少用加法解决。

‖ 作业设计 ‖

1. （1）杂技演员表演"顶碗"，每个人都要顶 6 个碗。3 人一共要顶多少个碗？

图：　　　　　　　　　　　　列式：

（2）第一位顶 6 个碗，第二位顶 3 个碗，两人一共要顶多少个碗？

图：　　　　　　　　　　　　列式：

2. 3 位杂技演员表演"顶碗"，每个人都要顶 6 个碗。现在她们各顶了 4 个碗，一个人还要顶几个碗？3 人一共还要顶几个碗？

3. 根据图意编一个生活中的数学问题，并列式解答。

（1）

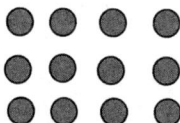

（2）

‖ 设计思路 ‖

对于低年级学生来说，如何区分用乘法还是加法来解决问题是一个难点。因此教师在本节课的教学设计中一直围绕如何根据乘法和加法的意义正确辨析乘和加的数学模型，选择正确算法解决问题这一重点上。

1. 初步理解题意环节，教师引导学生将两道情境相似、数据相同、问题相同但数量关系不同的问题对比分析，在过程中着重于关注学生理解 4 和 5 在不同情境下的不同意义解读，为后面的模型构建、算法正确选择作好铺垫。

2. 题意初步分析后教师并没有让学生直接列式解决，而是引导学生画图表示题意，让学生运用几何直观辅助分析、解决问题，以图释意将具体问题和运算的意义相联系，数形结合构建

"乘"与"加"的数学模型。

3. 为加深对"乘"与"加"的数学模型的理解，教师分层设计了两个练习，练习1让学生将不同情境与对应图示相匹配并进行分类对比；练习2根据乘法或加法算式去创编题目，既考查了学生对运算的意义的理解，还提高了学生的发现、分析、解决问题的能力及语言表达能力。

确定时间

陆莎莉（鹰潭市师范附属小学）

‖ **教学内容** ‖

《义务教育教科书·数学》（人教版）二年级上册第 92 页。

‖ **教材分析** ‖

前一课时，孩子们已经学会了认几时几分，本课要求孩子学会根据给出的时间信息分析问题，推断出做某件事的时间。教材以"知道了什么""怎样解答""解答正确吗"这三部曲引导学生经历观察分析、解答问题、检验结果的过程。

对二年级的孩子来说，认识时间是个比较抽象的内容，教学设计要符合低段孩子注意力集中时间较短这一学情，创设生动有趣、贴合孩子生活经历的学习情境，营造愉悦欢快的学习氛围，以激发孩子学习的欲望和兴趣，使孩子顺利、高效地接受新知识。

‖ **教学目标** ‖

1. 通过观察、分析，学会运用认识时间的已有经验来推理出相关联事件发生的时间；

2. 培养学生仔细观察、认真分析，以及合作交流等学习习惯；

3. 通过学习加强时间观念，培养学生珍惜时间、合理安排时间的习惯。

‖**教学重难点**‖

重点：理解题意，推理出相关联事件发生的时间。

难点：推理相关联事件发生的时间。

‖**教学准备**‖

课件、作业纸。

‖**教学过程**‖

一、复习铺垫

（1）师：小朋友，今天，我们要和小明一起度过一节愉快的数学课。

小明是个善于管理时间的孩子，他听说一件事，只要坚持21天，就会成为一种习惯，暑假期间，他就给自己制定了一张21天好习惯计划表。

课件出示小明的暑假作息时间表。

21天好习惯计划表

时间		内容
上午	6:50-7:00	起床、洗漱
	7:00-7:40	背诵古诗词
	7:40-8:00	吃早饭
	8:00-10:00	数学暑假作业
	10:10-10:50	语文暑假作业、练字
	11:00-11:40	英语暑假作业、英文写手
下午	12:00-2:30	午饭、休息、自由活动
	2:30-3:30	阅读
	3:40-4:10	学唱英文歌
	4:20-4:50	读英语绘本
	5:00-6:30	晚饭、自由活动
晚上	6:30-8:30	户外活动、打羽毛球
	8:30以后	睡觉

看屏幕，你发现了什么？

【学情预设】学生说说小明相关事件和时间的安排。

（2）师：你知道小明上午 11：00 在干什么吗？下午 4：20 呢？（指名解答）

（3）你想提什么数学问题吗？

师：刚才老师提问题都没说太多，只提上面有的时间，你连上面没标出的时间都能找到，那今天的学习一定不成问题。

【设计意图】本题的设计目的是让孩子熟练分辨时间的先后顺序，为新授时间的推理打下基础。

师：同学们，有没有发现这张表中除了学习，小明还安排了一些运动项目？是的，小朋友平时要注意劳逸结合，这样学习效率才会更高。

二、创设情境、激趣导入

1. 课件展示主题图

小明可能在下面哪个时间去踢球？

师：瞧，这天小明就约上小刚一起来到了公园跑步。

从图中你了解到了哪些数学信息？

【学情预设】学生会了解到小明做完作业要去踢球，他们 10：30 要去看木偶戏，题目要求把小明踢球的时间圈出来。

师：可是这些信息东一句西一句看起来好乱哦，我眼睛都看花了，你有没有什么好办法，能让它看起来整齐一些，让我们看上去一目了然。

【学情预设】把已知条件按顺序排好；按时间先后顺序排一排。

2. 师：谁上来排一下？

指名上台排列。

师：你有其他建议吗？那我们来认一认这三个钟面上的时间吧。你们的建议都很好，能帮助大家理解分析题意。那你知道该圈哪个时间吗？怎样找出答案呢？先独立思考，然后和同桌讨论一下。

【设计意图】读题的能力很重要，解决问题时我让孩子自己审题，自己找出需要注意的地方，有利于孩子深度理解题意，理解后答案就呼之欲出了。抛出问题后，给学生充分的时间思考是关键。

师：谁来说说你的想法？

【学情预设】有的孩子会想到，小明 9：00 做完作业，10：30 去看木偶剧，那么踢球的时间就在 9：00 和 10：30 之间，只有第二个钟面的时间符合要求。

有的孩子用排除法，第一个钟面的时间是 7：45，这时小明还没写完作业，排除；第二个钟面的时间是 9：15，符合要求；第三个钟面的时间是 10：50，这时他们已经去看木偶剧了，排除。因此应该圈第二个钟面。

小结：有同学从已知条件出发去思考，事件和时间一一对应，找到了踢球对应的时间。我们给这种方法取个名字吧？

有同学从三个答案入手去思考，把不符合要求的答案排除，剩下的就是正确答案，我们可以称之为：排除法。还有其他想法吗？

这些方法都可以，如果你都掌握了就更好了，当你用其中一种方法解答完，就可以用另一种方法来检查了。

3. 师：找到正确答案，我们来检查一下答案对不对，来理一理。9：00 做完作业，9：15 踢球，10：50 去看木偶剧，安排合理，解答正确。

4. 师：现在老师心里有个疑问，小明只能 9：15 去踢球吗？还可以几时几分？10：25 去踢球行吗？

5. 师：刚才小朋友帮小明解决了踢球的时间问题，你们是怎么解决的呀？谁来总结一下？

【学情预设】我们是先仔细读题，认真分析题意，把钟面上的时间写出来，几件事情按时间先后排好序，然后用对应法或排除法找到正确答案，最后检查结果正不正确。

师：小朋友已经总结出经验了，请大家用你的经验也来帮帮小红。

三、巩固练习，夯实基础

1. 课件出示 94 页第四题。

小红可能在什么时间去摘西红柿？

师：谁来说说，你了解到小红遇到了什么难题呢？

【学情预设】学生说说了解到的信息。

2. 师：你有没有什么想提醒大家的？

师：那么，哪个时间比较合适呢，谁来说说？

【学情预设】有孩子用的是对应法，他们 8∶30 开始大扫除，12∶30 小红要去小文家玩，那么摘西红柿的时间必须是 8∶30 到 12∶30 之间，只有中间两个时间有可能，8∶35 分不合适，因为大扫除不只需要 5 分钟，所以应该圈第三个钟面。

有孩子用的是排除法，第一个钟面 7∶10 不可能，因为必须大扫除 8∶30 之后再去摘西红柿，第二个钟面离开始大扫除的时间才 5 分钟，也不可能。第四个钟面是 12∶30，小红已经去小文家玩了，不合适，所以只有第三个钟面是合适的。

3. 师：解答完了我们还有什么要做的？怎么检查？

【学情预设】8∶30 开始大扫除，10∶05 去摘西红柿，12∶30 去小文家玩，安排合理，对了。

小结：刚才大家通过仔细读题、分析解答、回顾检查，又顺利地帮小红解决了她的难题。

【设计意图】经过首轮练习，孩子初步落实了本类题型的思考方法，为后面的变式练习奠定基础。

四、拓展延伸

1. 师：现在让我们放松一下，玩一个猜时间游戏。

我说你猜：今早老师 6∶30 起床，8∶05 到校，你猜我大约几时吃早饭？

【设计意图】本题没有给孩子答案筛选，让孩子自己根据已知条件去寻找合理的答案范围，思维宽度逐步打开，猜得合理的都应该予以肯定。

2. 师：哪位小老师能像我一样出一个题让同学们猜猜你做某

件事的时间？想一想，可以拿笔记录一下关键的时间点，想好了举手。

3. 师：还有好多小朋友想提问，课后同桌小朋友互相提问和解答。

【设计意图】这个设计对孩子是个挑战，要求自己寻找生活中的素材，组织语言，联系本课所学，出一个类似的题目。孩子出题后必然首先要自己判断题目内容的合理性，判断的同时又是一次巩固。

五、总结全课

师：一节课快过去了，今天你学到了什么新知识呀？

【学情预设】我学会了由已知条件推理相关联事件发生的时间。

师：你觉得今天所学对生活有用吗？能举例说明吗？

师总结：是的，比如当我们有好几件事要去做，推理每件事发生的时间和合理安排就很重要，能让我们的生活更科学有序。

【设计意图】回顾与反思时让孩子举例说明所学知识的作用，是为了让学生主动去思考学习本课知识的必要性，孩子在思考时会感受到数学学习与生活的紧密联系，从思想上提高学习的主动性。

‖作业设计‖

（1）小明的一天是怎么安排的？看这幅图编一个数学故事讲给父母听。

（2）你能提出一个数学问题吗？

看图讲故事。

离开家
我们上午
9:30出发。
到达冰雪乐园
滑雪
滑冰
吃午饭

‖ 设计思路 ‖

本课设计重在培养孩子的审题能力、逻辑推理能力、语言表达能力。每个情景图出示后我都让孩子自己去看图寻找有用的信息，去思考有什么值得注意的地方，去寻找突破口。学生通过观察、思考、比较、推理等活动感知知识的内在联系，理解时间的先后顺序，完成了新知的主动建构。

本课时所选的情境贴近学生生活，让学生产生亲切感，感受到数学和生活的密切联系。用所学知识去解决生活中的实际问题，增强学生的运用意识。

在练习环节，我注重开发学生的发散思维，先巩固所学，后拓展提高。猜时间游戏中，给出信息，但答案范围让学生自己去圈定，联系实际找出合理的时间范围。后面的出题环节是本课的高潮，孩子从一开始的例题已给答案中找答案到自己推答案，再到自己组织信息出题，信息从被动接受到主动输出，思维能力又上了一台阶。

认识时间解决问题

万美玲（鹰潭市师范附属小学）

‖ **教学内容** ‖

《义务教育教科书·数学》（人教版）二年级上册第92页。

‖ **教材分析** ‖

本册第七单元《认识时间》是在一年级上学期学习《认识钟表》单元的基础上，进一步认识时间。本单元主要教学认识几时几分。通过本单元的学习，学生进一步丰富生活经验，增强运用数学知识解决生活实际问题的能力，同时也为今后学习时、分、秒的认识及相关计算打下基础。通过《认识时间》例1、例2的学习，绝大部分学生已经能够比较准确地认识几时几分，例3是利用时间相关知识解决实际问题，教材更关注学生学习过程中的思维活动和数学思考，重视培养学生的观察、分析与推理能力。

‖ **教学目标** ‖

1. 学会用"几时几分"的知识分析生活中相关事件发生的时间；

2. 通过合作交流、观察、比较，掌握解决问题的新方法——排除法，形成初步的推理能力；

3. 学会用数学语言进行描述和表达，并感受时间在生活中的作用和应用，提高学习数学的兴趣，逐步养成合理安排时间的良好习惯。

‖ **教学重难点** ‖

重点：学习用推理策略解决实际问题。

难点：会用排除法解决问题。

‖ **教学过程** ‖

一、创设情境，激发经验

1. 读出钟面上的时间。

师：这是万老师周五上午的作息时间安排，你们猜一猜在这些时间，老师分别在干什么？

2. 师：这几个时间里，同学们平时会做些什么？

【学情预设】学生自由回答，答案可能不太一样，合理即可。

3. 师：谁能再举例说说在生活中你会怎样安排一些事情？

【学情预设】学生举例说出生活中自己按时间的先后顺序安排事情。比如，早上6：30起床后，洗漱再早读30分钟；8：00左右赶到学校；11：30放学回家，吃完饭立刻写作业；星期六早起第一件事要早读，上午8：30舞蹈培训班，11：00回到家写半小时作业，12：00吃午饭等。

【设计意图】在师生的互动中，语言是重要的连接纽带。数学课堂不能忽视学生说的训练，引导学生想说、敢说、能说，有利于培养学生的逻辑思维能力。学生回答时，教师注意引导学生语言表述尽可能完整、有序，指导学生尝试用"先……再……然后……"的句式表达。教师通过"猜一猜在这些时间，万老师分别在干什么"引到"这几个时间里，同学们平时会做些什么"，再到"举例说说在生活中你会怎样安排一些事情"不仅引导学生重新复习了时间的读写方法，而且逐步唤起学生的生活经验，使学生充分感受时间和自己生活的联系，并学会合理安排时间。

4. 师：看来大家做事情都很有时间观念，懂得合理安排时间，今天这节课我们继续来探讨关于时间的实际问题。（板书课题：解决问题）

二、交流合作，探索新知

（一）阅读与理解

师：马上就要到周末了，一起去看看明明周末都有什么安排？（课件播放动画视频）

师：听了两位同学的交流，你知道了什么数学信息？要解决什么问题？

【学情预设】明明 7：15 在晨练，9：00 做完作业，10：30 看木偶剧，要选出明明可能去踢球的时间。

师：你们观察得可真仔细！哪位同学试着完整地说一说读懂的信息和问题？

【学情预设】明明 7：15 在晨练，9：00 做完作业后要去踢球，10：30 还要和芳芳去看木偶剧，要从以下 3 个时间中圈出明明可能去踢球的时间。（课件放大三个钟面）

师追问：这里的"可能"是什么意思？

明明可能在下面哪个时间去踢球？把它圈出来。

师：钟表上的时间分别是多少？

【学情预设】理解"可能"就是能够去踢球的时间。认钟表时，学生可能会将 7：40 错误地看成 8：40，10：50 看成 11：50。

认识"几时差几分"的情况，学生往往容易出错，此时，教师可以适时让学生互相辨一辨，明确这种情况，先判断，分针快走完一圈，是"快几时了"，再找准时针在钟面上走过了哪个数或在哪两个数之间。

（二）分析与解答

师：大家一下子找到了这么多数学信息。可是信息较多，看起来有点乱，有什么好办法吗？

【学情预设】将信息一一对应写下来，或按照时间先后顺序排列，或用表格整理一下。

【设计意图】本节课的难点在于情境图中的数学信息看起来杂乱无章，在"阅读与理解""分析与解答"两个环节，主要得让学生充分说一说，找准数学信息并理解要解决的是什么问题，再引导学生对多个数学信息进行梳理，有序排列，为接下来的推理提供条件。

师：怎样解决这个问题呢？同桌讨论一下吧。

教师适时板书。

【学情预设】有学生口头表述思考过程：明明9：00做完作业，做完作业后才去踢球，踢球的时间不会是7：45，而10：30明明要去看木偶剧，所以明明踢球的时间也不会是10：50，所以他应该是9：15去踢球。也有学生出示图示法、画表格整理信息，教师都应予以肯定，如下图。

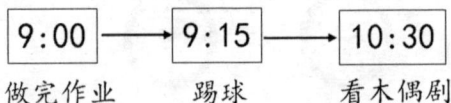

9:00	→	9:15	→	10:30
做完作业		踢球		看木偶剧

时间	7:45	9:00	9:15	10:30	10:50
活动		做完作业		看木偶剧	

师小结：我们在解决从多个选项中选择正确答案的问题时，先把不可能的选项去掉，剩下的最后一个就是正确答案，这种解决问题的方法叫"排除法"。

【设计意图】在理解题意后，教师适时引导学生进行小组讨论，说说准备怎样解决这个问题。反馈交流时引导学生将3个事件按时间先后顺序进行排列，再结合备选答案中的3个时间，思考明明可能去踢球的时间。考虑到学生不同的认知水平和接受能力，对于排除推理方法，教师可引导学生采取表述、书写、图示、画流程图、表格整理法等多种方式加以表达，只要能表达清楚思考和解决问题的过程及结论都要及时予以鼓励。

（三）回顾与反思

师：你的选择对吗？说说看我们可以怎样检验。

【学情预设】将时间和所发生的事件对应起来，再回到情境图中看看是否合理。

（四）课堂延伸

师：明明踢球的时间还可能有哪些呢？

【学情预设】学生可能会说："9：00到10：30之间，都可能是明明踢球的时间。"教师适时把问题抛给学生："9：00到10：30之间的任意时间都合适吗？"让学生结合实际情况去思考、判断，通过生生、师生互动，发现并非所有处于9：00至10：30的时间都是有可能的，踢球需要一段时间，越接近10：30就越不可能了。

三、练习应用，深化理解

（一）94页第4题"小红去摘西红柿"。

1. 你是怎么想的？

2. 第二幅图为什么不对？

【学情预设】解决问题的关键是先分析大扫除、摘西红柿与去小文家玩这 3 件事之间的先后顺序，再结合 4 个钟面上呈现的时间，进行分析、推理。先排除在这两个时间之外的 7：10 和 12：30，剩下 8：35 和 10：05 这两个时间，8：30 开始大扫除，8：30 到 8：35 才经过 5 分钟，时间太仓促了也不合理，所以 10：05 去摘西红柿比较合适。

（二）94 页第 5 题"亮亮的活动时间表"。

学生独立完成后全班交流。

【学情预设】第一个钟面上的时间是 3：35，它在 3：30 到 4：00 之间，这个时候他在练琴；第二个钟面上的时间是 5：00，它在 4：45 到 5：30 之间，这个时候他在玩；第三个钟面上的时间是 4：20，它在 4：10 到 4：35 之间，这个时候他在做作业。

（三）归纳提升

师：想一想，我们刚才是怎样解决这些问题的？

【学情预设】学生可能会说，把这几件事按照时间先后顺序排一排，然后想一想踢球的时间大约在哪个时间段，从而找到可能的时间；可以用排除法，去掉不可能的时间，剩下的就是有可能的。

师：是呀，要记得将时间和所发生的事件对应起来，再回到情境图中看看是否合理哦。

【设计意图】基础练习——教材 94 页第 4 题配合例 3，但提供的选项有 4 个；94 页第 5 题，是变式练习，表格里记录的是一段时间内亮亮做的事情，而连线的钟面，指的是某一"时刻"，通过连线判断，让学生对一段时间和一个时刻有所感悟。本环节目的在于及时巩固新知，使学生对活动时间的长短进行体验，巩固时间的认识与表示，进一步提高学生的分析推理能力。

四、总结回顾，明确方法

师：通过这节课的学习，你有哪些收获？你喜欢用什么方法推算时间?

师总结:其实在生活中,有许多问题需要我们运用时间的知识去解决。解决选择时间问题时,先将几个事件按先后顺序进行排列,再结合备选答案中的几个时间进行分析与思考;或利用排除法,排除不对应的时间,再确定所选时间。认识时间对我们来说很有帮助,我们要从小养成合理安排时间的好习惯。

‖ 作业设计 ‖

1. 师:下面哪个时间他们可能在图书馆?请圈一圈。

全校学生8:30到操场集合,进行运动会开幕式彩排,彩排需要1小时时间。

彩排后我们先到图书馆借资料。

10:40空中课堂开播,可不能迟到啊!

2. 师:这个周末你打算怎样安排呢?把你的计划用你喜欢的方式整理一下吧。

‖ 设计思路 ‖

大部分学生在时间的认识方面积累了不少的生活经验,且已掌握整时、几时几分的读写,能结合生活规律,判断什么时刻可能做什么事情,习惯根据相对固定的作息时间学习和生活。基于这些认识,本节课注重从以下三个方面加以引导。

1. 紧密结合学生的生活实际与经验

学生对时间的认识和理解离不开情境的支撑。由复习旧知入手,感受时间的运动方式,结合学生感兴趣的生活情境——老师的作息时间安排,引导学生说一说自己生活中对事情先后顺序的安排,唤起学生的生活经验,为学习新知做好了准备。主题图关于"明明可能去踢球的时间"及习题巩固"小红去摘西红柿"

"亮亮的活动时间"都紧密结合实际，使学生充分感受时间和自己生活的联系。

2. 注重训练学生完整的思维步骤

本课时重在解决问题，将"解题三部曲"贯穿始终。在"知道什么"中，让学生结合问题情景说说读懂了什么，启发学生重在理解"可能"的含义，它是指在备选答案中，能够去踢球的时间。"怎样解答"中的"我来写一写""我来想想"呈现了解决问题的两种具体方法："我来写一写"是先按时间先后顺序理顺相关联的 3 个事件，再看备选答案中哪个时间合适；"我来想想"是在综合考虑已知信息的基础上，采用排除法推理的方式确定答案的方法。"解答正确吗"中，按时间先后顺序排列了 3 个事件，引导学生联系实际来判断答案的合理性。

3. 将推理能力的培养渗透于解题全过程

对于低年级学生，培养良好的思考习惯是提高学生数学素养的必要途径。教师注重按问题解决的完整步骤来进行练习，使学生获得基本的数学活动经验。鼓励学生从多角度展开思考与交流，呈现不同学生的解题方法，如口述、表格、图示、画流程图等多种方式加以表达，鼓励学生反复说解题思路，在不断地"说"中，思维能力得到进一步提升。学生在经历"合情推理——排除法推理"的过程中获取数学结论，发现数学方法。

对比除法的意义解决问题

朱　燕（鹰潭市第六小学）

‖**教学内容**‖

《义务教育教科书·数学》（人教版）二年级下册第 23 页。

‖**教材分析**‖

本节课的内容是在学生理解了除法的含义和掌握了用 2—6 的乘法口诀求商的基础上，结合除法计算进行教学的。由于本节课是学生初步接触通过除法解决问题，因此掌握分析题意的方法尤为重要。在教学过程中，逐步引导学生读懂题目的条件和问题，同时在探索的过程中，教会学生由实际问题抽象出数学模型，为今后进一步学习用除法解决复杂问题打好基础。本节课是用除法解决两种实际问题：一是平均分，即求每份数是几的实际问题；二是包含分，即一个数里面有几个另一个数。但它们的本质都是将总数平均分，因此都用除法解决。

‖**教学目标**‖

1. 体会用除法解决问题的异同，加深对除法含义的理解；

2. 在读一读、摆一摆、画一画、算一算的过程中，培养学生发现与提出问题，分析和解决实际问题的能力；

3. 在解决问题的过程中，使学生感受到数学与生活息息相关。

‖ **教学重难点** ‖

重点：能列出除法算式解决实际问题。

难点：理解除法问题中的数量关系。

‖ **教具准备** ‖

纸杯、小棒。

‖ **教学过程** ‖

一、复习引入新知

师：看！春暖花开，又到了养蚕的好季节，孩子们见过蚕吗？老师今天带了一些蚕宝宝。

课件出示：

师：看图！你知道了哪些数学信息？

【学情预设】有 3 个盒子，每个盒子里放 5 只蚕宝宝。

师：根据已知信息，你能提出一个数学问题并解答吗？

【学情预设】一共有多少只蚕宝宝？

师：请同学们列式解答。

【学情预设】$5+5+5=15$（只）、$3×5=15$（只）或 $5×3=15$（只）。

师：告诉大家为什么要用乘法解决？

【学情预设】因为每个纸盒放 5 只蚕宝宝，求 3 个纸盒里一共放多少只？就是求 3 个 5 相加的和是多少？所以用乘法。

师：这是之前学过的用乘法解决问题，其实乘法和除法是一对好朋友，它们之间有着密切的联系。这节课我们就来研究用除法解决问题。（板书课题：用除法解决问题）

【设计意图】给学生提供提出问题的机会，有助于培养学生发现与提出问题的能力。

二、自主探究

（一）课件出示：

15只蚕宝宝，平均放到3个纸盒里。

1. 阅读与理解

师：同学们已经算出老师这里有 15 只蚕宝宝，现在我们把它作为已知信息编一个新的例题。仔细观察，读一读，你知道了什么？

【学情预设】知道了 15 只蚕宝宝平均放到 3 个纸盒里。

师：你能提出一个数学问题吗？

【学情预设】每个纸盒放几只？

2. 分析与解答

师：求每个纸盒放几只？同学们会解决吗？可以拿出纸杯和小棒摆一摆。

师：你怎么知道这样摆呢？

【学情预设】用 15 根小棒代替 15 只蚕宝宝，3 个纸杯代替 3 个纸盒。要把 15 只蚕宝宝平均放到 3 个纸盒里，想到乘法口诀三五十五，所以每个纸杯里都放了 5 根。

师：能不能把刚才摆的用图表示出来呢？

【学情预设】

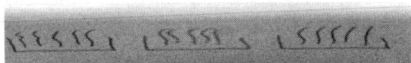

师：请告诉大家为什么这样画？

【学情预设】通过摆完后发现，15 只蚕宝宝平均放入 3 个盒子里，每个盒子可以放 5 只。

师：同学们，刚才我们摆了画了，能不能列算式来表示呢？

师：大部分同学列出算式：15÷3＝5（只），为什么大家用除法解答呢？

【学情预设】因为是把 15 只蚕宝宝平均放入 3 个纸盒里，平均分是用除法解决。

师：同学们是怎样看出平均分的？

【学情预设】因为每个纸盒里放入蚕宝宝的数量同样多。

师：在这个算式里 15、3、5 分别表示什么呢？

【学情预设】15 表示 15 只蚕宝宝，3 表示平均放入 3 个纸盒里，5 表示每个纸盒放 5 只。

师：正像同学所说的，这里的 15 是我们要分的总数，平均放到 3 个盒子里就是平均分成 3 份，求每个盒子里放几只？就是求把 15 平均分成 3 份，每份是几？所以我们选择用除法计算。

3. 回顾与反思

师：同学们说得真精彩！现在我们来检验这道题对不对。

【学情预设】每盒 5 只，3 个盒子，根据乘法口诀三五十五，正好是 15 只。说明我们解答的方法是正确的。

师：这样我们就完整地解决了第一个问题。

师：同学们，刚刚我们解决了第一个问题，新的问题又产生了。快来读一读吧！

（二）课件出示：

15 只蚕宝宝，每个纸
盒里放 5 只，

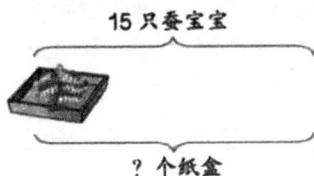

1. 师：读完后，你知道了什么？

【学情预设】知道了 15 只蚕宝宝，每个纸盒里放 5 只，要用几个纸盒？

师：要用几个纸盒？这个问题提得很好，你是怎么发现这个问题的？

【学情预设】看大括号下面写了"？"号，问要用几个纸盒。

师：观察真仔细，不仅能读懂题意，还能自己提出问题，你很会学习，老师为你点赞！

2. 师：应该怎样解答呢？也用纸盒和小棒摆一摆吧！

师：为什么这样摆呢？说说你的想法。

【学情预设】15 只蚕宝宝用 15 根小棒代替，每个纸盒放 5 只，说明 5 根小棒放入一个纸杯，15 根小棒刚好放入 3 个纸杯。

师：说得真好！那能不能也用图表示出来？

【学情预设】

师：你为什么这样画呢？

【学情预设】因为每个纸盒里放 5 只，15 只蚕宝宝就需要 3 个纸盒。

师：同学们的语言表达能力真强！那怎样列算式呢？

【学情预设】$15 \div 5 = 3$（个）

师：同学们同意这样列式吗？为什么也用除法解答呢？

【学情预设】因为每个纸盒放 5 只，是指每一盒都要放 5 只，每盒放的只数同样多，所以这个问题也是平均分，也要用除法。

师：真善于分析！那 15、5、3 在这个算式里又分别表示什么呢？

【学情预设】15 表示 15 只蚕宝宝，5 表示 5 只蚕宝宝放一个盒子，3 表示可以放入 3 个盒子。

师：对的，这里是 5 只蚕宝宝一个盒子，求要用几个纸盒，就是求 15 里面有几个 5？所以用除法计算。

3. 师：那么这道题我们做对了吗？

【学情预设】每盒 5 只，3 盒正好是 15 只，符合题意，解答正确。

师：现在我们已经成功解决了今天的两个问题。以后我们碰到类似的解决问题也可以先读题，读懂题目的信息；再分析，分析的过程可以摆、画、算；最后不要忘了检验哦！这是解决问题过程中的三个重要步骤，我们可以把这三步称为解决问题的"三步曲"。

【设计意图】以乘法解决问题的引入为衔接点，通过出示"半成品"，让孩子读懂题意后，提出问题。孩子们通过摆、画、算，经历了分析和解决问题的过程，加深了对除法两种含义的理解。通过"回顾与反思"培养学生养成检查的好习惯。

（三）对比异同，深化理解

师：继续努力，再接再厉！请同学们仔细观察这两道题，他们有什么相同点和不同点呢？同桌讨论一下，老师想听听你们的想法?

【学情预设】相同点:都有数字 15、5、3,都用除法解决;不同点:单位不同,问题不同,答案不同。

师:对的,相同点都是用除法解答,因为两个题目都是在平均分,而且都是把 15 只蚕宝宝平均分。不同点是问题不同,一个是求每份数,一个是求份数。

【设计意图】通过比较分析,进一步加深了对除法两种含义的理解。

三、巩固练习

师:看样子同学们学得都很棒!那我们就来一起练一练吧!

课件出示:

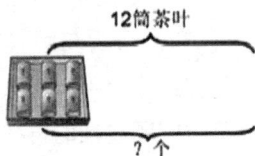

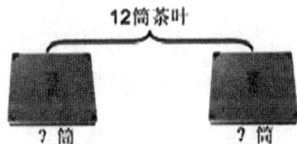

师:请认真读题,然后提出问题,列式解答。

师:同学们在解决问题的过程中一定感受到 2 个题目都是在平均分,第一个问题是求要用几个盒子? 6 个一份,求 12 里面有几个 6,就是几盒,即 12÷6=2(个)。第二个问题是 12 筒茶叶平均放入 2 个盒子,也就是平均分成 2 份,每份是几,即 12÷2=6(筒)。

【设计意图】课堂练习是课堂教学的重要组成部分,可以帮助孩子们巩固用除法解决实际问题的方法,进一步掌握本节课的重难点。

四、全课小结

师：回顾一下，这节课我们学习了什么？

【学情预设】我们学了用除法解决问题的两种题目。还知道了解决问题三部曲。

【设计意图】通过小结让孩子们知道这节课的内容，培养孩子梳理知识的习惯。

‖ 作业设计 ‖

1. 10 只铅笔，平均分给两位同学，每位同学拿几只？

2. 10 只铅笔，5 只装一盒，能装几盒？

3. 根据算式 $12÷4=3$ 编两道不同的问题，试着独立解决。

‖ 设计思路 ‖

这节课我的教学设计紧扣解决问题的三个框架：阅读与理解、分析与解答、回顾与反思。再结合二年级的学生心理特征进行教学设计。在"阅读与理解"这一块，让孩子读题后自己提出问题，给孩子们提供提出问题的机会。在"分析与解答"这一块，让学生通过摆、画、算，加深对除法两种不同含义的理解。在最后一个板块中，是让学生对整个解决问题过程的再梳理，更能加深对题目的理解，也能知道自己对错。整节课的教学设计始终贯穿"以学生为主体，把课堂真正还给学生"的新课标理念。

剪一剪

邵丹英（鹰潭市高新区教研室）

‖**教学内容**‖

《义务教育教科书·数学》（人教版）二年级下册第 32 页。

‖**教材分析**‖

本课内容是"图形与变换"这一单元第四课时的内容，这是一节既具探索性又生动有趣的实践活动课。这是学生从学习简单的轴对称图形拓展到有规律的轴对称图形，是逻辑思维和空间想象能力的一个重要飞跃。通过剪纸活动，一方面培养学生的动手实践能力并让学生体会到图形之间的变化关系，另一方面在探索规律的过程中可以培养学生初步的形象思维能力、逻辑思维能力和空间观念。

二年级学生已具备一定的动手实践能力，进行这一操作并不难。但是二年级学生逻辑思维和空间想象的能力还较弱，所以先设计剪一个小人，让学生知道沿着对称轴设计出来的图案才是完整的，体会对称轴的重要性。在教学中引导学生把自主探索与实践操作相结合，培养学生获取知识的能力，使其感受到学习数学的乐趣，体会到成功的喜悦。

‖**教学目标**‖

1. 让学生动手剪一剪，剪出有规律的图形，培养学生动手操作的实践能力。

2. 经历观察、想象、操作、交流等活动，培养学生初步的空间观念和抽象逻辑思维的能力。

3. 在剪纸活动中，注意让学生感受其中蕴含的数学知识及数学美，培养学生想象力和创造力，以及边思考边操作的良好学习习惯。

‖教学重难点‖

重点：动手剪出有规律的图形，学会正确的画法和折法，能够剪出连续的对称图案。

难点：理解折法和画法，在探索规律过程中培养学生的空间想象能力和逻辑思维能力。

‖教学准备‖

课件、剪纸、剪刀、学习单等。

‖教学过程‖

一、创设情境，导入新课

1. 课件出示一组剪纸图片。

（1）介绍中国传统文化——剪纸，让孩子们欣赏剪纸作品。

（2）找出轴对称图形，像这样能找到一条线使图形的两边完全重合，我们把这样的图形叫作轴对称图形。

2. 导入新课：你们想学剪纸吗？那这节课就让我们一起用轴对称的知识来解决问题，一起来动手剪一剪吧！（板书课题：剪一剪）

【设计意图】运用多媒体信息技术，从欣赏美丽的剪纸作品情境入手，激发学生的学习兴趣，宣扬中华传统文化，体会艺术美、数学美，培养学生的观察、判断能力，同时体会到学习数学的价值。

二、动手操作，解决问题

课件出示例题4：你能剪出像这样手拉手的4个小人吗？

（一）你知道了什么？

1. 师：认真观察，你有什么发现？这些小人有什么特点呢？

【学情预设】剪出的4个小人都是一模一样的，还不能剪断；每个小人都是轴对称图形，4个手拉手的小人也是轴对称图形。

师：怎么判断它是轴对称图形的呢？请你来试一试。

（通过对折来判断4个小人的图形是轴对称图形，2个小人的图形也是轴对称图形，1个小人的图形也是轴对称图形。）

2. 师：这些小人之间的位置变化有什么特点？

（第一个小人通过平移就可以到达下1个小人的位置。）

3. 要解决的数学问题是：剪出像这样手拉手的4个小人。

【设计意图】通过理解题意迅速调动关键知识经验储备，即对轴对称图形知识的理解，进而抽象出数学问题。

（二）怎样解答？

师：这样手拉手的四个小人你能剪出来吗？要剪出4个小人手拉手可能有些困难，想一想，怎么办呢？

【学情预设】先剪1个小人。

师：既然剪4个手拉手的小人很复杂，那我们就通过从简单的情况入手，剪1个小人来找到解决问题的方法吧！

1. 观察剪出1个小人

师：要剪1个小人，怎样剪得又快又好看呢？

（1）讲解步骤：先将一张长方形的纸对折，找到它的对称轴，再去画半边小人，最后剪下来。（师板书：折—画—剪）

（2）学生自主尝试：强调操作要求，注意剪刀使用安全。完成后小组交流方法。（教师巡视指导）

（3）展示学生作品，汇报交流操作方法。

对比学生作品：为什么有些同学剪出的是两个一半的小人，不是一个完整的小人？

【学情预设】画的时候，没有沿着折痕画，也就是没有沿着小人的对称轴画，剪下来就出现两个一半的人。

师小结：剪纸是需要技巧的，结合轴对称图形的知识，先将纸对折，然后沿着折痕方向，也就是沿着对称轴方向画出半个小人，再沿线剪下来，最后展开就能得到一个完整的小人。（课件展示）

【设计意图】实践操作过程中，让学生体会当遇到复杂的问题时，可以转化为简单的问题来研究，感悟化繁为简的数学思想。因此先引导学生探究剪1个小人的方法，充分利用轴对称图形的特点，探究剪的办法，同时在教学中做到容错，并充分利用错误资源，知道错在哪里，帮助学生理解要沿着折痕画，这样才能剪出完整的小人。

2. 剪2个连续的小人

师：你能不能用同样的方法剪出2个手拉手的小人呢？

（1）小组讨论，动手操作。

思考：要怎样折、怎样画、怎样剪？

（2）汇报交流，分析剪法。

①折法：想一想剪2个小人需要几条对称轴呢？（2条）需要对折几次？（2次）

②画法：为什么有同学只剪出了1个完整的小人？问题出在哪？

【学情预设】他是在打开的这条边画小人，这边只有一条对称轴，所以只能剪出一个完整的小人。要在有2条对称轴的方向画半个小人。

③剪法：为什么现在从有 2 条对称轴的方向画小人，剪出的两个小人却是分开的？

剪时要注意：剪小人的胳膊要一直延伸到纸的边缘，不能断开。

（3）连续小人剪法：当画小人的胳膊时没有延伸到纸的边线处，两个小人没有手拉手。所以在画小人的胳膊时，要把小人的胳膊延伸到纸的边线处再剪开。个别同学是折一次画一个完整的小人，应该是画半个小人再利用轴对称的知识得到一个小人。

3. 探究剪 4 个手拉手小人

（1）4 个小人需要几条对称轴？怎样对折就能剪出 4 个手拉手的小人？折好后围绕哪一边画？同学们带着这些问题，试着剪一剪。

（2）汇报展示，交流剪法。

师：同学们，你们剪成功了吗？怎样剪的呢？

①优化折法：

【学情预设】对折 2 次剪出 2 个手拉手的小人，再对折一次，就可以找到 4 条对称轴；把纸里外翻着折，折 7 次，找到有 4 条对称轴这边画出半个小人。

优化折法：通过对比，你们更喜欢哪种折法呢？

小结：虽然两种折法不同，但都能找到 4 条对称轴，所以都可以剪出手拉手的 4 个小人，但是对折的方法会更简单一些。

②画：围绕对称轴处画半个小人。

③剪：连接处不能剪断。

【设计意图】课堂中充分引导以学生为主体，活动为主线，使学生在"经历、体验、探索"过程中运用轴对称图形的特征，通过折一折，剪一剪，画一画等一系列活动，让学生多种感官参与教学活动，优化折的方法，使学生在操作中明白画的时候要从对折的闭合处画。

4. 对比分析，总结规律

（1）师：同学们，那如果对折 4 次呢？有多少条对称轴？可以剪出几个小人？请同学们猜想一下，可以拿出纸折一折来验证一下。

（2）师：你们有什么发现呢？如果对折 5 次、6 次、7 次、8 次……会是什么样子呢？课后同学们也可以用纸折一折、试一试。

5. 课堂小结

师：通过研究我们解决了剪出手拉手的小人的问题。通过先观察，发现每个小人图形是轴对称图形，然后将纸对折沿折痕边也就是对称轴画出图形的一半，沿虚线剪开，就会剪出多个连续一模一样的图形。在生活中，很多时候都要用仔细观察、认真思考的方法来解决问题。

【设计意图】学生多次猜想，2 个小人怎么剪？4 个又怎么剪？然后根据猜想去验证。在猜想、验证的过程中提高学生的思维水平。引导学生观察剪出的小人，对比发现对折 1 次、2 次、3 次……对称轴的变化，以及剪成的连续小人的个数的变化，使学生养成仔细观察、认真思考的习惯。

三、课堂练习，巩固提升

1. 师：这样的小人你会剪吗？请孩子们先观察一下这幅图。

书本P36

2. 师：孩子们，通过观察你们发现了什么？还是 4 个手拉手的小人，每个小人都是一模一样的轴对称图形。不过，它们不是并排的了，而是围成了一个圈。想一想，我们的纸该如何对折？对折之后又如何去画一画，然后再剪一剪呢？动动脑，试试看吧！

3. 师：孩子们，你剪成功了吗？你是怎么剪的呢？（让学生汇报交流）

【设计意图】通过巩固练习，加深学生解决这类问题的理解，以及动手操作能力，培养学生举一反三、触类旁通解决问题的能力。

四、总结全课，回顾提升

师：同学们，通过今天这节课的学习，你有什么收获？你觉得自己表现怎么样？你的同伴呢？

师总结：我们解决了一个有点难又很有趣的剪纸问题，事实证明只要我们敢于尝试，认真思考，我们都可以用简单的方法解决难的问题，让我们带着数学的眼光去探寻更多的奥秘吧。

【设计意图】这样用谈话的方式进行总结，不仅总结了知识、技能和方法，更重要的是给了学生一次评价的机会，让他们通过自评、互评，实现了课堂评价主体的多元化。

‖ 设计思路 ‖

本节课是在学生学习过简单图形的平移与旋转之后，教材设计的一节既具探索性又生动有趣的实践活动课"剪一剪"。这节课的剪纸要和一般的剪纸课区分开，要有它的数学味，要把"数学味"和"趣味"有效融合，既好吃又有营养。每一次动手操作之前，都要让学生先动脑筋想方法，想好了再动手实践，不是盲目去剪。通过剪纸活动，一方面培养学生的动手实践能力并让学生体会到图形之间的变化关系，另一方面在探索规律的过程中培养学生初步的形象思维能力、逻辑思维能力和空间观念。在操作思考中，努力培养学生的数学素养。

1. 从生活情境中走进数学

在课堂伊始，以中国传统文化——剪纸介绍和欣赏，引入新课，宣扬中华传统文化，体会艺术美、数学美，巩固相关知识，培养学生的观察、判断能力，同时体会到数学的价值。从欣赏美到激发学生的学习兴趣，从而走进新课的教学。

2. 培养学生动手操作能力

动手操作是本节课的一大亮点，让学生在实践操作过程中体会，当遇到复杂的问题时，都可以转化为简单的问题来研究，数学里叫作化繁为简。既然剪 4 个手拉手的小人很复杂，那我们就通过从简单地剪 1 个小人来找到解决问题的方法吧！

3. 将课堂真正还给学生

课堂中充分以学生为主体，活动为主线，使学生在"经历、体验、探索"过程中运用轴对称图形的特征，通过折一折、剪一剪、画一画等系列活动，让学生多种感官参与教学活动，优化折的方法，使学生在操作中明白画的时候要从对折的闭合处画。

4. 善于捕捉教学"错误"资源

在教学设计中充分预设学生在操作过程中可能会出现的问题，例如出现半个人、单独的一个一个的人、头掉了、脚没分开等问题，并通过师生交流、生生互动，让学生明白先要观察图形的特点再来下手会更快。允许学生出错，在纠错中成长，把错误资源变成有效教学资源，碰撞出智慧创新的火花。

‖ 教师简介 ‖

邵丹英，高级教师，鹰潭市首批名师工作室负责人，高新区教研室主任。曾获得"中国名师联盟希望工程园丁奖""江西省教育工作积极贡献个人""省学科带头人""鹰潭市优秀教育工作者""模范教师"等奖项和荣誉称号；多次主持省级课题研究，其中重点课题《信息化背景下优质教育资源共建共享机制的实践研究》《新课改下小学数学"解决问题"教材解读的有效研究》取得良好课研成效。

混合运算解决问题

万美玲（鹰潭市师范附属小学）

‖ **教学内容** ‖

《义务教育教科书·数学》（人教版）二年级下册第53—54页。

‖ **教材分析** ‖

本课是在学生学习了四则混合运算的意义及运算顺序的基础上教学的。教材用生活情境为学习解答含有两级运算的问题提供了丰富的素材，使学生在理解图意的基础上，发现问题、提出问题，同时结合已知条件分析问题，为后面列式解决问题奠定基础。

教材用"知道了什么""怎样解答""解答正确吗"呈现解决问题的全过程，对学生用数学解决问题的过程给予指导。在"知道了什么"环节，由于信息的复杂性，教材呈现了学生用色条图表示信息和问题的方法，以更好地理解问题。在"怎样解答"环节，进一步借助色条图分析数量之间的关系，简明而直观地了解要解答问题，必须要先解决隐藏的问题（中间问题）——剩下的多少面包需要烤，即没有烤的面包有多少个。明确解题思路后，教材分两个层次呈现了解答方案：先以分步计算呈现解题过程，并用文字说明每一步解决了什么问题，以加深学生的理解，培养学生思维的有序性和条理性，同时为后面列综合算式作好准备；紧接着，通过教师的问题引导学生列综合算式表示解答问题过程，以培养学生综合解决问题的能力，同时体现小括号的应用。在"解答正确吗"环节，引导学生将解决问题的结果作为已知条件，检验由此推出的结果是否符合情境，进而判断计算结果的合理性。以此提醒学生养成解决问题后及时反思的好习惯，并进行解决策略的总结——想好先算什么，即找出中间问题。

‖教学目标‖

1. 了解两步问题的结构，学会找出中间问题并正确解答；

2. 经历解决问题的一般过程，能用画色条图、语言描述等方法分析并解决问题；

3. 积累用混合运算解决问题的经验，初步感知数形结合、演绎、归纳等数学思想。

‖教学重难点‖

重点：借助色条图分析问题，用混合运算解决问题。

难点：了解两步问题的结构，学会找中间问题。

‖教学过程‖

课前交流：

为回报大家的热情，送个礼物给大家，唱首歌给大家听吧！

（背景音乐《冰糖葫芦》）

这可是万老师最喜欢的一首歌，因为歌里面呀，藏着我的最爱呢！谁听出来了？（冰糖葫芦）细心的小朋友都听出来了。

一、创设情境，发现问题

师：这酸甜可口的冰糖葫芦呀，在制作的过程中还藏着有趣的数学问题呢！谁愿意读一读这些信息？

哪位小朋友能用自己的话说说你读懂了什么？

每串9颗

一共有90颗山楂，已经穿了36颗。

根据这些信息，你能提出哪些问题？

【学情预设】学生可能会提出这些问题：还剩多少山楂没穿？已经穿了几串？一共能穿几串？剩下的山楂还能穿几串？

师：你们不仅会用数学的眼光发现问题，还能提出这么多有价值的问题，真好！哪些问题可以直接用给出的信息一步就解决？

【学情预设】学生会发现"还剩多少山楂没穿"直接用减法；"已经穿了几串"用除法直接算出；"一共能穿几串"用90除以9也能一步算出。

师追问：一步解决的问题都需要几个信息？剩下的山楂还能穿几串？能一步直接解决吗？

师：这个问题究竟该怎样解决呢？让我们走进今天的数学课堂，去解决问题吧！（板书课题：解决问题）

【设计意图】数学教学一定要贴近学生熟悉的现实生活。为创设生活情境，激发学生学习热情，我将书上的情境图改成串冰糖葫芦，力求引导学生在生活中体验、感受、学好数学。让学生自己发现问题、提出问题，调动已有知识，从数量对应的角度复习一步解决问题，为两步解决问题做好知识迁移准备。

二、自主探究，分析问题

（一）初步感知理解题意

师：要想更好地解决一个问题我们应该先做什么呢？

师：是啊，读懂题的意思很重要，再自己完整地读一读这道题。

师：请你试着独立解决这个问题，可以试着画图分析，想明白之后再列式计算。

【学情预设】学生可能会出现画点子图、线段图，或模仿书上画色条图，或直接列分步算式、综合算式等。

（二）交流讨论，积累解决问题的经验

1. 从信息入手分析

（巡视，展示学生画图）

师：请几位小老师上台来说说，你是怎样想的？

（1）画图分析

①点子图

师：我发现很多同学都在点子图中分析了这道题，这是哪位同学画的？能说说你是怎么想的吗？

【学情预设】把 90 颗山楂分成"已经穿的"和"剩下没穿的"，根据"一共 90 颗山楂"和"已经穿了的 36 颗"可以先求出还剩多少颗没有穿，再和"每串 9 颗"求出还要穿几串？

师：他画的这个图能不能表示出这道题的意思？

师：除了点子图，还有同学画了这样的色条图来分析问题。

②色条图

师：这是哪位同学画的？说说你是怎么想的？

师：对于他的这幅图，你有什么建议吗？（初次接触，学生画得不够完善）

【学情预设】"每串 9 颗"为什么标注在剩下的这个部分中？

师：看来读题之后，仅仅找到信息和问题还不够，借助画图梳理一下，数量之间的关系就更清楚了。画图真是解决问题的金钥匙！

③线段图

几种画图方式，你喜欢哪种？（课件）

师：是啊，数据越大，色条图、线段图的优势就越明显！

（2）分步算式

师：在图上我们会分析这道题，用算式该怎么表示呢？

请几位学生上台。

【学情预设】90-36=54（个），54÷9=6（串）。

师：不但写出了算式，还解释了每步求的是什么！听明白的请举手！

（3）综合算式

师：还有很多同学写的是综合算式，谁来说说你的想法？

（小老师汇报时，注意引导学生"先算什么，再算什么"，表述得有条理）

【学情预设】90-36÷9、（90-36）÷9或90÷9-36÷9。

师：为什么要添上小括号？这儿的小括号起到什么作用？

【学情预设】改变运算顺序，因为要先算出剩下几个山楂没穿。

师：列综合算式的时候，要根据四则混合运算的运算顺序合理使用小括号。

2. 从问题入手分析

师：刚才你们都是从信息入手分析这道题的。从问题入手呢，可以怎么想？

3. 对比分析、沟通联系

师：其实，在解决问题时，有时是从信息入手比较方便，而有时从问题入手更好思考，在解决这道题时（指图）都得先算（　　），再算（　　）？

师：看来我们又积累了一个解决问题的策略——先求出中

间解。

4. 整理解决问题的基本步骤

师：回头看是一种智慧！想一想，我们是怎样一步一步解决这个问题的：读题时找到信息和问题；解答时想好先算什么，再算什么；最后还要检验。

（在分步、综合算式下面，根据学生的回答，写出检验方法。）

【设计意图】让学生经历"发现问题——提出问题——解决问题"的全过程，在合作交流中积累基本的解决问题的经验。初步学会画色条图表示数量关系并尝试独立分析数量关系，从而帮助学生理解并掌握解决问题的步骤和策略，体会从已知信息入手或从问题入手分析方法的多样化；同时在解法比较中让学生知道如何合理地使用小括号，总结出如果一个问题需要多个步骤才能解决的话，要想好先算什么再算什么。

三、练习应用，深化理解

（一）基础练习

师：冰糖葫芦穿好了！看，好多小伙伴都来买了。

提问：第一组比第二组多花多少钱？

每串糖葫芦5元。

我们第一组买了9串，

我们第二组买了6串，

第一组比第二组多花多少钱？

师：谁来大声地读题（指名读）？想好后，把算式写在答题纸上。

学生反馈交流。

(二) 提高练习

(课件出示) 老师买了 5 摞崭新的笔记本, 已经用去 4 本, 还剩多少本? 有什么疑问吗?

【学情预设】学生可能会质疑: 不知道一共有多少本? 也不知道每摞多少本?

师: 每摞有 8 本。现在能求了吗? 你们先算什么? 后算什么?

【学情预设】

$$5 \times 9 = 45 (元) \qquad (9-6) \times 5 \qquad 9 \times 5 - 6 \times 5$$
$$5 \times 6 = 30 (元) \qquad = 3 \times 5 \qquad = 45 - 30$$
$$45 - 30 = 15 (元) \qquad = 15 (元) \qquad = 15 (元)$$

(三) 机动题

每个球 5 元, 购买 5 个及以上, 每个优惠 1 元。李老师本来准备买 4 个球, 你认为他应该怎样买?

【设计意图】分层练习中, 既鼓励学生从不同角度寻找解决问题的思路, 也引导学生在 "算法多样化" 的基础上实现 "算法最优化"。同时让学生进一步体会如何合理地使用小括号, 提高分析和解决问题的能力。

四、反思总结, 明确方法

师: 谢谢大家帮我解决了这么多问题, 不知不觉这节数学课就要结束了, 今天我们做的题并不多, 但是从经历解决问题的过程中, 你有什么收获吗?

【学情预设】会画色条图了; 知道了解决问题时要想好先算什么, 再算什么。

‖ 作业设计 ‖

1. 一本故事书 80 页, 已经看了 5 天, 每天看 8 页, 还剩多少页没看？

2.

每个5元
大优惠 购买5个及以上，
每个优惠1元。

李老师本来准备买4个皮球，
你认为他应该怎样买？

‖ 设计思路 ‖

《课程标准》指出：解决问题要让学生初步学会从数学的角度提出问题、理解问题，并能综合运用所学的知识和技能解决问题，发展应用意识，形成解决问题的一些基本策略，体验解决问题策略的多样性，发展实践能力与创新精神。设计本节课，我主要从以下三个方面考虑：

1. 找准学习的疑难处

学生会解"题"，是否就意味着学习没有困难了？答案当然是否定的。那么学生学习的"疑难"在哪里？确定教学重难点时，我首先进行了学情调研，通过多次调研发现，学生对于用画图法来分析题目中的信息和问题不太熟练，而是看完题目直接列算式解答。于是，我将教学目标定位为：了解两步问题的结构，学会找出中间问题并正确解答；经历解决问题的一般过程，能用色条图、语言描述等方法分析并解决问题；积累用混合运算解决问题的经验，初步感知数形结合的思想。

2. 设计教学的切入点

为让教学贴近学生，激活思维，激发探究欲望，我将书上的情境图改成串冰糖葫芦，力求引导学生感知生活中蕴藏的数学信息，放手让学生经历解决问题的整个过程，积累基本的解决问题的经验和方法。在找到学习的"生长点"后，需要寻找到一个最佳的切入点，我让学生尝试用画图来梳理信息和问题。学生可能会出现画点子图、色条图或线段图，通过对比，引导学生感悟数据越大，色条图、线段图的优势就越明显。通过画图，"剩下多少个山楂没穿"这个中间问题一目了然。老师适时追问："'每串9颗'为什么标注在剩下的这个部分中？"学生不难发现要求"剩下的可以穿多少串""每串9颗"是解决这个问题的重要信息，而且色条图或线段图在"穿冰糖葫芦"情境下逐步完善。可见，有效的教学切入点对学生学习新知、提升感悟起着积极的引领作用。

3. 把握能力的提升点

数学教学不能就题论题，不能仅仅着眼于"知识和技能"，还要关注基本活动经验的积累，基本数学思想的形成。因此在设计教学时，使学生经历从文字情境——图示化——模型化（算式）的解题过程，并引导学生逐步掌握分析数量关系的两种基本方法（从信息入手或从问题入手进行分析），帮助学生把解题经验上升为数学方法，使学生的思维从无序走向有序。

有余数的除法解决问题

徐云霞（鹰潭市第六小学）

‖ **教学内容** ‖

《义务教育教科书·数学》（人教版）二年级下册第 67 页。

‖ **教材分析** ‖

"解决问题"是人教版二年级数学下册第六单元"有余数的除法"例 5 的内容，是"有余数的除法"知识的延伸和扩展，是在"有余数的除法"的基础上进行教学的。教材注重联系学生已有的知识和经验，结合具体情境，以学生熟悉的事物作为例题，让学生根据实际情况采用"进一法"和"去尾法"确定问题的答案，感受数学知识在实际生活中的应用；用摆一摆、画一画、竖式等不同表征方式，弄懂要租几条船，理解余下 2 人需要再租一条船；通过适量的解决简单的实际问题的练习，让学生不断经历从现实生活或具体情境中发现并抽象出数学问题的过程，掌握用有余数的除法解决问题的方法与策略，积累发现和提出问题、分析和解决问题的经验。

‖ **教学目标** ‖

1. 初步学会用有余数的除法解决生活中的简单实际问题；

2. 学会正确解答简单的有余数除法的问题，会正确地写出商和余数的单位名称；

3. 培养学生收集信息、分析问题并解决问题的能力。

‖ **教学重难点** ‖

重点：运用有余数除法的有关知识，解决简单的实际问题。

难点：理解有余数的除法在实际生活中的运用，能恰当选择"进一法"或"去尾法"。

‖ **教具准备** ‖

多媒体课件、磁性小棒。

‖ **学具准备** ‖

22 根小棒。

‖ **教学过程** ‖

一、复习导入

口算下面各题，直接写出得数，说一说每一组题都是用哪句口诀？

（课件出示）

$21 \div 7 =$	$27 \div 9 =$	$36 \div 6 =$
$23 \div 7 =$	$29 \div 9 =$	$38 \div 6 =$

学生回答。

师：同学们说得真好！那你们知道每组中的两道算式结果有什么不同吗？

【学情预设】学生可能会说一道有余数，一道没有余数。

师：同学们可真棒，有余数的除法在数学学习中作用很大，在实际生活中也有着重要作用，这节课，我们就来学习用有余数的除法解决实际问题。（板书课题）

【设计意图】导入环节安排了开小火车接龙的方式回答问题，在活动中进一步熟悉表内除法的计算方法，适时引出有余数的除法在数学中的作用以及本节课的教学内容。

二、探究新知

（一）收集信息，明确问题

出示例题：二年级（1）班的同学打算去公园划船，22 个学生去划船，每条船最多坐 4 人，他们至少要租多少条船？

师：谁来读一读？通过读题，你知道了什么？

（课件出示）

已知信息：有 22 个学生去划船，每条船最多坐 4 人。

问题：他们至少要租多少条船？

师：谁能用自己的话来说说你知道了什么？

师追问："最多坐 4 人"，你怎么理解？

【学情预设】学生可能会说每条船可以坐 1、2、3 或 4 人，也可能会说坐满了是 4 人，坐 5 人多了不行。

师追问："至少"是什么意思？

【学情预设】学生可能会说就是最少需要几条船，也可能会说 22 个学生都有船位坐，需要几条船。

师追问：那怎样安排租船的数量最少？

【学情预设】通过讨论和追问学生可能会说尽量让每条船都坐满人。

【设计意图】联系生活实际，选择学生熟悉的划船一事创设情境，调动学生的学习兴趣。针对低年级的学生对"最多""至少"的理解还不够透彻，课堂师生对话中，鼓励孩子们表达对这两个词语的理解，相互补充，完善各自的想法，让课堂学习向纵深处发展，同时也为后面的学习做铺垫。

（二）讨论辨析，理解"进一法"

1. 独立尝试

师小结：有了刚才的分析，只有让每条船上都坐满人，租的船才最少。现在根据提示用你自己喜欢的方法来解决吧。

提示：可以用小棒摆一摆，圆圈画一画，数字表示等方法。做完之后和同学交流一下。

指名展示作品，并让该生说说自己的想法。

【设计意图】不同的学生不同的学习能力，鼓励孩子用自己理解的方式解答问题，起到兼顾各层次的学生。

2. 交流想法，体会"进一法"

你能把你的想法用算式表示出来吗？请两个学生板书算式并说明理由，为什么要用 22÷4。

【学情预设】求要租几条船，就是求 22 里有几个 4，用除法解答。

师：同学们在计算时发现了结果有余数，为什么单位要这样写呢？说说每个数表示什么。

【学情预设】学生可能会说 5 表示 5 条，2 表示余下的 2 人。

师：同学们通过计算知道租用 5 条船后，还余下 2 人，余下的 2 人怎么办呢，应该怎样安排他们？

【学情预设】学生有可能会说 5 条船，有可能会说 6 条船，通过学生讨论，交流得出余下的 2 人还需要再租一条船。

3. 检验：他们至少需要 6 条船，解答正确吗？

师小结：用有余数的除法解决问题要考虑实际情况，即使坐不满，剩余的人也要再租一条船，这样才能满足让 22 个学生都去划船的要求。

【设计意图】学生对"进一法"的理解还是第一次接触，尽量让孩子多说，暴露孩子的思维缺陷，从而做出正确的引导。

三、沟通联系，深化理解

（一）对比辨析

师：同学们开始划船了，很快吃午饭的时间到了，可小丽同学没带吃的，她要到路边的超市买吃的。（课件出示）

2.

5元/个   3元/个   4元/个

（1）小丽有10元钱，买3元一个的面包，最多能买几个？

师：从图中你知道了什么？

师：同学们观察得真仔细，得到的信息真多啊！

（二）交流解答，体会"去尾法"

师："最多"是什么意思？你会解答吗？自己动手试试吧。

师：3个和1元分别是什么意思？（3个是买了3个面包，1元是剩下的1元钱，剩下的1元还能再买一个面包吗？）最多能买几个？你是怎么想的？

【学情预设】孩子们可能会说"最多"是10里面最多有几个3，3指的是3个面包，1指的是剩下的1元钱。

【设计意图】让孩子们畅所欲言尽情地表达自己的想法，从而暴露思维缺陷并给予引导。

（三）对比感悟，提升认识

同时出示例5和P67做一做题2第（1）小题。

师：这题和例题有什么相同的地方，有什么不同的地方？

【学情预设】相同的地方是：都是求一个数里有几个几的问题，用除法解答。不同的地方：最多的意思不一样。

师：这两道题，我们都是用有余数的除法解决，但例题余下"2人"就要增加1条船，做一做这道题余下"1元"，却不增加1个面包。我们在解决问题时，一定要根据实际情况进行取舍，有时候用"进一法"，有时候用"去尾法"。

【设计意图】这是一个培养能力的过程。让学生自己辨析，完成之后进行对比，通过比较发现实际情况不同，解决问题的方法也就不同。

四、巩固练习

师：仔细思考做一做的第一大题和第二大题的第 2 小题，你能独立完成吗？（出示 PPT）

做一做

1. 有 27 箱菠萝，王叔叔每次最多能运 8 箱。至少要运多少次才能运完这些菠萝？

2.

5元/个   3元/个   4元/个

（1）小丽有 10 元钱，买 3 元一个的面包，最多能买几个？
（2）用这些钱能买几个 4 元的面包？说说理由。

【设计意图】练习设计体现了由易到难的原则，根据课堂内容安排了两个练习，对刚学习的知识给予巩固应用。

五、全课总结

师：这节课你有什么收获？和大家一起分享一下吧！

【设计意图】解答问题的办法要根据实际情况的变化做出调整，学会具体问题具体分析，正确使用"进一法"和"去尾法"解决问题。

‖ 作业设计 ‖

1. 做一个沙发套需要 6 米布，145 米布最多可以做多少个沙发套？

2. 一个工地的施工处有 38 吨石子需要运走，一辆小卡车一次最多能运走 5 吨，需要运几次才能运完？

‖ 设计思路 ‖

1. 思维碰撞出"火花"

在课堂上让学生尽可能地去表达自己，巧设疑问，层层导入，让学生的思维更加清晰，学生对知识的理解也更加深刻。

2. 对比分析让知识理解更深刻

学会具体问题具体分析，不仅是哲学里的重要思想，在数学里也同样适用。通过对比、反思，让学生对课堂所学内容再认识，也是学生自我提升的一个过程。

找规律解决问题

邵丹英（鹰潭高新区教研室）

‖ **教学内容** ‖

《义务教育教科书·数学》（人教版）二年级下册第 68 页。

‖ **教材分析** ‖

本课内容是表内除法知识的延伸和扩展，是在表内除法的基础上进行教学的。例题 6 是利用有余数的除法解决与按规律排列有关的问题，教材注重联系学生已有的知识和经验，结合具体情景，选择数目小，学生熟悉的事物作为例题，让学生理解余数的含义、列式计算的方法、解决实际问题的策略。

用有余数的除法解决问题是在学生已学过乘除法的基础上学习的，在本单元前面几个例题中，学生已经认识了有余数除法，掌握了有余数除法的竖式计算方法。学生在前一阶段刚学会表内除法，已经接触过许多正好全部分完的例题，但二年级的学生思维还是以具象思维为主，想完成由具象思维到抽象逻辑思维的转变，就要借助动手操作，让学生亲自去实验，去体验知识的形成过程。在教学时，应该根据知识的系统性以及二年级学生的思维特点，使学生通过积累观察、操作、讨论、合作交流、抽象概括等数学活动获取知识，发展学生的抽象思维。

‖**教学目标**‖

1. 通过观察、操作，学会用有余数除法的知识解决与按规律排列有关的问题；

2. 经历用有余数的除法知识解决问题的全过程，体会解决问题的策略与方法的多样化，培养解决问题的能力，发展应用意识；

3. 体会数学知识之间的联系，积累解决问题的基本经验。

‖**教学重难点**‖

重点：学会用有余数除法的知识解决按规律排列的有关问题。

难点：理解余数在解决与按规律排列有关问题中的作用与含义并解决周期问题。

‖**教法学法**‖

为了更好地突出学生的主体地位，体现并优化多样化学习方式，在学法上采用了让学生猜一猜、画一画、算一算、说一说等多种形式的活动。让学生积极动手、动口、动耳、动脑，在这种自主探究、合作交流的过程中感悟新知。

‖**教学准备**‖

课件、学习单、实物投影。

‖**教学过程**‖

一、设疑激趣，导入新课

1. 播放歌曲：《两只老虎》

两只老虎，一只没有眼睛，一只没有耳朵。（课件出示以没眼睛的老虎、没耳朵的老虎为一组循环出现的排列图）

2. 设疑导入，揭示课题

师：仔细观察，照这样，横线上应该是哪只老虎？第 11 只呢？同学们观察得真仔细，今天我们就来学习解决与排列规律有关的问题。

【设计意图】歌曲生动有趣，吸引孩子观察思考，引导学生发现其中的规律，按照规律找出下一个图形是什么？即是旧知也是本课要研究的新内容，它是有余数除法的思维前奏。那第 11 只呢？这样的引入为有余数除法做了铺垫，激发学生的探究欲望。

二、合作交流，探究新知

（一）探究余数是 1 的含义

出示例题：按照下面的规律摆小旗。这样摆下去，第 16 面小旗应该是什么颜色？

1. 你知道了什么？

（1）引导学生理解题意，发现规律，提出问题。

想一想：你知道了什么数学信息？要解决的问题是什么？

【学情预设】有 13 面小旗；小旗的颜色是按照 1 面黄色，2 面红色为一组的规律排列的；小旗是按照三面一组摆放，每组的第一面都是黄色，第二面和第三面都是红色。

小结：它是以 3 面小旗、黄红红为一组重复排列的（板贴一组小旗）。

探究问题：孩子们找到了小旗的排列规律，想想用什么方法能很快知道第 16 面小旗的颜色？

【设计意图】引导学生观察情境图，理解图意，帮助学生理清数据和要解决的问题，培养学生发现问题、提出问题的能力，理解 3 面为一组的规律，为后面进一步探究奠定基础。

2. 怎样解答？

（1）提出要求，合作探究

发给学生"作业单"，提出要求，四人一小组，合作探究。

师：请同学们拿出学习单自己动手圈一圈、写一写、算一算，完成之后在小组内说一说你是怎么想的？（教师巡视指导）

（2）汇报交流，解决问题

【学情预设】画图法

师：你是用什么方法知道第16面小旗的颜色的？你说说看（圈一圈），你的想法真是太妙了！

　　14　15　16

师：你是怎么确定下一面小旗颜色的呢？

小结：两种方法都是运用小旗的摆放规律，通过画图的方法找到第16面小旗的颜色。

【学情预设】符号法

黄红红　黄红红　黄红红　黄红红　黄红红　黄

小结：通过数组数的方法也可以得出结果。

【学情预设】列式法

16÷3＝5（组）……1（面）

①师：你看懂了这个算式吗？算式中的16、3、5、1分别表示什么含义呢？

师追问：除数"3"表示什么？余数"1"又表示什么？

②结合图理解算式的含义。

【学情预设】要求第16面小旗的颜色，说明小旗有16面，这是小旗的总数。小旗是按照3面一组摆放的，说明小旗是平均分。知道总数和每份的个数，根据除法的含义，求16里面有几个 3，列除法算式 16÷3。5 是按这个规律摆了这样的 5 组，1 表示按规律循环后还剩 1 面小旗。

③通过哪个数判断小旗的颜色？为什么余数是 1，旗子的颜色就一定是黄色呢？（通过图帮助学生理解：余数是 1，就说明第 16 面小旗对应一组中的第一面，所以是黄色。）

3. 解答正确吗？

【学情预设】3 面小旗是一组，5 组就是 15 面小旗，再接着往下摆 1 面，应摆黄色的，也就是第 16 面小旗是黄色的。解答正确。

【设计意图】引导通过学生画一画、算一算等方法，帮助学生理清思路，获得不同解决问题的策略，重点帮助学生利用除法算式解决问题，理解余数是 1 的含义，激发学生探究新知的欲望，优化方案，提升解决问题的能力。

4. 探究第 19 面小旗的颜色。

（1）师追问：那第 19 面小旗是什么颜色呢？你是怎么想的？

【学情预设】第 16 面小旗是黄色的，继续往下摆 3 面，所以也是黄色；列除法算式，19÷3＝6（组）……1（面），余数是 1，对应的是一组中的第一面，所以是黄色小旗。

（2）对比分析：我们刚刚研究的第 16 面小旗和第 19 面小旗，有什么相同点和不同点呢？

【学情预设】

相同点：都是每 3 面小旗为一组，所以除数都是 3；余数都是 1，对应的小旗的颜色都是黄色。

不同点：小旗的总数不同，分成的组数不同。

5. 师小结：虽然小旗的总数不同，但是小旗每组的面数都是 3，余数都是 1，它们都对应着一组小旗中的第一面，所以都是黄色小旗。

（二）理解余数是 2 的含义

如果余数是 2 呢？怎么判断小旗的颜色？

【学情预设】余数是 2，对应的是一组小旗中的第 2 面，所以是红色小旗。

余数可能是 3 吗？（不可能，因为余数必须小于除数）

（三）理解没有余数的含义

1. 第 27 面小旗是什么颜色呢？

师：比比看谁能快速解决这个问题。

【学情预设】列式计算 $27 \div 3 = 9$（组）。

师：规律相同，所以除数还是 3，没有余数，也就是说余数是 0，该怎么判断呢？

【学情预设】没有余数，说明小旗刚好分完。最后一面小旗对应的是一组中的最后一面。

师小结：余数是几对应的就是一组中的第几面小旗，那么余数是"0"也就是没有余数时，对应的是一组中的最后一面小旗。

【设计意图】数目变大，让学生体现列式法的必要性。在合作探究的过程中发现小旗的颜色是由余数决定的，余数是几，对应就是这一组中的第几面。重点让学生理解余数是 0 的含义并会判断，没有余数则是对应一组小旗中的最后一面，在对比中让学生更好地理解余数及有余数的除法的含义，逐步形成解决问题的方法和策略。

三、拓展延伸，提高能力

巩固新知

（　　）÷8＝（　　）……（　　）

按照下面规律摆图形

（1）除数是（　　　），余数可能是（　　　　　）；

（2）余数是 1，对应的图形是＿＿＿＿＿＿＿；

（3）余数是 4，对应的图形是＿＿＿＿＿＿＿；

（4）余数是 7，对应的图形是＿＿＿＿＿＿＿；

（5）没有余数，对应的图形是＿＿＿＿＿＿。

【设计意图】运用所学知识解决我们生活中常见问题，体会深刻体会数学与生活的联系，增加学生们的学习动力！通过练习让学生巩固有余数除法的含义并熟练地用有余数的除法解决生活中的实际问题。

四、总结全课，回顾提升

师：同学们，通过这节课的学习，你有什么收获？有什么想法？

总结：今天同学们表现得真不错！我相信这都是你们运用数学知识来解决实际问题的功劳！在我们的生活学习中有很多类似的排列问题，都可以通过用“有余数的除法”这一知识去解决。

【设计意图】让学生通过整理小结，再一次自主梳理本课所学知识和重难点，理解并掌握解决问题的思路和方法。

‖ 设计思路 ‖

本课的内容是在学生已经掌握表内除法以及有余数的除法的基础上进行教学的，为使学生体会余数的含义及利用有余数的除法解决问题，紧扣教学目标，突破教学重难点，采用动手操作、合作交流等多种方法进行教学，让学生充分经历知识的形成过程。具体思路如下：

1. 创设教学情境，激发学生探究新知的欲望

此阶段学生已经学习了找规律的方法，并已掌握表内除法以及余数的含义，明白除法的计算原理。因此在课堂伊始，我播放

歌曲《两只老虎》，课件出示以没眼睛的老虎、没耳朵的老虎为一组循环出现的排列图，那第 11 只呢？这样的引入为有余数除法做了铺垫，激发学生的探究欲望。

2. 注重动手实践，让学生亲历解决问题的全过程

教学时，先让学生自己审题，理解题意，获得解决问题的基本思路和基本方法。探究新知环节采用多种解决问题的方法，允许学生自主选择解决问题的方式，鼓励学生可以通过画一画、写一写、算一算等方法，亲历知识的形成过程。通过改变数据，数目变大，让学生体现列式法的必要性。引导学生继续观察，在自主探究的过程中发现小旗的颜色是由余数决定的，余数是几就是这一组中的第几个，逐步形成解决问题的方法和策略，理解余数与旗子颜色的关系。明白当余数是 1 时，对应着第 1 面旗；余数是 2 时，对应的则是第 2 面旗；没有余数时，对应的是一组小旗中的最后一面。始终坚持以学生为中心，确立学生的主体地位，放手让学生去探究，获取新知。

3. 精心设计练习，在拓展中提升解决问题的能力

为使学生能够扎实用除法解决问题，理解余数的含义，我设计了一道除数是 8 的开放题，从基础题到变式题层层递进，巩固了新知，拓展了学生的思维，提升了学生运用有余数除法解决实际问题的能力。

求一个数是另一个数的几倍

杨 燕（鹰潭市第十四小学）

‖**教学内容**‖

《义务教育教科书·数学》（人教版）三年级上册第 51 页。

‖**教材分析**‖

求一个数是另一个数几倍的教学，是基于"倍的概念""除法的含义"的基础上学习的。学生初步了解两个量之间的关系不仅有相差关系还有倍比关系。数量关系的理解是基于概念理解的基础上进行的，包含除法关系的迁移是本节课的关键，即一个数是另一个数的几倍转化为一个数里面有几个另一个数。在学生初步感知用除法计算的同时，我们需要进一步思考数量关系的理解及表述。我们需要理解的表述和表述中的理解，我们需要借助多元表征使学生感悟问题的深层结构。

‖**教学目标**‖

1. 通过复习，加强标准量"一份数"的理解；

2. 通过学生动手画一画、圈一圈，理解"一个数是另一个数的几倍"的含义，体会数量之间的倍比关系，并能正确解答；

3. 能根据信息、情境、表达式等提出数学问题，养成在日常

生活中发现和提出问题的习惯;

4. 在一系列的建模过程中,培养学生有序思考问题的习惯,以及用算式表达思维过程的能力。

‖ **教学重难点** ‖

重点:使学生经历从实际问题中抽象出"一个数是另一个数的几倍"的数量关系过程。

难点:应用、分析、推理"求一个数是另一个数几倍"的实际问题,将其转化为"一个数里面有几个另一个数"的除法含义。

‖ **教学过程** ‖

一、复习巩固,加深一份数的理解

出示复习题组:请准确勾选出标准量"一份数"

1. 圆珠笔的价格是橡皮的 3 倍。

A. 圆珠笔的价格   B. 橡皮的价格

2. 巧克力有 48 盒,是水果糖的 6 倍。

A. 巧克力的数量   B. 水果糖的数量

3. 小明年龄的 3 倍正好是爸爸的年龄。

A. 小明的年龄   B. 爸爸的年龄

4. 18 里面有 3 个 6。

A. 6   B. 3

【设计意图】变式题组有助于学生灵活运用已有知识,突破重、难点。上述题中的第 3 和第 4 题变换了句式,学生很容易暴露错误。我们适时抓住时机,引导辨析,有助于学生在之后的变式练习中精准地找出一份数。

二、创设情境,探索新知

1. 创设情境,提出问题

课件出示课本第 51 页例 2 的情境图,要求学生找出图中信息，并根据信息提出数学问题。

师：同学们刚才的表现很精彩，接下来看看谁能完成新的挑战，谁能根据题中信息，提出数学问题，将你提出的数学问题写在作业纸上，看看谁提出的问题多。

教师根据学生提出的问题有计划地在黑板上板书。

【学情预设】学生根据已有知识，可能提出以下问题1. 擦桌椅和扫地的一共有几人？2. 擦桌子的比扫地的多几人？3. 扫地的比擦桌椅的少几人？4. 擦桌椅的是扫地人数的几倍？

【设计意图】从学生的原有认知基础出发，通过任务驱动，激发学生的思维，为后续环节提供丰富的生成资源。

2. 自主探究，解决问题

师：同学们真厉害！根据简单的两个信息，提出了这么多的数学问题。第1个问题谁能解答？

【学情预设】学生可以正确解答：12+4=16（人）。

接着老师要求学生说明能为什么用加法计算，使学生明白求两个数量的和用加法。

教师请学生独立完成第2题，并说出想法。

师：第3个问题，请一个同学读一读，它其实和哪个问题是一样的？

【学情预设】学生通过观察与比较，会发现第3个与第2个问题一样，是求两个数量之间相差多少，所以都是用减法。

接下来教师要求学生完成第4个问题，同学们齐读第4个问题：擦桌椅的是扫地人数的几倍？这是求两个数量之间的什么关系？

【学情预设】学生根据上节课的已有知识，知道这是求两个数量的倍数关系。

师：那么求两个数量之间的倍数关系该用什么方法呢？

生：除法。

师：同学们有了大胆的猜测，你们可以画图分析一下，把你的想法跟同桌说一说。

学生尝试分析解答第四个问题。

【学情预设】学生可能会出现以下几种图：

引导学生规范语言。通过对多位同学作品进行对比，小结：我们都是把扫地的 4 个同学为 1 份，擦桌椅有 12 个，12 里面有 3 个 4，所以是扫地人数的 3 倍。

师：你能列式解答吗？

【学情预设】在列式计算时，学生可能出现两种算式：

$12\div3=4$、$12\div4=3$，此环节对两个算式进行对比，进而突破难点"求一个数是另一个数的几倍"，实际上就是"求一个数里面有几个另一个数"，用一个数除以另一个数等于倍数。

师：哪个是对的呢？为什么？

【学情预设】同学们根据已有知识，部分孩子知道第2个是对的，在说想法时或许有同学会认为，因为是要求几倍，所以3在等号的后面。也有同学会想到因为4个为1份是已知的，要求几倍就是求12里面有几个4，所以用$12\div4=3$。

小结：同学们说得真好。通过刚才同学的分析，我们知道了要求擦座椅的是扫地的几倍？我们可以这样想：把扫地4人看作1份，擦桌椅12人，求12里面有几个4？包含分，所以用除法，列式：$12\div4=3$。"倍"表示的两个数量之间的倍比关系，不是单位名称，所以算式中一般不写单位"倍"。

【设计意图】有画圆、画简笔画、线段图、直接用数表示等方法。结合学生的汇报展示，引导学生从形象的画图中抽象出数量关系，在比较、分析中感受到每幅图的共同点，在交流中紧紧围绕"为什么用除法计算"不断追问学生，一步步启迪学生的思维，再借助数形结合，把"包含分"的意义表征化，从而达到生活问题数学化、直观化的初衷。

3. 回顾与总结

师：同学们，解决问题的最后一步是什么？

生：回顾与反思。

师：好的，同学们先来检验以下3倍是否正确？谁能说一说你的想法？

【学情预设】同学们可能会说道：扫地的4人，4的3倍是12，正好是擦座椅的人数12人，解答正确。

师：那今天我们研究了求两个数量之间的倍比关系，像这样

"求一个数是另一个数的几倍"，你们知道怎么计算了吗？（板书课题：一个数是另一个数的几倍）为什么用除法？

【学情预设】学生根据本节课的学习及其板书，会回答出：用除法，用一个数除以另一个数等于倍数。因为"求一个数是另一个数的几倍"，实际上就是"求一个数里面有几个另一个数"，包含分，所以用除法。

【设计意图】通过回顾与反思，进一步抽象出解决"求一个数是另一个数的几倍"的数学问题的基本模型，在学生的思维深处支起脚手架。

三、及时巩固、拓展延伸

第53页第3题。

3.

（1）小鹿的只数是小猴的几倍？

$\boxed{}\ \bigcirc\ \boxed{}\ =\ \boxed{}$

师：首先要求阅读题意，圈出已知信息和问题。问题1：要求小鹿的只数是小猴的几倍？接着要求学生规范表述：小猴6只为1份，小鹿有18只，求小鹿是小猴的几倍就是求18里面有几个6，用除法，列式：18÷6＝3。

你还能提出其他像这样关于倍比关系的问题吗？

【学情预设】学生可能会提出以下问题

1. 小兔是猴子的几倍？ 2. 小兔是天鹅的几倍？ 3. 天鹅是猴子的几倍？……

对于前两个问题，要求学生按照上面的语言规范描述。

小猴6只为1份，小兔有24只，求24里面有几个6用除法，列式：24÷6=4

天鹅8只为1份，小兔有24只，求24里面有几个8用除法，列式：24÷8=3

小猴6只为1份，天鹅有8只，求8里面有几个6用除法，列式：8÷6=？

师：同学们，几倍呢？1倍多，不到2倍。是的8除以6有余数，得不到整数倍的，但是这位同学也很好地理解了"求一个数是另一个数的几倍"的关键结构，为以后学习分数和比等知识打下了很好的基础。

【设计意图】通过练习，及时巩固解决问题的方法，在学生提出问题时，重点关注"求一个数是另一个数的几倍"问题结构的建立，至于求不出答案的可以估算解决，培养学生的估算意识和估算能力。

四、回顾整理、课堂小结

师：通过这节课的学习，你有什么收获？

引导学生根据板书内容进行总结。

‖ 作业设计 ‖

下面问题中（填序号）（   ）可以用算式18÷3=6来解答。

1. 有18本书，平均分给3个同学，每人得几本？

2. 有18本书，借走了3本，还剩几本？

3. 有 18 本书，每人 3 本，可以分给几个同学？

4. 一层书架可以放 18 本书，3 层共可以放多少本？

5. 书架上有 18 本故事书，3 本趣味数学，故事书是趣味数学的几倍？

‖ 设计思路 ‖

解决问题是数学建模的载体，数学建模是解决问题的本质。在教学实践中我们发现不少教师在指导解决问题时存在目标不明、就题做题、做过就过的现象，教学内容缺乏统整性，从而未能有效促进学生建模思维的发展。本节课以数学"模式"论作为指导，以实际问题为载体，让学生在解决问题中形成稳定的数学关系框架，进而培养以抽象、概括、可应用为主要特征的数学模型思维。

1. 数形结合，初建数学模型。

本节课的教学目标之一就是通过学习使学生掌握"求一个数是另一个数几倍"的方法。为什么用除法？显然，对于不同学习水平的学生来说，他们已有的知识起点是不同的，有的学生能抽象理解列式解答，有的同学只能通过画图，圈一圈的方法。那么我们该用什么方法让更多的学生掌握解题策略，提高自主解决的能力呢？采用数形结合的方法能将具体的情境直观化、动态化、简易化，在"数"与"形"的转化中，帮助学生确立"求一个数是另一个数的几倍"就是"包含分"的观念，从而直观建立"求一个数是另一个数的几倍"用除法的模型。

2. 发展数学语言，形成建模思想。

数学语言已成为人类社会交流和储存信息的重要手段。小学数学教学改革实践也证明，在小学数学课堂中，只有大胆放手，给学生充分的交流与探索的空间，在积极讨论与交流过程中，引导学生把生活化的语言转化为数学语言，才能更好地找出解决相关问题的方式和途径。

在本节课中，要求学生在分析问题时，规范数学语言：一种量（　　）个为一份，另一种量有几个，就是求（　　）里面有（　　）个（　　）的问题，用除法，列式：一个数÷另一个数＝倍数。在练习环节，你还能提出其他像这样关于倍数关系的问题吗？在学生提出问题时，重点关注"求一个数是另一个数的几倍"问题结构的建立，而不是关注求出的结果。

在数学问题的分析过程中，一个数量关系的建立，实际上就是一个模型思想的建立。课堂教学中教师应当适当展开互动交流，引导学生灵活运用数学语言来分析数学问题，理解不同数量之间的关系。学生掌握了正确的数量关系，熟悉了这一类解题模式，就能熟练地求解同一类的问题。

‖ **教师简介** ‖

杨燕，江西省小学数学骨干教师，江西省基础教育"小学数学解决问题有效教学策略研究"课题组核心成员；曾荣获优质录像课全国二等奖，多次上示范课，多篇论文在国家级刊物发表。

求一个数的几倍是多少

李　伟（鹰潭市第六小学）

‖**教学内容**‖

《义务教育教科书·数学》（人教版）三年级数学上册 52 页。

‖**教材分析**‖

本课时的教学内容是在学生已经初步建立了"倍"的概念，并且是在学习了"求一个数是另一个数的几倍"，就是求一个数里面有几个另一个数，用除法计算基础上进行学习的。教学例题 3 首先出示了一个学生购买棋类用品的情境图，学生通过看图，阅读文字，能很快找出题中所蕴含的数学信息，即：跳棋的价钱是 8 元，象棋的价钱是跳棋的 4 倍，问题是求象棋的价钱是多少元？知道了象棋价格和跳棋价格之间的关系，教材在"分析与解答"中用画线段图的方法，让学生明白"8 的 4 倍"其实就是求 4 个 8 是多少？可以用乘法计算。最后教材在"回顾与反思"中把得到的结果进行验算，提出问题：32 元是 8 元的 4 倍吗？学生在验算的过程中，既对题目有了一个更深的理解，又养成了一个检验答案的好习惯。

‖**教学目标**‖

1. 理解"倍"的含义，掌握求"一个数的几倍是多少"问题的解决方法，并能运用相关知识解决的实际问题；

2. 提高学生理解问题、分析问题、解决问题的能力；

3. 感受数学与生活的密切联系，生活中处处有数学。

‖教学重难点‖

重点：理解"倍"的含义，探索求一个数的几倍是多少的计算方法。

难点：学会分析数量关系，明白用乘法计算的道理，掌握解决问题的思路。

‖教学过程‖

一、复习旧知

1. 看图列算式。

第一行　△△△△

第二行　△△△△　　△△△△　　△△△△

问：第二行是第一行的几倍？

2. 填一填。

13个6是（　　），7个2是（　　）。

22个3是3的（　　）倍。3个5是5的（　　）倍。

3. 五（3）班同学参加绘画小组的有35人，参加歌唱小组的有7人，参加绘画小组的人数是参加歌唱小组的几倍？

【设计意图】第1题"看图列算式"和第2题"填一填"帮助学生复习"倍"的知识，第3题"解决问题"是为了让学生复习上一节课学过的"求一个数是另一个数的几倍"，用"除法计算"这个知识点。由于这几节课的知识都是相互联系的，通过复习、巩固前面学过的知识，加深了学生对"倍的认识"的理解，并为后续学习新的知识"求一个数的几倍是多少"进行延伸和导入。

二、讲授新课

1. 教师课件出示课本P52例3情景图

师：请同学们仔细观察，说一说你从图中知道了哪些数学信息？

【学情预设】学生认真观察图片，很容易知道跳棋的价钱是8元，象棋的价钱是跳棋的4倍。

师：根据以上两个条件，同学们能提出什么数学问题？

【学情预设】学生思考后可能会做出以下预设：

预设1：象棋的价钱是多少元？

预设2：买象棋和跳棋一共多少元？

预设3：象棋的价钱比跳棋贵多少钱？

（学生提出的以上问题，教师都应该鼓励和表扬，然后教师课件出示其中一个问题。）

师：象棋的价钱是多少元？

【设计意图】学生到商店购买商品，从这种学生熟悉的情境入手，容易激发学生的学习兴趣，让学生懂得数学来源于生活。学生通过观察情境图，获得数学信息，学会提出数学问题，充分调动学生学习的积极性。

2. 分析和解答

师：同学们，我们应该怎么解决这个问题呢？

【学情预设】

同学们通过小组合作交流的方式进行探讨，可能会得出以下结论：

预设1：可以用摆小棒的方法，用8根小棒表示跳棋的价格，然后再摆4组8根小棒表示象棋的价格。

预设2：跳棋8元。

象棋：8元、8元、8元、8元（有4个8元）。

用加法：8+8+8+8=32（元）。

预设3：用乘法计算8×4=32（元）或4×8=32（元）。

（学生小组合作交流时，教师巡视，对有困难的学生给予帮助）

3. 画线段图表示数量关系

（1）师：摆小棒的方法比较直观，但是如果数字比较大，比如跳棋的价格是 50 元，那用摆小棒的方法表示象棋的价格方便吗？（不方便）。有什么方法既直观又能方便地表示？

师：我们可以用画线段图的方法来解决问题。因为跳棋的价钱少，所以我们就用一条比较短的线段来表示跳棋的价钱（在线段下面写上"8 元"）。

教师板书：跳棋：

（教师画好后，让学生试着也在答题纸上画一画）

（2）师：跳棋的价钱 8 元，我们用一条线段表示出来了（教师用手量一量线段，比画给学生看）。那象棋的价钱是跳棋的 4 倍应该怎么表示呢？请同学们在纸上画一画。

【学情预设】学生可能会做出以下几种画法。

预设 1：画出的象棋线段长度和跳棋的线段长度一样长。

预设 2：画出的象棋线段长度比跳棋的线段长度长，但象棋线段长度不是跳棋的 4 倍。

预设 3：画出的象棋每一段的线段长度没有和跳棋的价钱长度对齐，且线段画得歪歪扭扭。

预设 4：画出的象棋线段长度能明确地表示象棋的价钱是跳棋的 4 倍。

（不管学生是何种画法，只要存在错误，教师都要及时指正，引导学生改正错误的画法）

（3）教师演示画线段图的方法。

教师在跳棋的价钱下面画一条和跳棋价钱 8 元一样长的线段，然后教师一边用手量出来一边问学生，是跳棋价钱的几倍？

（是跳棋价钱的 1 倍）；然后又在刚刚画好的线段后面连着画一段同样长的线段，教师这时候一边用手量出这 2 段线段，一边问学生，这是表示是跳棋的价钱的几倍？（是跳棋价钱的 2 倍）；再接着，用同样的方法，依次一段一段画出来，分别一边用手比划，一边问学生是跳棋价钱的几倍？ （分别是跳棋价钱的 3 倍和 4 倍。）

师：请大家仔细看线段图，从线段图上你知道了什么？问题是什么？（让学生独立思考，教师指名回答）

【学情预设】这条线段表示的是跳棋的价钱 8 元（指导学生看图，学生边说，老师边用手比划），象棋的价钱有这样的 4 份，也就是跳棋价钱的 4 倍。问题是求象棋的价钱是多少元（教师用手势指出并在图中标出来）。

课件陆续展示出线段图的各部分。

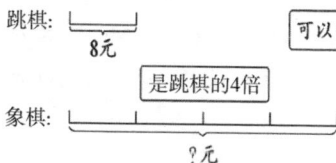

4. 分析题意，解决问题

师：要求象棋的价钱，也就是求几个几是多少？

可以小组合作的方式交流讨论，讨论出结果后举手回答。

【学情预设】象棋的价钱是跳棋的 4 倍，学生根据线段图可以知道，要求象棋的价钱，也就是求 4 个 8 是多少。

师：应该怎样列式计算？用什么方法？

【学情预设】学生很快得出，象棋的价钱是跳棋的 4 倍就是求 8 的 4 倍是多少，也就是求 4 个 8 是多少，可以用乘法计算。

列式：4×8=32（元）或8×4=32（元）。

【设计意图】我们采用画线段图的方法，可以比较直观地反映出象棋和跳棋之间的数量关系。学生是第一次接触画线段图，对学生来说还是比较抽象的，在分析中要让学生感受到线段图简洁清晰的特点。教学中画象棋的线段图时，教师要一段一段画，一边画图，一边讲解，这样学生能更好地理解。借助线段图，让学生明白，象棋的价钱是跳棋的 4 倍就是求 8 元的 4 倍是多少，要求象棋的价钱是多少元，也就是求 4 个 8 是多少，用乘法计算。

5. 回顾与反思

师：我们的解答对吗？怎么检验？

【学情预设】跳棋的价钱是 8 元，象棋的价钱是 32 元，32 正好是 8 的 4 倍，所以我们的解答正确。

师小结：通过解决实际问题，我们知道了"求一个数的几倍是多少"就是求"几个几是多少"，用乘法计算。

【设计意图】学生对解答进行检验，可以再一次加深对整个题目的理解，学生明白了象棋的价钱是跳棋的 4 倍，也就是 32 元是 8 元的 4 倍，解答是正确的。进一步增强了学生解决问题的信心。

三、巩固练习

完成课本第 55 页练习十一第 8 题。

师：从图中你得到了哪些数学信息？

【学情预设】小丽今年 6 岁，爸爸的年龄是小丽的 6 倍。

师：学生独立完成第（1）问，说说你是怎么算出来的。

引导学生用画线段图的方法分析理解，并根据线段图说说算式所表示的意思。

师：要求爸爸今年多少岁，就是求（   ）个（   ）是多少？

【学情预设】就是求 6 个 6 是多少，用乘法计算：6×6 = 36

（岁）

师：第（2）问应该怎么做？需要哪些信息？

【学情预设】因为爸爸今年 36 岁，小丽今年 6 岁，要求去年爸爸的年龄是小丽的多少倍，可以先求去年爸爸和小丽各多少岁，再用除法计算。

列式：6-1＝5（岁）

36-1＝35（岁）

35÷5＝7

【设计意图】本题一共设计了 2 个问题，第（1）问求"爸爸今年多少岁"，学生在解答过程中复习巩固了前面刚刚学过的"一个数是另一个数的几倍"的数学问题。第（2）问求"去年爸爸的年龄是小丽的多少倍"，帮助学生巩固了本节课所学的"求一个数的几倍是多少"这个知识。通过练习，学生逐步内化所学的知识，在解决问题中获得成功的体验。

四、课堂小结

师：同学们，通过今天的学习，有哪些收获？

【学情预设】我们今天解决了"求一个数的几倍是多少"这个数学问题，通过本节课的学习，我们明白了要求一个数的几倍是多少，实际上就是求几个几是多少，用乘法计算；我们还懂得了可以用画线段图的方法分析数量关系，解决问题。

‖ 作业设计 ‖

1. 看图列算式。

有多少个？

2. 一盒饼干 6 元，一盒巧克力的价钱是一盒饼干的 3 倍，一盒巧克力多少钱？

3. 鸡有 4 只，鸭的只数比鸡的 5 倍多 2 只，鸭有多少只？

‖ 设计思路 ‖

1. 在教学时，我们先复习前面学过的"倍的认识"和"一个数是另一个数的几倍"这两个知识，由浅入深，逐步延伸，通过复习旧知，为后面讲授新课做铺垫。

2. 从生活情境出发，出示到商店购买"棋类物品"情境图，从学生熟悉的事物入手，使学生明白数学与生活紧密相连，然后引导学生观察情图，找出图中的数学信息并提出数学问题。接着让学生通过自主思考，小组合作交流等方式，让学生尝试着先画线段图再解决数学问题。教师通过讲解、教学画线段图的方法来解决问题，让学生明白"求一个数的几倍是多少"就是求"求几个几是多少"，用乘法计算。最后让学生对自己的解答进行检验。学生在解决问题的一系列过程中既学到了新知识，又培养了数学思维能力。

3. 在练习巩固阶段，采取自主探究，小组合作交流等方式。练习题的设计紧扣本节课的重点，习题由易到难，层层递进。课堂小结这个环节，可以放手让学生谈谈自己对本节课学习的想法，力求每个学生都能投入到积极思考当中。

乘法估算解决问题

李冬兰（高新区第十二小学）

‖ **教学内容** ‖

《义务教育教科书·数学》（人教版）三年级上册第70页。

‖ **教材分析** ‖

本课的内容是建立在学生已经掌握口算乘法、多位数乘一位数的笔算基础之上进行教学的，并且学生在第二单元"万以内数的加法和减法"已经掌握了利用不等式的性质进行估算的策略，已经具备一定的估算意识和能力。所以，在本课教学中，结合解决具体问题让学生进一步体会估算的必要性，同时重点突出估算的策略和方法，把两、三位数看成整几百几十、整百数来计算，结合具体情境选择估大或者估小的策略，培养学生的数感，在实际运用过程中感悟并逐步内化为估算能力。

‖ **教学目标** ‖

1. 结合具体情境，掌握多位数乘一位数估算的方法，理解估算的算理，并能正确地进行估算，提高估算的意识和能力；

2. 在自主探究和合作交流中，利用学生已有知识基础和生活经验让学生在大胆地猜想、验证、对比、思辨中掌握估算的方法；

3. 培养学生的学习主动性及合作交流意识，体会数学与生活的密切联系。

‖**教学重难点**‖

重点：掌握多位数乘一位数的估算方法。

难点：培养估算的意识和能力，能根据实际问题具体分析。

‖**教学准备**‖

课件、学习单。

‖**教学过程**‖

一、创设情境，导入新课

1. 创设情境：老师想要买 8 本价格为 39 元的书，你觉得老师带多少钱合适？你是怎么算的？

2. 导入新课：在生活中，我们经常会遇到类似的问题，这节课我们一起来探究解决问题的办法。

【设计意图】创设生活中购买书本的情境，激发学生学习兴趣，感受数学与生活的密切联系，为下面进一步探究新知奠定基础。

二、探究交流，解决问题

课件出示：三（1）班有 29 人参观航天航空展览。

（一）阅读与理解

1. 观察主题图，找到数学信息。

师：从图中你知道了哪些数学信息？

【学情预设】结合情境，学生能够找到的数学信息有：有 29 人参观，门票是每人 8 元。

2. 结合信息，提出问题。

师：你能根据主题图提一个数学问题吗？

3. 理解题意，理清思路。

①出示问题：带 250 元买门票够吗？

②要想解决这个问题，其实就是求什么？

引导学生发现：其实就是比较 29 人所需门票与带的 250 元的大小。

【设计意图】引导学生观察情境图，理解图意，帮助学生理清数据和要解决的问题，培养学生发现问题、提出问题的能力，弄清数量关系，为后面进一步探究解题方法奠定基础。

（二）分析与解答

1. 自主探究

师：应该怎么解决呢？请用自己的方法算一算，完成后和小组的伙伴说一说。

2. 交流汇报

学生小组内交流，汇报思考过程及解决问题的办法。

（1）精确计算：29×8＝232（元）

（2）估算

师：你和他的思考一样吗？有不同方法吗？（估算）

为什么这时候还可以用估算解决？

【学情预设】通过对题意的分析，求"够不够"的问题，用估算解决就可以了。

师：可以怎么估？

【学情预设】学生可能会把 8 看成 10，10×29＝290（元），29×8 大约是 290，带 250 元不够；

也可能会将 29 看成 30，30×8＝240（元），29×8＜240，带250 元够。

（3）比较两种估算方法：哪种估算方法能够解决问题呢？

小组讨论，选择合适的估算方法。

学生讨论后得出：两种估算方法都是估大，但是把 8 看成10，再乘以 29，是多估了 2 个 29，与精确值相差较大，无法判断29×8 与 250 哪个更大。将 29 估成 30，再乘以 8，是把 29 人看成

30人，是多估1个8，与精确值比较接近，并且发现将数据估大了，250元都够，实际一定比240元少，就更加够了。这种方法既方便、又更加接近精确值，还能够解决问题。

（4）认识"≈"

29×8是大约等于240，不是精确值，不能用"＝"连接，要用"≈"。并请学生跟老师一起书写，读作：约等号。

【设计意图】引导学生自主探究解决问题的方法，使学生了解在解决够不够等问题时，不需要准确计算，只要算出大概的结果就可以做出判断。同时通过两种估算方法的对比，让学生明确利用乘法估算解决问题时，要根据实际情境需要，将数据往大估或往小估进行推理判断。

（三）回顾与反思

想一想，我们是用什么方法得出结论的？可以怎么验证？

总结乘法估算方法：根据实际情境的需要，把多位数看作与它接近的整十、整百数，再进行计算。

（四）对比练习，内化方法

1. 如果92人参观，带700元买门票够吗？

（1）请同学们先独立思考，选择合适的估算策略解决问题。

（2）学生汇报思考过程及估算方法。

【学情预设】根据前面对乘法估算的学习，学生可能会将92看成90，90×8＝720（元），720>700，90人买门票都不够，实际92人就更不够，往小估都不够，实际92×8>720，700元肯定不够。

规范写法：92×8≈720（元），720>700。

答：带700元买门票不够。

小结：往小估都不够，实际就更不够。

（3）质疑：那带800元够吗？

①学生自主尝试后汇报。

【学情预设】根据已有经验，学生可能会将 92 看成 90，90×8 = 720（元），720<800，所以够；

也有可能学生会将 92 估成 100，100×8 = 800，92×8<800，100 人买门票是 800 元，实际 92 人就肯定够。

②对比两种估算方法，哪种估算方法能够解决问题。

学生讨论后发现：方法一将 92 估小了，实际一定大于 720，不能确定是不是小于 800，不能解决问题；方法二把 92 估成 100，100×8 = 800，把 92 人估大了，估大了 800 元都够，实际 92×8 < 800，所以就更够了。

2. 对比分析，形成方法

师：对比以上两道用乘法估算解决问题，估算方法有什么不同呢？

【学情预设】结合前面的经验，学生可能会说第一道题我们是将数据估小了解决了问题，第二道题是估大了解决问题的。

小结：要根据问题情境和数据特点，灵活地选择估大或者估小，做到具体问题具体分析。

【设计意图】引导学生结合例题中用估算解决问题的策略，解决思考题，运用不同的估算策略解决问题，体会在估算时要根据问题情境和数据特点，选择合适的估算策略。

3. 反馈练习，拓展提高

课件出示：做一做

王伯伯家一共摘了 180 千克苹果。一个箱子最多能装 32 千克，6 个箱子能装下这些苹果吗？

（1）学生独立思考并完成。

（2）交流汇报，说一说自己是怎么想的。

32 接近 30，30×6 = 180（千克），往小估都够装，实际 32×6>180，就更够装了。

32×6≈180（千克），够装。

【设计意图】通过反馈练习使学生在具体情境中，能根据不同的情境选择不同的策略，具体问题具体分析。

（五）畅谈收获，总结提升

师：通过这节课的学习，你有什么收获与体会？你对估算还有什么问题？

【设计意图】让学生通过整理小结，再一次自主梳理本课所学知识；给学生创造质疑的机会，教师对将来的估算学习进行简单的延伸。

‖ 作业设计 ‖

鹰潭市科技馆每天可预约 1200 张票，学校组织学生去参观，平均每个年级有 193 人报名，6 个年级同一天去参观，这些门票够吗？

‖ 设计思路 ‖

本课的内容是建立在学生已经掌握口算乘法、多位数乘一位数的笔算基础之上进行教学的，并且学生在第二单元"万以内数的加法和减法"已经掌握了利用不等式的性质进行估算的策略，已经具备一定的估算意识和能力。所以，在本课教学中，结合解决具体问题让学生进一步体会估算的必要性，培养学生的数感。

1. 创设问题情境，激发学生的求知欲望。

估算在日常生活的应用十分广泛，在本课的教学中，我先设计了一个老师买书的情境，要带多少钱合适呢？激发学生的学习兴趣和探究欲望。在阅读与理解环节，先让学生寻找数学信息，并根据信息提数学问题，培养学生发现问题、提出问题的能力，为接下来探究新知环节奠定基础。

2. 引导学生自主探索，强化估算意识和能力。

教学中为学生提供充分探究新知的空间，让学生自主探索、交流、比较、讨论，亲身经历知识的形成过程。引导学生审题、解题、验证，理解在多位数乘一位数估算中，将多位数估成几百几十数或整百数，同时结合实际情境合理地选择估大或者估小，能够理解"估大了都够，实际比估算结果要小，就一定够""估小了都不够，实际比估算结果还要大，就更不够"的估算策略，理解估算的价值，掌握用估算解决问题的基本策略。

3. 结合反馈练习，提高估算能力。

通过"做一做"，呈现往小估的策略，进一步巩固估算的方法，使学生逐步养成用估算解决实际问题的习惯，体会估算的价值。

因此在估算教学中，不能走过场，需要老师持之以恒为学生创设估算的情境和提供估算的机会，培养估算的意识和习惯，同时引导学生养成运用估算检验计算结果的习惯，强化估算的作用。

解决 "归总" 问题

李　静（鹰潭市第八小学）

‖ **教学内容** ‖

《义务教育教产书·数学》（人教版）三年级上册第 72 页。

‖ **教材分析** ‖

本节课是在例 8 教学用乘除两步计算解决含有 "归一" 数量关系的实际问题的基础上，同时教学利用画示意图分析数量关系的解题策略。例 8、例 9 都体现了数形结合分析数量关系的方法。例 9 沿用了例 8 的情境，编排的思路与例 8 大体相同。不同的是，画图的方法由示意图改为更为抽象的线段图，为今后借助线段图分析更复杂的数量关系打下基础。总价相等这一数量关系用形象示意图（离散的图形）无法呈现，而且当数据很大时画起来也很麻烦。线段图通过用上下两条长度相等的线段并平均分成相应的份数，既能很好地表明一定的数量关系，还能体现每一步中单价与数量的关系。

‖ **教学目标** ‖

1. 培养用画线段图表示数量关系并正确列式解答的能力；

2. 使学生学会利用画线段图分析数量关系的解题策略，掌握图文转化技巧；

3. 培养学生迁移类推的能力。

‖**教学重难点**‖

重点：掌握用乘法和除法两步计算解决问题的数量关系和解答方法。

难点：学画线段图，并借助线段图分析题目中的数。

‖**教学准备**‖

课件、直尺。

‖**教学过程**‖

一、复习归一问题，引入新课

课件出示问题：6 个面包 36 元。

（1）照这样计算，8 个面包要多少钱？

（2）照这样计算，54 元能买几个面包？

师：你会解答吗？这两题的共同之处在哪里？

【学情预设】学生会回答：先求一个面包的价格。

师：像这样，先算出单一量的问题，数学上叫作"归一"问题。接下来我们继续探讨生活中的数学问题。

【设计意图】通过复习导入新课，利用学生已有的知识经验解决问题，在解决问题过程中，学生能回忆起上节课解决问题的方法和策略，为新课的学习做好铺垫。

二、交流合作画图，探究新知

1. 阅读和理解。

出示例 9，学生自由读题，理解题意。

师：请你用自己的话说说，你读懂了什么？

【学情预设】学生阅读题意，能找出：买 6 元一个的碗可以买 6 个，现准备用这些钱买 9 元一个的碗，问题是："可以买几个？"

师：对于题中信息，还有没有不理解的地方？"这些钱"是什么意思？

【学情预设】同学会说就是前面买 6 个碗的总钱数，也有同学会说就是 36 元。

2. 分析与解答。

师：要解决"买 9 元的碗可以买几个"这个问题，你会吗？同学们可以先画图分析题意，再解答。

学生画图展示，对比和交流。

（1）观察对比，感受线段图的优势和示意图的局限性。

【学情预设 1】画形象示意图表示题意。

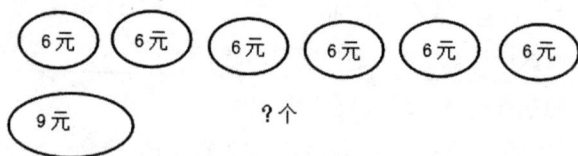

【学情预设 2】画线段图表示题意。

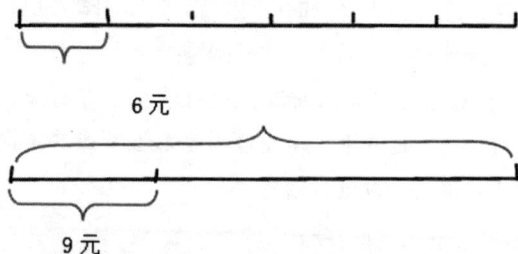

【学情预设 3】画线段图表示题意。

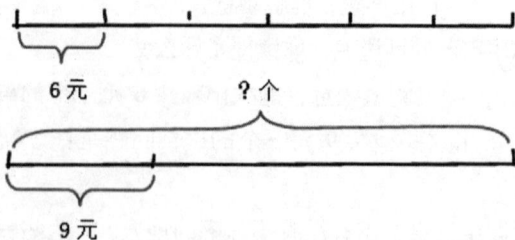

教师收集三种不同的作品，并请同学说说想法。然后将三幅

图进行对比,让学生认真观察,有什么不一样?哪种更好?

【学情预设】有同学会发现第二幅图用线段表示碗,上下有两段不一样长的线段,表示一个碗6元,一个碗9元。两条线段总长度是不一样长,可是题中是说用"这些钱",说明总钱数是相同的,所以图表达有误。有同学会说第三幅图信息和问题表示得更清楚,6个碗好画,如果个数变多,还是线段图更方便。

还有同学会说第三幅图能更清楚看出总钱数是一样的,第一幅图不容易看出总钱数一样。

师:真是仁者见仁,智者见智!不同的人不同的画法,数学味儿也就不一样!画实物图太慢了,用圆形画示意图,不能直接看出总钱数一样,线段图表示简洁,而且能更好地表达出题中重点信息:总钱数不变。(板书:总钱数不变)我们一起来画一画。

【设计意图】一石激起千层浪,先抛问题,要求独立思考,解决问题。通过看一看、比一比、说一说,形成图解策略,培养学生的思维能力。在教学中有意识地去培养学生分析、解决问题的能力,读懂题意、画线段图帮助分析,有条理地说出每一步怎么想的。

(2)指导画线段图。

师:(课件演示:画线段图)像这样题目中有两组信息,但总钱数相同,所以可以先画出两条同样长的线段,第一层图表示第一组信息:每个碗6元,用这一条线段表示,买6个碗;第二组信息和问题。"用同样钱买9元一个的碗"怎么表示同样的钱?是的,画一样长。"9元一个的碗"这一线段比6元一个的碗稍微长一点,"可以买几个?"标上"?个"。(边叙述边动态演示)

师:同学们可以再完善自己的线段图哦。

【设计意图】通过动态展示画线段图的过程,引导学生明白两条线段图的画法,突出"同样的钱"线段画一样长,有效地帮助学生建立起了清晰的表象，然后学生再修改完善，经历知识形成的过程，很好地体现了归总模型的思想，形成图解策略。

（3）分析数量关系。

师：图画出来了，算式也就在心中了。哪位同学愿意对照图来说说你们的解答过程？

【学情预设】生1：从第一条线段图知道每个碗6元，正好可以买6个，用6×6＝36（元），算出妈妈一共有多少钱？知道了总钱数，就可以求出用这笔钱买9元一个的碗买几个，再用36÷9＝4（个），算出了9元一个的碗可以买4个。

生2：因为是用同样的钱，所以必须要先算总钱数。我也是用6×6＝36（元），算出妈妈一共有多少钱？知道了总钱数，就可以求出用这笔钱买9元一个的碗买几个，再用36÷9＝4（个），算出了9元一个的碗可以买4个。

师：思路真清晰！不仅说出了算式，还把每一个算式算的是什么表达清楚了。

接下来请同学们将这个解决问题的过程用综合算式表达，试试看吧！

【学情预设】6×6÷9＝36÷9＝4（个）。

【设计意图】引导学生从条件分析或从问题分析，找出数量关系，让学生合作探究学习，尝试解决问题，让学生经历成功或失败。培养学生的团队精神和合作意识。并通过两种解题方法，体现解决问题策略的多样性。通过引导学生进行图文转换，列式计算，实现能力迁移。这一环节的设计体现了"跳出数学教数学"的思维，让学生体会到要从方法、策略入手，通过比较建立归总模型。

3. 回顾与反思

（1）答案是否正确？

师：说说怎样检验答案是否正确。

【学情预设】4 个 9 元的碗总价是 36 元，6 个 6 元的碗总价也是 36 元。所以正确。

（2）解决问题的关键是什么？

师：在分析题目的过程中同学们都抓住了解题的关键——无论碗的个数和单价怎么变，钱的总数都是不变的，都必须先算出买碗的总价，再根据要求进行后面的计算。

【设计意图】本环节的教学设计旨在对比例 8 的归一法解决问题，问题要求总数，就先用除法求出单价，再用乘法求出总价；本题中问题要求数量，就先用乘法求出总价，再用除法求数量。（重写：找一些关于回顾与反思的理念）

三、巩固练习，对比建立模型

1. 基础题——教材第 72 页做一做。

（1）学生独立解答，交流订正。

（2）对比分析，两小题有什么相同与不同。

师：比较（1）、（2）两小题，它们有什么共同点和不同点？

2. 观察比较，初建模型。

对比分析例 9 与"做一做"的共同之处。

师：（呈现两题题目及解答过程）比较一下，这两题解答时有什么相同的地方？

【学情预设】都是先算出总价钱、总页数。

师：你真善于归纳总结！只有算出了总价钱、总页数，才能算出题目要求的信息。

师：像这样先求出的总价钱或总页数，都叫作总量。根据先求出的总量，再按要求进行下一步的计算。数学上把这类问题叫作"归总"问题。归总就是先求"总"嘛！求出了"总量"才能接着求出份数或每份数。（板书课题：归总问题）

【设计意图】引导学生在对比中发现解答过程的共同点，理清先算什么，再算什么，及时帮助学生建构"归总"问题的方法模型。

四、知识回顾，全课总结

请同学们回顾这节课我们解决问题时先后做了哪些事？师生共同小结：分析题目时，画图的确是解决问题的好帮手！

‖ 作业设计 ‖

1. 招待所新来了一批客人，每间住 6 人，需要 4 间房，如果每间住 3 人，需要几间房？

2. 兴趣小组参加课外活动，每 12 人分成一个小组玩跳绳，可以分成 6 组。如果每 9 人分成一组玩丢手绢，可以分成多少组？

‖ 设计思路 ‖

1. 主题定向，聚焦数学模型的图解策略。

"解决问题"作为学生数学学习中的一项重要内容，关系到数学课堂的教学质量。从某种意义上说，解决问题的能力代表了学生的数学水平，体现了学生的思维能力。因此，在解决问题中构建分析策略，渗透模型思想，很有必要。

2. 图解策略，撬动学生解决问题的数学思维。

运用图解策略，培养学生的思维能力，是本堂课的中心思想。在教学中有意识地去培养学生分析、解决问题的能力，读懂题意、画线段图帮助分析，有条理地说出每一步怎么想的。

3. 引导学生感悟，通过让学生总结相同点、对比发现不同点，建立这一类数学问题的模型，不仅能解决归一和归总的问题，帮助学生发掘解决问题的关键点，引导学生感悟正反比例关系，为后面的学习做好铺垫；同时还能建立解决问题模型，引导学生从信息出发和从问题出发，分析数量关系，体会解决问题方法的多样性。

归总问题

万美玲（鹰潭市师范附属小学）

‖ **教学内容** ‖

《义务教育教科书·数学》（人教版）三年级上册第72页。

‖ **教材分析** ‖

例8教学用乘除两步计算解决含有"归一"数量关系的实际问题，同时教学利用画示意图分析数量关系的解题策略。例8、例9都体现了数形结合分析数量关系的方法。例9沿用了例8的情境，编排的思路与例8大体相同。不同的是，画图的方法由示意图改为更为抽象的线段图，为今后借助线段图分析更复杂的数量关系打下基础。总价相等这一数量关系用形象示意图（离散的图形）无法呈现，而且当数据很大时画起来也很麻烦。线段图通过用上下两条长度相等的线段并平均分成相应的份数，既能很好地表明总量一定的数量关系，还能体现每一步中单价与数量的关系。

‖ **教学目标** ‖

1. 知识与技能：让学生掌握用乘除两步计算解决含有"归总"数量关系的实际问题，能正确找到中间问题（即先求什么）；

2. 过程与方法：使学生学会利用画线段图分析数量关系的解题策略，提高分析问题和解决实际问题的能力；

3. 情感态度和价值观：在解决问题的过程中养成读题审题、画图分析、有序思考、认真倾听、合作分享、回顾反思的学习习惯。

‖ 学情分析 ‖

学生掌握了多位数乘一位数的计算方法，且学会了用乘除两步计算解决含有"归一"数量关系的实际问题，体会到画示意图有利于分析数量关系。二年级的学生会画图表示"几个几是多少"，学习过用色条图来表达信息，而且在二年级下册已经学习了四则混合运算的顺序，初步掌握了列综合算式解决两步计算问题，学生应该能够列综合算式解答。对于分步计算解答的学生，在肯定的基础上，老师应该加强指导，提高学生列综合算式的能力。

‖ 教学重难点 ‖

重点：灵活掌握解决"归总"问题的解题方法，加深学生对乘、除法数量关系的理解。

难点：学会画线段图分析数量关系的解题策略。

‖ 教学准备 ‖

课件、直尺。

‖ 教学过程 ‖

一、复习铺垫，导入新课

1. 出示示意图

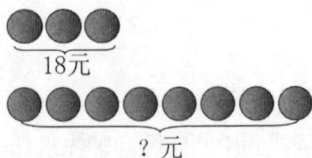

师：谁能根据示意图，把你看懂的信息，用自己的话说一说？

【学情预设】引导学生看图说话。学生可能很直观地看到"三个圆片共18元，8个圆片需要多少元"，也有的同学联想到前一课："妈妈买三个碗共18元，8个碗需要多少元呢?"

师：如果老师用圆片表示的是相同的碗，你会解答吗?

【学情预设】先算一个碗多少钱，$18÷3=6$ 元，再算 8 个碗多少钱，$6×8=48$ 元。

注重引导学生像这样"先算……再算……"尽可能要表述完整有条理。

师：像这样，先算出单一量的问题，数学上叫作"归一"问题。接下来我们继续探讨生活中的实际问题。

【设计意图】示意图是帮助学生理解题意的重要方法，是分析数量关系的重要支撑，是解决问题的重要策略。引导学生根据示意图，把看懂的信息，用自己的话说一说，再根据已知信息看图列式计算，回顾"归一"问题解题策略。

2. 课件出示：妈妈的钱买 6 元一个的碗，正好可以买 6 个。用这些钱买 9 元一个的碗。

（1）你发现了什么信息?

（2）根据信息提出合适的问题，并口头列式解答。

【学情预设】学生根据多个信息，可能会提出不同的问题："妈妈共有多少钱?""可以买几个?"

【设计意图】通过复习旧知，将两步解决的问题化为两问的问题，逐个解决，降低了难度，为后面的学习做好铺垫，顺利过渡。

二、交流合作，探究新知

1. 阅读和理解

出示例 9 完整题目。

师：请你用自己的话说说，你读懂了什么?"用这些钱"可以怎么理解？

【学情预设】注重引导学生多表达，通过自己组织语言进一步理清数量关系。"妈妈的钱正好可以买 6 个 6 元一个的碗，用同样多的钱买 9 元一个的碗，可以买几个呢?""'这些钱'就是妈妈一共有的钱。"

2. 分析与解答

（1）用画图的方式把题目的意思表达出来。

【学情预设】学生在助学单上试着画图。

预设一：画形象示意图表示题意。

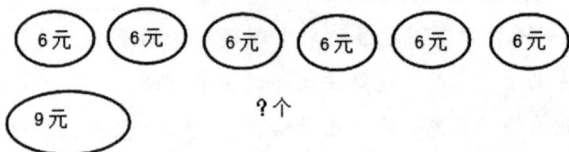

预设二：画线段图表示题意。

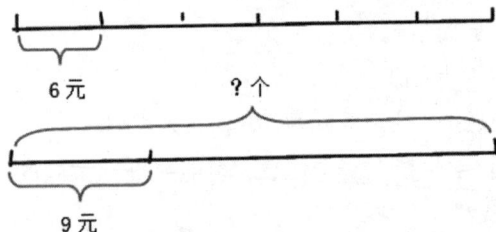

预设三：画线段图表示题意。

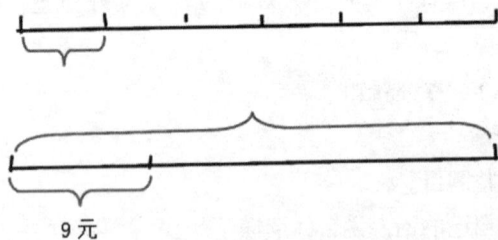

（2）观察对比，感受线段图的优势和示意图的局限性。

师：真是仁者见仁，智者见智！不同的人不同的画法，数学味儿也就不一样！对于以上作品，你们有什么建议吗？

【学情预设】第一幅图用圆形表示碗，可是看不出来"用同样多的钱"去买9元一个的碗；第二、第三幅图，都是用线段表示碗，上下用两段不一样长的线段，分别表示一个碗6元，一个碗9元，只是两条线段总长度应该是一样长的，才符合题目的意思。

师：刚才我们欣赏了示意图和线段图，你觉得哪幅图能更好地呈现题目中的信息和问题呢？

【学情预设】第二幅图信息和问题表示得更清楚。

师：他们画得好，你解读得更好！用线段图表示信息和问题，简洁明了。我们一起来画一画。

（3）指导画线段图

师：（课件演示：画线段图）像这样题目中有两组信息，我们可以用两层图表示。第一层图表示第一组信息：每个碗6元，用这一小段线段来表示，买6个碗，也就是6个这么长。第二组信息和问题，"用同样钱买9元一个的碗"总长度画一样长。"9元一个的碗"这一线段比6元一个的碗稍微长一点，"可以买几个？"标上"？个"。（边叙述边动态演示）

【设计意图】由于上节课刚刚学过用画示意图的方式记录，会有学生继续使用这种方法，也有学生会用线段图表达题意。老师"潜"入学生中，搜集典型，发现不同。通过把较为典型的几种图示进行对比分析，发现画示意图的方法不能体现总价相同的信息，从而优化使用画线段图的方法，更能清楚地表达。接着老师在大屏幕上动态展示画线段图的过程，引导学生明白两条线段图的画法，突出"同样的钱"线段总长要画一样长，有效地帮助学生建立起了清晰的表象，然后学生再修改完善，经历知识形成的过程。

(4) 分析数量关系

师：图画出来了，算式也就在心中了。哪个小组同学愿意对照图来说说你们的解答过程？

①从信息入手分析

分析：从第一条线段图知道每个碗 6 元（单价），正好可以买 6 个（数量），可以求出妈妈一共有多少钱（总价）。知道了总价，就可以求出用这笔钱买 9 元一个的碗买几个。

学生独立列式解答。

【学情预设】可以先算 6×6＝36 元，算的是妈妈一共有多少钱？再算 36÷9＝4 个，算出了 9 元一个的碗可以买 4 个。

师：思路真清晰！不仅说出了算式，还把每一个算式算的是什么表达清楚了。为什么要先算妈妈一共有多少钱？

【学情预设】"妈妈的钱买 6 元一个的碗，正好可以买 6 个"，就可以先算出一共有多少钱。

师：你们是从信息入手来想的，真不错！哪个小组愿意像他这样再讲一讲？解决这个问题必须要抓住一个关键，这个关键是什么？

【学情预设】"用这些钱"所以必须要先算总价是多少。学生有的会列分步算式：6×6＝36（元）、36÷9＝4（个），有的会列综合算式 6×6÷9＝36÷9＝4（个）。

②从问题入手分析

师：还有没有其他的思考方法？

师（课件演示）：我们也可以试着从问题进行分析，要求"用这些钱买 9 元一个的碗，可以买几个"，必须得知道"这些钱"是多少，而题目中没有直接给总价，所以同样要先求出妈妈有多少钱。思考角度不同，都能找到解题关键，有异曲同工之处哦！

3. 回顾与反思。

（1）答案是否正确？

（2）解决问题的关键是什么？

【学情预设】4个9元的碗总价是36元，6个6元的碗总价也是36元，所以正确；无论碗的个数和单价怎么变，钱的总数都是不变的，所以必须先算出碗的总价。

【设计意图】三年级的解决问题，提倡学生列综合算式，但对于能力较弱的学生也可以分步列式，让不同的学生得到不同的发展；询问有没有其他思考方法，尽量呈现学生思考的过程，引导学生从条件分析或从问题分析，找出数量关系，想好每步求什么再列式解答，从而积累解决问题的经验，体会解决问题方法的多样性。

三、巩固练习，发展提高

1. 基础题——教材第72页做一做。

（1）学生独立解答，交流订正。

（2）对比分析，两小题有什么相同与不同。

师：比较（1）、（2）两小题，它们有什么共同点和不同点。

【学情预设】题目中的前两个数学信息是相同的，给出了每天读的页数和天数，根据这两个信息可以求出总页数，而且总页数是固定不变的。不同的是，第三个信息和问题不同，正好互相交换了一下，第二步分别求的是天数、每天读的页数。

2. 对比归纳，初建模型。

对比分析例9与"做一做"的共同之处。

师：（呈现两题题目及解答过程）比较一下，这两题解答时有什么相同的地方？

【学情预设】都是先算出总价钱、总页数。只有算出了总价钱、总页数，才能进行第二步计算。

师（小结）：像这样先求出的总价钱或总页数，都叫作总量。根据先求出的总量，再按要求进行下一步的计算。数学上把这类问题叫作"归总"问题。归总就是先求"总量"，求出了"总量"才能接着求出份数或每份数。

3. 提高题——练习十五第 12 题。

（1）学生独立解答：根据"每组 6 人，分成 6 组"自己增加条件，编出一道需要用乘除两步解决的问题。

【学情预设】每组 4 人，可以分几组？每组 2 人，可以分几组？分成 9 组，每组几人？分成 4 组，每组几人？分成 2 组，每组几人？

（2）交流反馈。

师：算得这么快，同学们一定是抓住了解题的关键。你发现了，什么量是不变的？每组人数和组数有什么变化？

【学情预设】学生不难发现：每组的人数越多，分成的组数却越少。教师注重引导学生感悟组数与每组人数这两个量之间成反比例关系，为后续学习打下良好基础。

4. 拓展提升。

沟通归一问题、归总问题的区别与联系。

课件回顾两题：

（1）工人师傅准备给动车做电焊，每组 6 人，可以分成 6 组。

（2）妈妈买 3 个碗用了 18 元。如果买 8 个同样的碗，需要多少钱？

【学情预设】解决这些题目都需要两步计算。"归总"问题，先用乘法，求出总量；而"归一"问题，先用除法，求出单一量。

【设计意图】第一题提供了与例题具有相同数学模型的题目，第一步都是用乘法算出总量，通过对比归纳总结，帮助学生建立"归总"问题的模型，更好地掌握同一类问题的解题策略。第二题通过学生自己增加条件，编出问题再来解决问题，继续巩固"归总"问题的解题方法，同时体现题目的开放性，也更直观地呈现了组数与每组人数的反比例关系。

四、知识回顾，全课总结

师：请同学闭上眼睛回想一下，刚才我们解决问题时都经历了哪几步？

（课件出示）

师：分析题目时，画图的确是解决问题的好帮手！遇到不会解决的问题时可画线段图试着分析！

【学情预设】理解了什么是归总问题，掌握了解决这类问题的关键，明白了归一和归总问题的区别和联系。

【设计意图】让学生回顾解决问题的过程，建构解决问题的"三步曲"模型。强调画线段图是解决问题的好助手。引导学生在对比中发现解答过程的共同点，理清先算什么，再算什么。引导学生回顾什么是归总问题以及解决这类问题的关键，及时帮助学生巩固"归总"问题的方法模型。

五、作业设计

1. 小玥看一本书，4 天看了 120 页。照这样的速度，这本 300 页的书几天能看完？

2. 爸爸开车每小时行 80 千米，行了 3 小时。如果改为骑自行车就要行 6 小时，骑自行车每小时行多少千米？

‖ 设计思路 ‖

"解决问题"是学生数学学习中的主要内容之一。解决问题的活动价值，不仅仅是解决某一类问题，获得某一类问题的结论。更重要的是基于解题的经历，形成相应的经验、技巧，进而通过巩固和提升，形成解决问题的策略，有效地培养学生的思维能力，获得不同程度的发展。

因此，我在本课教学活动中，注重给学生提供思考与交流的机会，注重启发学生表达自己对问题的理解，引导学生感受解决问题可以有不同的策略，注重数学建模思想的渗透，使学生感觉到利用数学建模的思想结合数学方法解决实际问题的妙处，达到更为理想的学习状态。

1. 形成图解策略，构建数学模型

课伊始，教师引导学生："根据示意图，把你看懂的信息用自己的话说一说?"既锻炼学生看图说话的能力，又帮助学生巩固了用画示意图的方法来分析"归一"问题的数量关系。新授环节，精心设计了"画一画"的活动。让学生用画图的方式把题目的意思表达出来。凭借"归一"问题的学习经验，大多数学生采用了画示意图来表达，也有学生会用线段图表达题意。通过比较典型的几种图示，发现画示意图的方法不能体现"用同样钱"的信息并且问号在示意图上不好标示出来，用示意图难以完整地表达题意，学生感受到示意图的局限性，线段图的画法就有了研究的必要。接着老师在大屏幕上动态示范画线段图，引导学生明白两条线段图的画法，突出"同样的钱"线段总长要画一样长，两次单一量不同，两条线段长度也不同，有效地帮助学生建立起了清晰的表象，然后学生再修改完善，经历知识形成的过程，将抽象的数学模型与直观的线段图融为一体，使图解策略落到实处。

"做一做"基础练习环节，让学生独立尝试画图再解题。老师适时提出疑问，"'做一做'两小题之间有什么区别和联系"，引导学生发现无论是要求单一量还是数量，总量始终不变，学生真正领悟到解决这类问题的关键之处"先求总量"。接着老师追问引发思考："'做一做'和例9之间有什么共同之处吗?"从买碗到看书,问题情境变了,解题模型不变,都是先求出总钱数或总页数。经过对比联系,根据"归总"数量关系解决问题的数学模型悄然建立。

2. 有序思维促生长

思维是素养内化的表现,语言才是思维的直接体现。老师注重引导、鼓励孩子:"把你看懂的信息,用自己的话说一说?"找关键词理解题意"'用这些钱'可以怎么理解",让学生经历发现问题和提出问题的过程,"能提个合适的问题吗""谁愿意完整地把题目读一读"……通过引导学生主动交流、梳理信息、补充问题、找关键词,顺利迈好解决问题第一步"阅读与理解"。

画图,是最常用的解决问题的一种策略,是利用图的直观来表征问题中的数学关系和数学结构。接着"分析与解答"过程中,老师引导学生:"用画图的方法整理一下题目中的信息和问题吧。"帮助学生理清思路,养成良好的思维习惯。接着,引导学生从条件分析或从问题分析找出数量关系,发现解决问题的关键一步是要先求出总钱数,从而积累解决问题的经验,体会解决问题方法的多样性。"回顾与反思"环节,重视学习方法的分析与总结,让学生的解题思路更加清晰。

整堂课,老师有意识地引导学生读懂题意,培养学生语言表达能力,发现分析方法的多样性及积累画图经验,让学生经历完整的解题"三步曲",促进学生思维得到更好的发展。

3. 练习设计有层次

"人人都能获得良好的数学教育,不同的人在数学上获得不同的发展。"这个理念贯穿于我们的教育教学活动中,也充分体现在每堂课的练习设计中。"巩固练习"环节,第一题"做一做"

与例题具有相同数学模型，第一步都是用乘法算出总量，通过对比归纳总结，帮助学生建立"归总"问题模型，更好地掌握解决方法。第二题，通过让学生自己增加条件，提出乘除两步解决的问题，既体现了题目的开放性，让学生直观地感悟组数与每组人数成反比例关系，又继续巩固了"归总"问题的解题方法，锻炼了学生举一反三的能力，使学生运用模型解决实际问题更得心应手。巩固提升环节，老师将最后一道开放性题与复习铺垫环节的买碗题进行回顾，梳理前后知识，引导学生归纳总结"归总"和"归一"问题的相同点、对比发现不同点，框架地整理所学知识，建立这一类数学问题的模型，形成较为完整的数学知识体系。

周长计算解决问题

杨　燕（鹰潭市第十四小学）

‖**教学内容**‖

《义务教育教科书·数学》（人教版）三年级上册第 86 页。

‖**教学目标**‖

1. 能够根据长方形和正方形周长公式，解决生活中的实际问题，积累解决问题的经验，培养学生解决实际问题的能力；

2. 通过拼一拼、摆一摆、比一比、说一说等活动，发展学生的空间观念和推理能力，培养学生的创新意识；

3. 引导学生有序地思考及反思，发展学生的逆向思维能力，培养学生良好的学习习惯。

‖**教具和学具**‖

每个边长为 1 分米的小正方形 16—20 个。

‖**教学过程**‖

一、创设游戏，导入新课。

活动猜一猜。

课件依次出现以下图片，猜一猜藏在下面的是什么图形。

【设计意图】通过猜一猜的活动，引导学生对各种四边形特征进一步认识的同时，借助了一个从形象上升到抽象、又从抽象转化为直观的"猜测——判断"过程，不仅巩固了对图形特征的认识，同时还关注了学生逻辑思维的培养。以活动形式导入新课，可以增加课堂的趣味性。

二、合作探究、解决问题。

（一）阅读与理解

1. 出示例题：把 16 个边长为 1 分米的正方形拼成长方形或正方形，怎样才能使拼成的图形周长最短？

2. 请学生先读题，接着请同学说说要解决的问题是什么？要在拼成图形中找出周长最短的，我们可以用什么方法来帮助我们解决问题？在拼一拼的过程中需要注意什么？

【学情预设】有同学提出来，我们可以动手摆一摆或画一画。

【设计意图】学生认真读取题中信息，有助于培养学生从数学的角度发现问题、提出问题，并能运用不同的方法解决实际问题。

（二）分析与解答

1. 小组合作，用 16 个边长为 1 分米的正方形动手摆一摆，并根据摆出的图形完成练习纸上的表格。

2. 小组汇报交流。

结合表格，小组有序介绍各种摆法，同学互相补充，完善 3 种不同的拼法，从中找出周长最短的。

【学情预设】有三种摆法，摆成一行，周长为 34 分米；摆成 2 行，每行 8 个，周长 20 分米；摆成 4 行，每行 4 个，周长为 16 分米。学生通过计算发现正方形的周长最短。

【设计意图】本环节通过同学合作，摆一摆、拼一拼等数学活动，让学生运用不同的方法解决问题从而获得解决实际问题的体验。在汇报交流环节要求学生根据问题的解决过程，清楚地表达解决问题的方法和结果，从而使学生的语言表达能力和逻辑思维能力得以锻炼提升。

（三）回顾与反思

教师适时小结梳理：通过计算我们发现正方形的周长最短。还有其他的拼法吗？为什么不摆 3 行？

【学情预设】有同学会说摆 3 行，每行 5 个，还多了 1 个。

教师适时引出能摆出几种不同的长方形其实就是几个几是 16 的问题。（板书算式：$16=1×16$　　$16=2×8$　　$16=4×4$）

【设计意图】回顾与反思环节通过生生、师生之间的交流，总结出解决这个问题与运算意义之间的联系。引导学生有序地思考及反思，发展学生的逆向思维能力，培养学生良好的学习习惯。

（四）及时巩固练习

出示第二个问题：如果是 16 个正方形增加到 36 个小正方形，拼成的长方形和正方形中周长最短是多少呢？请学生思考：可以怎样解决这个问题？

【学情预设】根据刚才的小结，同学们可能会想到，只要想几个几是 36。

在学生汇报时，渗透有序思考问题的意识。根据算式 $1×36=36$，学生语言表达将 36 个图形摆成一行，同时看着屏幕中方格纸想象会是怎样一个图形；书空画一画，同时课件出示图形加以验证，并根据图形完成表格。同样的方法展示 2 行，每行 18 个，因为 $2×18$ 也是 36，学生想象图形，书空、课件展示图形，完成表格信息。依次 3 行、4 行，还有吗？当学生汇报完 6 行以后提出问题，为什么不摆 5 行，再次让学生明白 $5×（\quad）=36$，括号里不是整数。

【设计意图】及时练习，巩固例5发现的结合运算意义解决问题的方法，并为下一环节提供素材。

（五）观察与发现

观察这两张表格，思考：当小正方形个数一定的情况下，拼得图形周长的变化有什么规律吗？学生小组内交流。

【学情预设】有同学会发现长慢慢变小，宽慢慢变大。也会有同学发现正方形的周长最短。还有的同学会发现在小正方形个数一定的情况下，拼得图形的长和宽越接近，那么这个长方形的周长越短。

【设计意图】学生通过比一比、看一看、说一说等活动，推导出当小正方形个数一定的情况下，拼得图形周长的变化规律，从而积累数学实践经验和思维经验，获得生动、形象的认识，进而形成表象，发展空间观念。

三、巩固练习、拓展提升。

课本练习十九的第4题。

解决问题三步：先阅读题意，要解决什么问题？分析要使拼的图形周长最短，我们可以怎样思考？解答出答案。回顾与反思，只有这一种拼法吗？适时与例5进行对比，16个可以摆成正方形，我们就先拿出两个，算出周长，然后请学生思考，这两个小正方形可以拼在哪里？因为题目并没有要求拼成长方形，所有有很多种拼法，周长是（10+8）×2＝36（分米），而摆成长方形摆3行，每行6个，长为12分米，宽为6分米，周长也是（12+6）×2＝36（分米）。

结果同样长，拼法很多样，还可以适时将两个正方形分开摆的再进行对比，发现周长会增加2个2。

【设计意图】本题的设计旨在学生运用前面学习发现的规律

解决问题，但又在拼成不规则图形时，根据不规则图形周长的实际意义，运用转化的方法，将规律加以延伸，发展学生的思维能力和空间观念。

四、课堂小结

今天这节课，我们运用周长的知识解决问题。在解决问题时，我们第一步是阅读题意，找到要解决的是什么问题？再分析与解答，思考可以用怎样的方法帮助解答，最后回顾与反思，检查求出的答案是否符合题意，解决问题是否还有其他遗漏的方案。

‖ 设计思路 ‖

1. 游戏导入，激发学生的参与热情。

低年级学生对新生事物感兴趣，如果能把数学学习与学生的认知特点有机结合，就会取得更好的学习效果。开始通过猜一猜的活动，引导学生对各种四边形特征进一步认识的同时，借助了一个从形象上升到抽象、又从抽象转化为直观的"猜测——判断"过程，不仅巩固了对图形特征的认识，同时还关注了学生逻辑思维的培养。以活动的形式导入新课，可以增加课堂的趣味性。

2. 任务驱动，经历探究过程把握数形结合本质。

探究学习是学生独立解决问题的活动，探究学习强调三点。一是学生的自主学习，二是教师的引导，三是问题的提出。本节课设置了"怎样才能找到周长最短的情况"的任务，不同的学生会采取不同的策略解决问题，不同的策略背后蕴含学生不同的思维层级。学生合作探究后，教师先让用图形直接拼摆的学生展示拼成的图形，在大家达成一致意见后，再让不拼也不画图而是直接用算式解决的学生说出想法。通过有层次展示交流提升学生解决此类问题的能力。教师引导学生对比观察不同方法之间的联系，把语言表达、符号表达和图形表达很好地联系起来。在对比中得出结论，发现规律，再运用规律解决生活中的实际问题。不断提升思维水平，积累解决问题的经验，渗透数形结合的思想，建立空间观念。

3. 练习设计，促进思维的提升。

在练习环节，没有固化学生解决问题的方法，有同学用学具摆一摆，在直观操作中手脑并用，有序地解决问题，这是以形象思维为主；有同学画示意图，很好地利用数形结合，这是以抽象思维为主；还有同学用计算的方法，把图在脑海中勾画，直接用算式表达逻辑思维的框架，这就要求要空间思维能力和逻辑推理能力有效结合。最后问还可以怎样设计？促进学生继续探究，让学生的思考，从不同维度打开。

铺地砖问题

万　鹰（月湖区教体局）

‖ **教学内容** ‖

《义务教育教科书·数学》（人教版）三年级下册第 72 页。

‖ **教材分析** ‖

本课内容是在学生学习了面积和面积单位、长方形和正方形面积的计算、面积单位间的进率的基础上学习的，是对本单元知识的综合应用。学生在探索长方形面积的计算时，教材就呈现了两名学生用画格子或用边长为 1 厘米的小正方形测量面积的活动，学生已经有了两种数法的经验，一种是一个一个地数，另一种是乘法计算。本节课学习内容教材以铺地砖为素材，展示实际活动中的问题，其本质也就是数有几个正方形的问题。教材呈现了两种解决办法，鼓励学生用自己的方法解决问题，培养学生分析与解决问题的能力。

‖ **教学目标** ‖

1. 能综合运用长方形和正方形的面积计算公式以及面积单位间的进率解决生活中的实际问题；

2. 通过自主探索活动，进一步体会解决问题的一般步骤，知道可以用不同的方法解决问题；

3. 在解决问题的过程中，进一步培养学生的空间观念。逐步培养学生分析问题和解决问题的能力。

‖教学重难点‖

重点：用长方形和正方形的面积计算方法解决生活中的实际问题。

难点：选择最佳方法解决问题。

‖教学具准备‖

多媒体课件、学生准备多个小正方形。

‖教学过程‖

一、复习旧知、引入新课

1. 请同学们回忆一下长方形和正方形面积计算公式。

2. 我们学习了哪些常用的面积单位，它们之间有什么关系？

3. 2 平方分米 = （　　　）平方厘米

　　400 平方分米 = （　　　）平方米

　　60 分米 = （　　　）米　　　　60 分米 = （　　　）厘米

【设计意图】通过复习，唤起学生的原有认知，为新知的学习做好铺垫，找准教学起点。

二、引导探究、主动构建

师：王叔叔最近购买了一套新房，正在考虑装修，但是他在铺地砖的时候遇到了一个问题，同学们愿意帮他解决问题吗？

1. 阅读与理解、整理信息。

课件出示教材第 72 页例 8，组织学生获取信息。

初读题意，划一划，明确已知条件：客厅的长是 6 米，宽是 3 米，地砖是正方形的，边长是 3 分米。要解决的问题：铺客厅地面一共要用多少块地砖？

再读题，圈一圈，找出客厅的长和宽单位是米，而地砖的边长单位是分米。

2. 分析与解答、探究解决问题的方法。

（1）首先要求学生用简单的示意图的方法将信息和问题表示出来。然后让学生尝试作答。

【学情预设】

方法一：

6×3＝18（平方米）

18 平方米＝1800 平方分米

1800÷3＝600（块）

方法二：

6×3＝18（平方米）

3×3＝9（平方分米）

18÷9＝2（块）

方法三：

$6 \times 3 = 18$（平方米）

18 平方米 = 1800 平方分米

$3 \times 3 = 9$（平方分米）

$1800 \div 9 = 200$（块）

方法四：

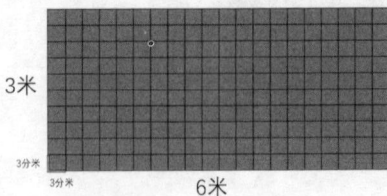

6 米 = 60 分米   3 米 = 30 分米

$60 \div 3 = 20$（块） $30 \div 3 = 10$（块）

$20 \times 10 = 200$（块）

方法五：

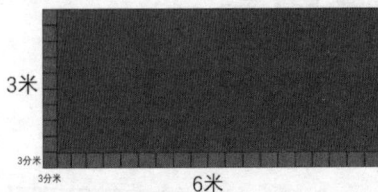

6 米 = 60 分米   3 米 = 30 分米

$60 \div 3 = 20$（块） $30 \div 3 = 10$（块）

$20 \times 10 = 200$（块）

（2）同桌先说一说解题思路，然后全班交流汇报。

当学生解题思路清晰后，引导学生按照"先……再……"把自己的解题思路表述清楚。此时学生汇报时，有目的地先回避方法一和二这两种错误的同学。

方法三的同学会说：我先通过 6×3 = 18（平方米）算出客厅地面的面积，再用 3×3 = 9（平方分米）算出每块地砖的面积，最后用客厅地面面积除以地砖的面积，要注意单位换算，也就是 1800÷9 = 200（块）。

方法四、五的同学回答：我先分别算出客厅的长和宽可以铺多少块地砖，6 米 = 60 分米，3 米 = 30 分米，60÷3 = 20（块），30÷3 = 10（块），然后用 20×10 = 200 计算出总块数。

3. 回顾与反思，指导检验方法。

首先提出问题："如何检验 200 块是否正确？"

9×200 = 1800（平方分米）= 18 平方米，正好是客厅地面的面积，解题正确。

教师接着出示刚才的两种错误的方法。

师：刚才我发现有几位同学的答案是这样的，同学们帮他们检验一下答案是否正确？

方法一：6×3 = 18（平方米）

　　　　18 平方米 = 1800（平方分米）

　　　　1800÷3 = 600（块）

方法二：6×3 = 18（平方米）

　　　　3×3 = 9（平方分米）

　　　　18÷9 = 2（块）

有同学会说每块地砖的面积是 9 平方分米，600 块地砖的面积是 5400 平方分米，也就是 54 平方米，比客厅地面面积大，所以不正确。

有同学会说每块地砖的面积是 9 平方分米，2 块地砖的面积是 18 平方分米，客厅的地面是 18 平方米，不相等，所以不正确。

师：那请同学们认真分析，这两种方法问题出在哪里？

【学情预设】

方法一的同学没有求出地砖的面积，3分米只是边长，我们要求有多少块，是要用大面积除以小面积。

方法二的同学没有注意到单位，要先统一面积单位再计算，要把18平方米换算成1800平方分米，再用1800÷9＝200（块）。

4. 适时小结，总结方法。

教师对学生的表现适时给予评价，再结合课件演示，师生共同小结解决问题的两种方法。方法一是大面里面有几个小面，所以先求大面积，再求小面积，最后用大面积除以小面积得出总块数；方法二是一层一层地铺，先求出一层铺几块，也就是长可以铺几块，再求可以铺几层，也就是宽可以铺几块，再用一层的块数乘层数就等于总块数。

在解决问题的过程中，要注意统一单位。

【设计意图】首先，创设情境，激发学生的学习兴趣。此环节"阅读与理解——分析与解答——回顾与反思"为学生构建解决问题的步骤模型打下坚实的基础。在自主探索环节，给了学生足够的时间，学生通过画图——解答——检验——辨析——总结，感悟通透。在"回顾与反思"环节，出示两种错误的答案，提出问题，"他们的问题出在哪？"这个问题的抛出，激发学生再次深入思考，深入说理，从而实现深度学习。

三、巩固练习，对比辨析。

1. 做一做：陈俊家的厨房地面长3米，宽2米。用面积是4平方分米的正方形地板砖铺厨房地面，需要多少块？

要求学生仔细读题，圈出题中重要信息，独立思考，并解答。

【学情预设】

方法一：3×2＝6（平方米）＝600（平方分米）　600÷4＝150

（块）。

方法二：3×2＝6（平方米）＝600（平方分米） 4×4＝16（平方分米）。

600÷16＝37（块）……8（平方分米）。

2. 将"做一做"与例题进行对比，你发现与例题有什么不同，解决这个问题用哪种方法比较方便？

师生共同交流，发现"做一做"小面是直接给出了面积的数据，所以小面的面积不需要计算，第一种答案是正确的，这题用大面里面有几个小面的方法解答最方便。

【设计意图】在巩固练习中，学生做完后提出："做一做与例题有什么不一样？"学生通过对比，引发学生质疑思辨，从而打破部分孩子"依葫芦画瓢"的学习方式。

四、回顾梳理、畅谈收获

通过今天的学习你有什么收获？

‖作业设计‖

展板长 16 分米，宽 10 分米，书法作品是边长为 4 分米的正方形纸。展板里最多能贴多少幅书法作品？

【设计意图】通过这个练习题，让学生发现长或者宽不能被小正方形的边长整除的时候，就要考虑会不会有拼凑的情况，此时用大面里面有几个小面的方法就不能解决问题。我们在解决实际问题时，要从实际情况出发，选择对的方法，合适的方案。

‖设计思路‖

1. 尊重学生原有认知基础和生活经验，正确把握教学起点。

要让学生通过一节课的学习有所收获，首先就要了解学生的原有认知基础和生活经验，也就是确定教学起点。本节课当学生阅读理解完题意后，要求学生画示意图，独立思考、解答就是找准学生的原有认知基础和生活经验。学生在探索长方形面积的计算时，教材就呈现了两名学生用画格子或用边长为 1 厘米的小正方形测量面积的活动，学生已经有了两种数法的经验，一种是一个一个地数，另一种是乘法计算。这样设计，既沟通了新旧之间的联系，又提高课堂教学效率。

2. 给学生足够的时间自主探索，展示思考的精彩。

《新课标》指出："学生获得知识，必须建立在自己思考的基础上，可以通过接受学习的方式，也可以通过自主探索等方式。"数学教育不仅是教师的"教"的研究，更应该是学生"学"的历程研究。本节课在自主探索环节，给了学生足够的时间，让学生通过画图——解答——检验——辨析——总结，感悟通透。

3. 设计核心问题，引导深入说理。

教学中要设计恰当的核心问题，引导学生进行发现、思考、探索等活动，在深入说理中经历数学知识的形成过程，掌握数学技能、感悟数学思想、积累数学活动经验，进而实现深度学习。本节课在"回顾与反思"环节，出示两种错误的答案，提出问题："他们的问题出在哪？"这个问题的抛出，激发学生再次深入思考。在巩固练习中，学生做完后提出："做一做与例题有什么不一样？"学生通过对比，引发学生质疑思辨。

分数的简单应用

夏利平（鹰潭市第五小学）

‖ **教学内容** ‖

《义务教育教科书·数学》（人教版）三年级上册第 101 页。

‖ **教材分析** ‖

学生已经初步认识了分数，并能进行简单的分数加、减计算。这节课继续认识分数，教学如何求整体的几分之一或几分之几是多少个物体，从而让学生进一步体会分数的意义。例题下的"阅读与理解"让学生通过对话找出已知信息并理解题中分数的意义。"分析与解答"让学生结合具体情境解释分数的意义，组织起解决问题的思路，从而找到解决问题的方法。"归纳与总结"引导学生总结解决问题的方法，并对所学知识进行简单的回顾整理，通过自评或他评培养学生的自我反思意识。教材呈现了学生"说一说、画一画、算一算"等一系列的学习活动，最后回顾解题过程并回答问题。

‖ **教学目标** ‖

1. 经历解决问题的过程，能根据分数的意义，利用整数乘除法来解决问题；

2. 通过说一说、画一画、算一算，理解情境中的数量关系，探求解决求一个数的几分之几的方法；

3. 感悟数形结合的思想，初步了解分数在实际生活中的应用和价值。

‖ **教学重难点** ‖

重点：引导学生根据分数的意义分析数量关系，并用整数乘除法来解决问题。

难点：会解决求一个整体的几分之一或几分之几是多少个物体的实际问题。

‖ **教学过程** ‖

一、复习旧知，温故知新

1. 用分数表示涂色部分。

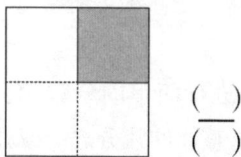

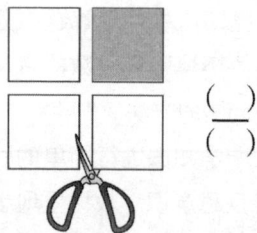

师：我们发现了这两个图涂色部分都是 1/4，那他们表示的意义相同吗？谁来具体说一说。

【学情预设】学生回忆上节课课堂知识，会立马得出结果：两个 1/4 表示的意义不相同；它们的"整体"表示的数不一样。

2. 结合学生的精彩回答给予表扬，出示下图。

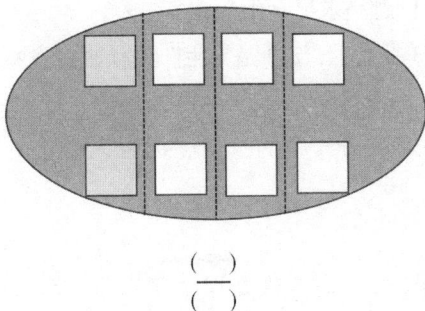

$$\frac{(\quad)}{(\quad)}$$

师：填空并说说和上面图形的 1/4 意义相同吗？

【学情预设】大部分学生都可以给出正确答案 1/4，个别同学会给出 2/8 的答案。给出 1/4 答案的学生也会对意义是否相同有不同的意见。通过不同学生的回答得出本图的 1/4 表示是把 8 个小正方形平均分成 4 份，取其中的 1 份占整体的 1/4。

师生交流，使学生明确把一堆东西可以看作一个整体平均分成几份，这样一份或几份都可以用分数来表示。生活中经常会用到这些分数来解决实际问题，下面我们一起来学一学分数的简单应用。（板书）

【设计意图】孩子上节课学习了分数简单运用第一课时，对"整体"有了不同的认识，知道"整体"既可以表示一个数，也可以表示多个数。本题在复习旧知的基础上加深孩子对分数意义的理解，引出用除法求一份量的计算方法，为后面的学习做准备。

二、互动交流，探究新知

1. 课件出示例题。

①阅读与理解：请学生读题，并提问："你知道了哪些数学信息？要解决什么数学问题？"

【学情预设】学生通过阅读题目知道一共有 12 个学生，1/3 是女生，2/3 是男生。问题是求男女生各有多少人。

进一步提问："1/3 是女生，2/3 是男生"是什么意思？

【学情预设】经过思考理解后，学生可以得出：把 12 个人平均分成 3 份，女生人数占其中的一份，男生人数占其中的两份。

②分析与解答：

教师谈话：我们知道了女生人数是 12 名学生的 1/3，男生人数是 12 名学生的 2/3，那么如何求出男女生人数呢？

下面你打算怎么做？自己画一画，并把自己的想法表达出来。

展示学生的作品，结合学生的汇报引导学生从图形中抽象出数量关系，在比较分析中感受每幅图的共同点都是表示分数的意义。

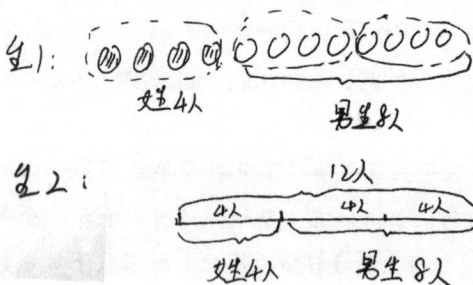

师：看大家的作品，我们发现画图是我们解决问题的"好帮手"，通过画图可以更好地帮助我们理解题意。现在你们能用算式表示出你们的想法吗？自己独立思考。

展示学生作品：

女：$12 \div 3 = 4$（人）→ 把12人平均成3份，每份4人.

$4 \times 1 = 4$（人）→ 姓名占其中1份，为4人.

男：$12 \div 3 = 4$（人）→ 把12人平均成4份，每份4人.

$4 \times 2 = 8$（人）→ 男生占其中2份，为8人.

女：$12 \div 3 = 4$（人）$4 \times 1 = 4$（人）→ 把12人平均成3份，

每份4人，姓占1份，为4人.

男：$12 - 4 = 8$（人）

→ 除3姓，其他的则为男生.

生3：$12 \div 3 = 4$（人）→ 表示把12人平均成3份，每份4.

女：$4 \times 1 = 4$（人）→ 姓占其中1份，则为4人.

男：$4 \times 2 = 8$（人）→ 男生占其中2份，则为8人.

无论哪种方法，都有 $12 \div 3 = 4$（人）这一过程，要求学生说说为什么要平均分成 3 份？引导学生说出："因为女生是 12 名学生的 1/3，男生是 12 名学生的 2/3，也就要先把 12 平均分成 3 份，女生人数占其中的一份，男生人数占其中的两份。"

【设计意图】通过动手操作画一画，使学生直观感受用整数方法解决分数问题的道理和方法。在解决问题过程中，鼓励学生用画图的方法来构建数学模型，从而培养学生的分析能力、数形结合思维和动手能力。

③回顾与反思

师：孩子们，回想一下，我们求男生和女生人数的时候，有什么相同之处呢？

【学情预设】

①都用除法计算。

②无论求男生还是女生的人数，都要先求出每份数是多

少人。

③用每份数乘所求数所占的份数即可求出一个数的几分之几是多少。

教师应及时地肯定学生的回答。通过刚刚学生的回答，对同类型问题做出总结。

师小结：那以后在解决这类问题时，我们可以用总数除以平均分的份数得到每份数的数量，然后再乘所求数所占的份数即可求出一个数的几分之几是多少。

【设计意图】通过回顾与反思，进一步抽象出解决"一个数的几分之几是多少"的数学问题的基本模型，在学生的思维深处支起脚手架，培养学生总结解决问题的方法，通过自评或他评培养学生的自我反思意识。

三、及时巩固，拓展延伸

师：同学们都非常善于思考，知道如何解决问题，下面我们就一起来解决下面问题吧！

（1）学校有篮球和足球 36 个，其中篮球占 5/9，求篮球和足球各有多少个？

师：仔细阅读题目，圈出已知信息和问题。总数是多少？5/9 表示什么？认真思考，独立解决问题。

【学情预设】通过认真阅读，孩子们知道一共有 36 个球，5/9 表示 36 个球被平均分成 9 份，其中篮球占其中的 5 份。

展示学生作品：

解：36÷9=4(个)

篮：4×5=20(个)

足：36-20=16(个)

生2： $36 \div 9 = 4$（个） $9-5 = 4$（个）

差： $4 \times 5 = 20$（个） 总 $4 \times 4 = 16$（个）

（2）小华带 20 元去文具店买学习用品，买一个文具盒要用去总钱数的 2/5，买一个笔记本要用去总钱数的 1/2，文具盒和笔记本谁贵？贵多少钱？

师：认真阅读，你知道了什么？要求孩子们圈出已知信息和问题。

【学情预设】学生阅读题目后可以收集到以下信息"一共有 20 元，文具盒要用总价钱的 2/5，笔记本要用总价钱的 1/2"，问题是："求哪一个更贵，贵多少钱？"

师：要解决这个问题，首先要求出什么？你会怎么解决？

【学情预设】学生可能会有以下回答：

①要先求出文具盒和笔记本的价钱。

②我会先求出文具盒的价钱 $20 \div 5 = 4$（元）、$4 \times 2 = 8$（元），再求出笔记本的价钱 $20 - 8 = 12$（元），最后用笔记本的价钱减去文具盒的价钱 $12 - 8 = 4$（元）。

③解决这个问题我会先求出文具盒的价钱 $20 \div 5 = 4$（元）、$4 \times 2 = 8$（元），再求出笔记本的价钱 $20 \div 2 = 10$（元），最后用笔记本的价钱减去文具盒的价钱 $10 - 8 = 2$（元）。

当学生想法不一样时，教师要充分地让孩子表达自己的想法，通过孩子们相互沟通引发思考，要让孩子充分地理解具体情境下分数的意义从而解决问题。对于完成比较好的学生要给予充分的肯定，对遇到困难的学生要合理利用学生之间的交流启发孩子的思维，并适当地进行引导。

【设计意图】安排这样的练习，进一步加深学生对分数意义的理解，以及培养孩子的表达能力，及时巩固学生解决问题的方法，使他们的知识体系更加完整清晰，让学生深刻体会到要求一个数的几分之几是多少要先求出每份的数量。

四、回顾整理，课堂小结

师：通过这节课，你有什么收获？

【学情预设】

①做解决问题时，一定要认真阅读题目，圈出数学信息和问题。

②在解决问题时，我可以通过画图的方法分析。

③"求一个数的几分之几"的实际问题时，我会先用总数除以平均分的份数求一份是多少，再用每份数乘所占的份数求几份是多少。

【设计意图】通过回顾与小结，对本节课的知识进行整理，进而形成完整的知识体系。

‖ 作业设计 ‖

（1）明华有20颗糖，吃掉了3/5，玲玲有15颗糖，吃掉了2/5。他们谁剩下的糖多？

（2）夏老师准备要把12支笔奖励给这周回答问题最积极的三位同学，第一位同学先拿走这些笔的1/2，第二位同学随后拿走剩下笔的1/2，第三位同学就拿走了最后剩下笔的1/2，你们觉得这样安排公平吗？

【设计意图】教学的价值不仅局限于获得具体问题的结论和答案，它的意义更在于使学生学会解决问题的方法，形成对解决问题的基本策略。

‖ 设计思路 ‖

从整数到分数是数概念的一次扩展，本单元分数的认识是学生第一次接触分数，分数相比较整数而言较为抽象，而且有多种理解方式。

　　本节课是分数的认识第三节简单运用第二课时，利用分数解决问题。在本节课的活动中，我先是通过出示不同意义，但都可以同一个分数"1/4"来表示的三幅图形来复习体会一个物体和多个物体时部分与整体的关系。"整体"为多个物体时如何用分数表示整体部分关系，初步形成认识：与"整体"是一个物体，平均分成几份，分母就是几，其中几份分子就是几，取几份就有几个一份那么多。

　　在探究新知时充分引导学生联系分数的意义，通过学生自己的实际操作和观察，理解情境中的数量关系，探求解决问题的方法，理解求一个数的几分之几可以用已经掌握的整数除法和乘法的知识来解决。在"阅读与理解"环节中注释读懂信息引导学生用图形表征，体会两个含有分数的信息的意思。鼓励学生用图形代表 12 名学生，将对题目的理解外显出来，深化对分数含义的理解。在"分析与解答"时，提出"怎样求男女生人数，结合图把你的想法说一说""算式表示什么意思""你能读懂他的想法吗"等问题让学生在图形、语言与算式表征不断转化的过程中掌握解决这类问题的方法。在"整理和反思"时，进一步抽象出解决"一个数的几分之几是多少"的数学问题的基本模型，在学生的思维深处支起脚手架，培养学生总结解决问题的方法，通过自评或他评培养学生的自我反思意识。

画长方形

罗 兰（鹰潭市第六小学）

‖ **教学内容** ‖

《义务教育教科书·数学》（人教版）四年级上册第60页。

‖ **教材分析** ‖

本单元教学主要有两部分内容：理解垂直与平行的概念，能用直尺和三角尺画垂线与平行线；掌握平行四边形和梯形的特征。作图是本单元的教学难点，画垂线、平行线、长方形、正方形以及平行四边形与梯形的高等。操作过程中，学生习惯凭目测解决问题，画垂线时容易思维定式，只会画水平线的垂线，甚至有人认为作高就是画直线，因此要加强作图训练。比如引导学生作不同方位的垂线，用多种方法画长方形和正方形，培养学生的空间观念和作图能力，形成问题解决策略的多样化。

本节课教学长方形的画法，可以放手让学生自主尝试，适当引导他们对比分析、交流评价、相互检查。通过实践操作，让学生体验用作垂线的方法画长方形更好。因为教材很少呈现文字叙述，不妨借助课件展示画长方形的基本步骤，引导学生归纳长方形的画法。

‖**教学目标**‖

1. 掌握长方形的画法，会用作垂线或平行线的方法画长方形；

2. 经历自主探究长方形的作图过程，培养学生的空间观念和应用知识解决实际问题的能力；

3. 通过操作活动，培养学生的参与兴趣和交流评价意识，体验学习成功的快乐。

‖**教学重难点**‖

重点：掌握长方形的画法，能熟练地进行操作。

难点：灵活运用垂直与平行的知识解决实际问题。

‖**教学准备**‖

多媒体课件、学习单、直尺、三角尺等。

‖**教学过程**‖

一、自由创造，提出问题

师：你能想办法画一个长方形吗？

【学情预设】学生可能借助文具盒或橡皮擦等物体的表面描长方形；也可能在点子图中作长方形；还可能尝试用尺子画长方形。

师：想法不错，有创意！动手试一试吧。

师：哪位同学乐意上台分享你的创作？

（投影展示学生作品）

师：谁画得更好？说说你的看法。

【学情预设】有人认为：在点子图上作长方形比较标准，因为沿水平和竖直方向过点画线，横竖相互垂直，对边平行且相等；有人指出：描物体一周画出的长方形边角处不规范；有人感觉：用尺子画的那个长方形有点歪，建议考虑它的特征。

师：对于他们的思考和建议，你有什么疑问？

【学情预设】怎样才能画出一个标准的长方形？选择什么方法作图？有哪些不同的画法，哪种方法更好？如何检测长方形画得是否标准？

师：看来同学们很爱动脑筋，善于提出有思考价值的问题。今天，我们带着这些疑问，一起来研究长方形的画法。（板书课题：画长方形）

【设计意图】通过自由创造长方形的活动，激发学生自主参与兴趣，诱导学生联想长方形的身影、描绘长方形的特征、思考长方形的画法；激活已有知识表象，鼓励质疑问难，以问题驱动学习，为新知探究指明方向，同时培养学生的空间想象能力和自主提问意识。

二、规范操作，解决问题

（一）阅读理解，尝试作图

出示例题：画一个长10厘米、宽8厘米的长方形。

师：仔细读题，你找到了哪些关键信息？要求什么问题？打算怎样解决？

师：先独立思考，再动手操作，记录你的方法或遇到的困难，然后在小组内交流。

（完成学习单，教师巡视，个别指导）

【设计意图】借助已有知识经验迁移学习，放手让学生自主探究长方形的画法；独立思考、合作交流，尝试用不同的方法解决问题，培养学生的创新意识和合作精神；面向全体，留足时空，加强动手操作，适当点拨指导，训练学生的作图能力。

（二）交流分享，相互评价

师：小组代表上台分享作品，请大家仔细观察，用心倾听。

交流反馈，主要有以下几种情况：

1. 选择作垂线的方法画长方形（贴图）

（1）利用三角尺或直尺，先画一个长，再画两个宽，最后连线。即沿水平方向画一条长 10cm 的线段，再从它的两个端点向上或向下分别作一条 8cm 的垂线段，最后连接它们的端点。

（2）按"长→宽→长→宽"的顺序和相应的数据，依次作相互垂直的线段。即沿水平方向画一条长 10cm 的线段，然后从左边的端点向上或向下作一条 8cm 的垂线段，再从它的端点向右作一条长 10cm 的垂线段，最后连接右边的两个端点。

（3）方法同上，只是作垂线的方向有所改变，按"宽→长→宽→长"的先后顺序作图……（板书：作垂线的方法，长和宽相互垂直）

2. 选择作平行线的方法画长方形（贴图）

（1）利用三角尺和直尺，先画长，再画宽。即沿水平方向画两条相距 8cm 的平行线，分别取长度为 10cm，再连接左右两边的端点。

（2）工具同上，先画宽，再画长。即沿垂直方向画两条相距 10cm 的平行线，分别取长度为 8cm，再连接上下两边的端点。

（板书：作平行线的方法，对边相互平行且相等）

师：你认为他们画得怎么样？哪些地方值得学习？想提出什么建议？

【学情预设】认为他人画得好、发言精彩、作图清晰、美观，值得学习；反思自己画得不够标准，因为没掌握方法；建议先找到三角尺的直角边，不能用斜边作垂线或推平行线，以免出现假长方形。

师：同学们积极思考，想出了多种方法，还给出了建议，真了不起！

师：对比分析，它们之间有什么异同？哪种方法更好？说说你的想法。

【学情预设】

不同：有人选择作垂线，有人选择作平行线，画图策略不同；作垂线或平行线的方位不同，长和宽出现的先后顺序也不同。

相同：无论哪种方法，都必须体现长方形的特征：对边平行且相等，有四个直角。

择优：学生认为作垂线的方法画长方形更好，因为操作方便好检测。如果选择作平行线的方法，得用两把尺子同时进行……

【设计意图】通过交流分享作品，引导学生观察、想象、对比、分析，体会在众多作图方法中，作垂线的方法画长方形更胜一筹，构建解决问题策略多样化及方法的优化；同时引导他们用心倾听，不突然打断、不随意否定，耐心听别人把话说完，抓住重点、发现不足、纠正错误、补充想法……培养学生的语言表达能力和相互评价意识。

（三）检查订正，归纳方法

师：同桌相互检查，你画的长方形标准吗？如有不足请修改。

【学情预设】有人用三角尺的直角去检验，看每组邻边是否相互垂直；有人用直尺量边长，看对边是否相等；有人既关注角的标准，又关注边的要求。通过检查，发现有些学生操作不够规范。

师：在作图过程中，你想提醒同学注意些什么？

【学情预设】要认真仔细、规范操作，不能凭目测解决问题；可以用垂直与平行的概念来检查，也可以根据长方形的特征来判断。

师：通过实践探索，同学们找到了多种作图方法。选择自己喜欢的一种，方便操作好掌握。

小结：利用作垂线的方法画长方形。按题目要求的数据，先画长方形的长，再从它的两个端点向同一侧分别作垂线段画宽，最后过宽的端点水平连线；利用作平行线的方法画长方形……（课件演示作图，归纳操作步骤）

【设计意图】通过检查订正、相互提醒，养成良好的作图习惯；尝试归纳长方形的画法，培养学生思考、想象、分析、概括等方面的综合能力；促进学生自主构建知识，提高动手操作能力和合作交流意识。

（四）反思过程，完善认知

师：回头看问题解决过程，我们经历了哪些基本过程？关键是什么？

1. 归纳步骤：

（1）阅读与理解，找出关键信息和要求的问题，提出思考和疑问。

（2）分析与画图，尝试用不同的方法作图，形成解决问题策略的多样化及优化。

（3）回顾与反思，作图是否规范，过程与方法是否合理，要注意些什么。

2. 感悟要领：关键是选择合适的方法规范作图，养成仔细观察、认真思考的态度。

【设计意图】反思问题解决过程与方法，构建解决问题的基本教学模式和创新学习方式。培养学生勤于思考、善于分析、勇于创造、乐于分享的学习素养，积累解决问题的活动经验。

三、实际应用，深化理解

师：你能解决下列问题吗？把思路和同桌说一说。

1. 怎样挂画又快又正？为什么？

2. 画一个边长是 5cm 的正方形（完成学习单）。

师：谁愿意说一说，你是怎样解决这些问题的？挂画和画长方形有什么关系？

【学情预设】挂画其实是运用画长方形的知识解决实际问题，有些学生并不明白其中的道理；甚至有人不理解题意，感觉束手无策。巧设疑问，启发学生想象和说明：在墙面的水平线上找两个点钉钉子，从两点出发垂直拉绳子，两点间的距离小于画框的长，两根绳子长度相等，在头脑中勾画长方形；让画框的长保持水平，宽保持垂直，这样挂画既迅速又端正。借助长方形的画图经验，体现正方形的特征，学生知道要注意四条边相等。

师：乐于思考，富于想象，善于表达，同学们很会学习！

师：对比习题和例题，它们之间有什么区别和联系？

【学情预设】解决问题的方法是相同的，都可以采用作垂线或平行线的方法画图。关注的点有所不同，挂画要发挥想象，灵活运用知识解决实际问题；例题重点探究作图方法，画正方形要在长方形的基础上注意"边长相等"这一特性。

师：想一想，利用今天所学的知识，还能解决生活中的哪些问题？

【学情预设】给宣传栏配玻璃，裁剪方桌布，制作床板、地砖……

【设计意图】运用所学知识解决生活中的实际问题，培养学生的应用意识和实践能力。通过对比分析，沟通联系，启发联想，深化学生对知识的理解，发展数学思维能力。比如：解决挂画问题，学生不一定明白其中的道理，要引导他们联系长方形的特征在头脑中构图，将实际问题转化为数学问题。

四、课堂总结，提炼升华

师：本节课你有哪些收获？印象最深刻的是什么？还有疑问吗？

【学情预设】通过动手操作、交流评价，学生发现图形很美、想象丰富、语言精彩、数学很有趣！解决问题的策略灵活多样，选择合适的方法规范操作是关键；要加强训练，熟能生巧，养成良好的作图习惯……有人质疑：平行四边形与长方形的作图方法有什么不一样？怎样才能画出一个标准的平行四边形？

【设计意图】通过总结收获，把握知识要领，提升学习感悟，体会数学的美丽与神奇！鼓励质疑问难，促进学生类比联想，带着新的思考走出课堂。

‖作业设计‖

1. 在下列平行线中画一个最大的正方形。

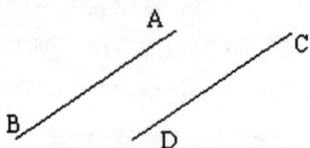

2. 利用画垂线、平行线、长方形、正方形的方法，设计一幅漂亮的图案。

‖设计思路‖

《数学课程标准》指出：动手实践、自主探索与合作交流是学生学习数学的重要方式，学习活动应该是一个生动活泼、主动发展和富有个性的过程。为落实新课标理念，创新解决问题教学方式，培养学生的核心素养，我将本节课的教学思路拟定如下：

1. 留足自主探究的时空

纸上得来终觉浅，绝知此事要躬行。作图是本单元的教学难点，方法不难理解，实践操作并不容易，与其反复强调规则，不如让学生亲自动手试一试。比如：让学生自己阅读例题，找出关键信息和要求的问题，尝试探索解决问题的方案。留给学生足够的时间和空间，让他们独立思考、动手操作，记录自己的方法或遇到的问题，并在小组内交流。对作图有困难的同学，适当给予点拨和指导，激发参与兴趣，让他们从一个被动的接受者或懒惰的观望者变为积极主动的探索者。因为耐心等待，因为热情期待，课堂有了不一样的精彩！选择作垂线的方法画长方形，方位和顺序灵活多变；选择作平行线的方法画长方形，考量技术和耐心。作图方法多种多样，每一笔鲜活，每一画灵动，一笔一画都凝聚着学生的智慧和信心。设计有效的操作活动，明确目标与方向，让思维在孩子们的指尖流淌，无论完美还是遗憾，都散发着迷人的芬芳。

2. 点到启发思考的问题

学贵有疑，疑则有进。巧设疑问，激发自主探究欲望，有助于课堂效率的提升。比如：你能想办法创造一个长方形吗？问题点燃思维的火花，有人奇思妙想，从实物中捕捉长方形的身影；有人按部就班，在点子图中刻画长方形的模样；有人别出心裁，尝试用尺子挑战长方形的特征。进而引发新的思考和疑问：怎样才能画出一个标准的长方形？选择什么方法作图……以"问"促"思"，以"思"导"行"。学生在画长方形的操作活动中，足智多谋、各显神通。又如，在思维关键处设疑：作图过程中，你想提醒同学注意些什么？在深化理解处设疑：对比习题和例题，它们之间有什么区别和联系？在类比联想处设疑：利用今天所学的知识，还能解决生活中的哪些问题？每个疑问都像一根神奇的指挥棒，启发学生不断思索，勇往直前，尝试从新的角度提出质疑：平行四边形和长方形的作图方法有什么不一样？思维从好奇和疑问开始，带着悬念走出教室，同学们意犹未尽！

3. 做好交流评价的准备

学生是学习的主人，教师是张扬学生个性的有心人。创设轻松愉悦的学习氛围，引导学生客观分析、辩证思考，建议能说会道的同学言简意赅，鼓励消极沉默的同学大胆发言。比如学生上台分享作品，教师抛砖引玉：你认为他们画得怎么样？哪些地方值得学习？想提出什么建议？对比分析，说说哪种方法更好。教师热情的话语、赞许的目光、亲昵的动作，激励着学生参与评价的信心。发现作图方法的"相同与不同"，体验解题方案的"更胜一筹"，学生有思考、有分析，有倾听、有争辩，有评价、有补充，切实进行了真正意义上的探究。敢于展示自己，是一种胆量和自信；善于评价他人，是一种能力和水平。有了交流评价意识，学生才乐意表达自己对"挂画"问题的设想，才敢于评价他人"正方形"作品的优劣，才善于总结学习收获和体会。思维来自指尖，升华于语言。孩子们相互学习和欣赏，使得"画长方形"一课有了长远的教学效益。

租船问题

罗　兰（鹰潭市第六小学）

‖ **教学内容** ‖

《义务教育教科书·数学》（人教版）四年级下册第 10 页。

‖ **教材分析** ‖

本单元学习，学生已经掌握了四则运算的意义及其各部分间的关系。在此基础上，探究用两三步计算解决的实际问题，旨在促进学生灵活思考，合理运用相关知识解决问题，感悟优化思想，提高解决问题的能力。教材利用租船的情境提供现实素材，有助于学生阅读理解，发现并提出问题，进而全面理解题意，为分析解决问题做好准备。

二年级下册，学生学习了用有余数的除法解决"至少要租多少条船"的问题；本节课继续研究租船问题，以"怎样租船最省钱"为导向，让学生经历解决实际问题的过程。通过"先假设、再调整"的思路，自主构建问题解决的方法和策略，积累解决一类问题的活动经验。

‖ **教学目标** ‖

1. 通过解决租船问题，构建"先假设、再调整"的方法策略，培养学生应用知识解决实际问题的能力；

2. 经历自主探究"费用最省"的过程，感受数据变化的规律性，培养学生的独立思考、合作交流意识及四则运算能力；

3. 感悟数学应用的灵活性、广泛性和优化思想，在实践中发展数感，体验学习成功的快乐。

‖教学重难点‖

重点：掌握先假设、再根据假设结果逐步调整的基本方法。

难点：结合数据分析，灵活运用优化策略解决生活中的实际问题。

‖教学准备‖

多媒体课件、学习单。

‖教学过程‖

一、情境激趣，提出问题

1. 阅读理解图意

师：阳光明媚，春意盎然。四（1）班的同学在老师的带领下，兴致勃勃前往滨江公园游玩。瞧，同学们正在排队，准备参加水上乐园的划船活动。

师：从图中你了解了哪些信息？请做好记录，列表整理。

【学情预设】三年级接触过用列表法解决问题，相信同学们能列表整理以下信息：我们一共有32人，大船限乘6人，小船限乘4人；小船租金24元，大船租金30元。

2. 提出数学问题

师：根据已知信息，你想提出什么数学问题？

【学情预设】凭借已有知识经验，学生能够提出"要租多少条船"的问题，进而触发疑问：一共需要多少租金？租哪种船更划算？怎样租船最省钱？

3. 全面理解题意

师：你能将信息和问题结合在一起，完整地表述题意吗？

师：今天，我们一起来研究怎样租船最省钱的问题。（板书

课题：租船问题)

【设计意图】图文并茂，诗情画意！创设水上乐园划船活动的情境，为学生提供现实的学习素材，亲切自然，激发参与兴趣，做好探究新知的准备；同时培养学生收集整理信息、发现并提出数学问题的意识和能力。

二、自主探究，解决问题

1. 假设方案，引发矛盾冲突

师：租船须知，小船限乘 4 人，大船限乘 6 人。"限乘"是什么意思？

【学情预设】为了保证安全，每条船乘坐的人数有限制，不能超载。一条大船最多能坐 6 人，可以是 5 人或 4 人……一条小船最多能坐 4 人，也可以是 3 人……

师：要解决这个问题，你打算从哪出发思考？

【学情预设】先考虑租哪种船，再算一算需要几条船，花费多少钱；先理解"最省钱"的意思，再想一想它和哪些条件有关。所有人都参加了划船，要使费用最少，可以比较两种船的收费标准，也可以比较平均每个座位的价格。

师：动手试一试吧！

【学情预设】反馈交流，学生可能出现以下两种方案

（1）全部租小船：32÷4 = 8（条），24×8 = 192（元）；

（2）全部租大船：32÷6 = 5（条）……2（人），5 + 1 = 6（条），30×6 = 180（元）。

【设计意图】找准学习起点，顺其思维特点，留给学生独立思考的空间。从数据入手，有同学只关注表面，首先想到的是全部租小船，因为小船收费标准低，并且计算简单，"32÷4"没有余数；也有同学比较单价，发现租大船人均费用少，打算全部租大船。于是产生矛盾冲突，引发逻辑思辨，促进学生综合考虑

问题。

2. 逐步调整，探寻最优方案

师：哪种思路更合理？为什么？

【学情预设】180<192，全部租大船更合理。因为大船乘坐的人数多，需要的数量少，单价便宜，每个座位 5 元，总费用少一些。

师：还有不同意见吗？说说你的想法或建议。

【学情预设】如果全部租大船，就会有一条船只坐了 2 人，没坐满也要承担空座位的费用。因此，有同学建议租 5 条大船和 1 条小船，这样可以节省钱。

（3）大小船混租：5 条大船和 1 条小船。$30×5 = 150$（元），$150+24 = 174$（元）。

师：怎样租船可以更省钱？小组讨论一下。

【学情预设】因为小船没坐满，有同学质疑：如果不空座位，会不会更省钱？进而想到移多补少，将 1 条大船上的 6 人和 1 条小船上的 2 人合在一起，刚好可以坐满 2 条小船：$（6+2）÷4 = 2$（条）

（4）大小船混租：4 条大船和 2 条小船。$30×4+24×2 = 168$（元）

师：比较四种方案，你发现了什么？

【学情预设】单价不同，全部租大船比全部租小船省钱；大船和小船混租，比单独租大船更省钱，租 4 条大船和 2 条小船最省钱；比较总费用，学生发现需要的租金越来越少，$192>180>172>168$。

师：要使租船费用最省，你有什么好的建议？

【学情预设】对比租船费用，学生初步感知数据变化，可能提出：先比较单价，多租大船，少租小船；再根据空座的情况适当调整方案；保证尽量坐满，不浪费资源最省钱。

【设计意图】"哪种思路更合理？全部租大船是否最佳方案？怎样租船可以更省钱？"巧设疑问，激发思想的涟漪。如果不空座位，会不会更省钱？对比分析，学生自主发现问题，尝试提出建议，进而调整思路，力求找出最佳租船方案。

师：怎样证明租4条大船和2条小船是最省钱的方案？

师：完成学习单。先独立思考，再小组交流，验证自己的设想。

3. 对比反思，感悟思想方法

方案	30元/6人/大船	24元/4人/小船	总人数	总金额	空座位
①		8条	32	24×8＝192（元）	0
②	6条		32	30×6＝180（元）	4
③	5条	1条	32	30×5+24＝174（元）	2
④	4条	2条	32	30×4+24×2＝168（元）	0
⑤	3条	4条	32	30×3+24×4＝186（元）	2
⑥	2条	5条	32	30×2+24×5＝180（元）	0
⑦	1条	7条	32	30+24×7＝198（元）	2

师：观察数据变化，你又发现了什么？

【学情预设】通过完成表格的填写，大多数同学能够发现：没有空座，多租大船、少租小船更省钱；还有空座，个别学生会根据空座的数量比较费用情况，但难以发现其中的规律，需要教师适当点拨。空座数量相同都是2，多租大船、少租小船更省钱；空座数量增加到4，总金额并不是最大，因为全部租大船。

师：同学们还有疑惑吗？

【学情预设】坐满不一定最省钱，有空位不一定更花钱。有人质疑：解决实际问题时，怎样快速找到最佳方案？围绕这个问题，孩子们各抒己见……

师：遇到问题，能做到全面有序思考，尝试表达自己的想法，同时倾听他人意见，这种学习态度值得赞赏！

师：你能总结一下租船问题的解决策略吗？想提醒同学注意什么？

师小结：先比单价，算一算租哪种船更便宜，如果刚好坐满，就确定这种方案；如果还有空座，再适当调整，大船和小船混租，选择多租单价便宜的船。解决实际问题时，要灵活思考，结合具体情况进行分析，不能生搬硬套。

师：回头看，问题解决过程中我们经历了哪些基本步骤？分别做了什么？

【学情预设】学生基本能表述解决问题的三大步骤：（1）阅读与理解，收集整理信息，发现并提出数学问题；（2）分析与解答，先假设，再调整，逐步形成最优方案；（3）回顾与反思，学习过程中遇到哪些困难，采用什么方法解决问题。

【设计意图】由表及里，逐层深入，自主构建租船问题的方法和策略。在问题解决过程中，培养学生全面有序思考、合理选择和正确计算的能力；感受数据变化规律，渗透优化思想，提高学生观察、分析、表达等综合素养，形成反思意识和倾听习惯。

三、问题拓展，举一反三

师：想一想，生活中有哪些问题可以借助租船策略来解决？

【学情预设】类比联想，大部分同学会提出租车问题，怎样租车最省钱？个别学生会想到旅游购买门票或商场购物，选择哪种方案更合算？

1. 自由选择，独立练习

完成课本练习三的第 4—5 题；或改变例题中的数据信息，重新解决问题。

2. 对比分析，深化理解

师：习题和例题之间有什么相同和不同？

【学情预设】租车和租船相同：都要先观察数据，比较每个座位的费用，选择单价便宜的租；如果还有空座，适当调整方案，尽量坐满，不浪费资源。三道题的共同之处：充分利用数据说话，选择单价便宜的方案，总费用最少的胜出。

门票问题和租船问题不同：不只关心单价，还要关注成人和儿童的数量。成人多、儿童少，设法购买团体票；儿童多、成人少，分开买票更划算。

【设计意图】学以致用，拓展延伸。在变化中求同，在类似中求异，深化学生对租船问题的理解，促进他们灵活运用知识解决实际问题，掌握解决一类问题的方法和策略；感悟数据分析的至关重要，在课堂实践中发展学生的数感。

四、课堂总结，提炼升华

1. 本节课你有哪些收获？

2. 印象最深刻的是什么，还有疑问吗？

【设计意图】结合板书，回顾本节课的知识要领，畅谈学习收获，总结活动经验；反思探究过程中出现的疑难困惑，鼓励学生提出新的问题。画龙点睛，为课堂增添一抹灵动的色彩！

‖ **作业设计** ‖

1. 学校有 361 名学生和 19 位老师参加研学活动，准备了 8500 元租车。如果每辆车都坐满，一辆大车能坐多少人？租金多少元？小车呢？

2. 课后调查，收集相关数据，针对费用问题，小组合作设计一个购物的优化方案。

‖ **设计思路** ‖

租船问题是一个经典的学习课题，承载着数学与生活的密切联系。结合新课标的思想理念，确定本节课的目标与方向。围绕教学重难点，引导学生经历问题解决的过程，懂得如何选择租船方案以及方案选择的依据何在。

1. 在矛盾冲突中逐步调整方案。

根据总人数和每条船的限乘人数计算出需要多少条船，这是学生的已有知识经验。怎样租船最省钱？孩子们首先考虑的是租哪一种船更便宜，很少有人关注是否坐满的问题。拒绝教师先入为主，让学生自行选择租船方案，旨在使其经历问题解决的过程，获得"先假设再调整"的基本方法，而非只关注问题本身。留足思考空间，暴露思维缺陷，让学生在矛盾冲突中逐步调整思路，完善方案的优化策略。比如有同学只看表面现象，认为小船收费标准比大船便宜，并且方便计算、不用考虑余数，自然选择全部租小船；也有同学对数据比较敏感，发现单价不一样，$30÷6＝5$、$24÷4＝6$，决定全部租大船，从而出现两种方案。比较总费用，不假思索得出全部租大船最省钱，这是孩子们易犯的错误。巧设疑问：还有不同意见吗？促进学生反思：虽然租大船比租小船个人费用少一点，但租大船会出现坐不满的情况，不能达到最优方案的选择目标，所以要进行第三种方案选择，尝试大船和小船混租的方式……组织讨论，引发质疑：如果不空座位，会不会更省钱？最终发现：多租大船，少租小船，刚好坐满最省钱。给思维的天空一抹蔚蓝，学生自主探究的热情渐长。

2. 在对比分析中感悟优化思想。

数学要透过现象看本质，就得抓住数据信息，强化对比分析。本节课教学着力体现在对比中深入发展，尤其是注重数据分析，从中发现变化规律。比如：方案的逐步优化，对比分析了三个方面的数据，学生发现：刚好坐满，所租大船的条数（0、2、4）逐渐增加，小船的条数（8、5、2）逐渐减少，租船费用（192、180、168）相应减少；没坐满，空位的个数相同（都是2），大船的条数（1、3、5）增加，小船的条数（7、4、1）减少，租船费用（198、186、174）相应减少；单独租 6 条大船，有 4 个空位，不如租 5 条大船和 1 条小船，少了 2 个空位，更省钱。通过分类比较，发现数据变化规律，得出结论：多租大船，少租小船，尽量坐满，空座越少越省钱。究其原因：充分利用资源，大船每个座位的费用比较便宜。这样一来，培养了数据分析能力，增强了学生的数感，同时渗透了优化的数学思想。

3. 在实际应用中发展学生数感。

租船问题的数学模型应用广泛。旅游租车、商场购物、购买门票，处处都蕴含着优化思想。灵活运用知识解决实际问题的能力，很大程度上取决于学生的数学敏感。比如：让学生独立完成练习三的第 4 题，解决"怎样租车最省钱"的问题。大部分同学会运用租船的方法，按部就班地解决问题。先比较单价：$900 \div 40 < 25$，$500 \div 20 = 25$，决定租大车，再适当调整，得出"租 8 辆大车和 1 辆小车"费用最省。而有的孩子会走捷径，是因为他一眼就能看出数据端倪：大车可乘坐人数是小车的 2 倍，但费用却比小车租金的 2 倍少，毫不犹豫地选择租大车。会用数学的头脑分析现实世界，首先得会拿数据做文章，也就是有敏锐的数感。实际应用中，多鼓励学生关注数据信息，重视数量关系，增强估算意识，学会从简便的角度去分析问题，这样才能灵活运用数学模型解决实际问题。比如购买门票，方案抉择自然是数据的召唤，因为成人票价通常是儿童票价的 2 倍以上，而团体票价一般介于两者之间。数感好的学生，在选择购买方案时总能技高一筹。

求四边形的内角和

罗　兰（鹰潭市第六小学）

‖ **教学内容** ‖

《义务教育教科书·数学》（人教版）四年级下册第 68 页。

‖ **教材分析** ‖

本单元教材，编排了三角形的定义、构成要素以及各要素之间的关系等知识；从直观层面向关系层面深入，揭示三角形的内角和，沟通多边形与三角形的内在联系；不仅能从形的方面发展学生的空间观念，还能在动手操作、实验探索和实际应用等方面拓展学生的认知，发展他们的思维能力和问题解决能力。

"求四边形的内角和"是在学生已经认识四边形、会求三角形内角和的基础上进行教学的。借助一定的逻辑思维能力和空间想象能力，学生可以根据已有知识经验进行自主学习，关键是理解"内角和"的含义，思考如何将四边形转化成三角形求证内角和。通过创设情境，激发疑问和猜想，让学生经历观察、思考、推理、归纳的探索过程；关注从特殊到一般，渗透分类验证的思想，让学生感受到所得的结论具有普遍性。对学有余力的学生，可以引导他们继续探索多边形的内角和，在边数增加变化中感悟数学研究方法，培养合情推理能力。在实验操作过程中，教师要注意方法指导。如何将多边形分割成若干个三角形，"连线"对学生来说是个难点，要引导他们观察和思考，怎样可以避免产生多余的角，从而做到有的放矢。

‖教学目标‖

1. 运用探索三角形内角和的活动经验，解决四边形内角和是多少度的问题，渗透转化的思想方法；

2. 通过探究四边形的内角和，让学生经历观察、思考、推理、归纳的过程，培养学生分析推理和抽象概括的能力；

3. 引导学生积极参与丰富多彩的实践活动，体验解决问题策略的多样化，感受学习成功的喜悦，领悟数学知识的奥秘。

‖教学重难点‖

重点：自主探究四边形的内角和是多少度，渗透分类验证的思想方法。

难点：体会实验所得的结论具有普遍性，培养学生的合情推理能力。

‖教学准备‖

多媒体、课件、学习单，各种四边形、尺子、量角器等。

‖教学过程‖

一、游戏激趣，引发好奇

师：同学们，我们先来玩个游戏，看看谁更善于思考问题。

1. 我说你猜，并说说你的想法。

（1）有两个锐角，分别是40°和50°，它是什么三角形？

（2）一个顶角是96°的三角形，它的两个底角可能是多少度？

2. 你量我算，并猜猜我的做法。

学生拿出平行四边形学具，量出其中一个角的度数，教师默算其余三个角的度数。

【学情预设】第一个游戏，根据三角形的内角和是180°，学生可以猜出（1）是直角三角形。因为 $50°+40°=90°$ ，$180°-90°=$

90°；（2）顶角是 96° 的钝角三角形，两个底角可能是 50°、34°；45°、39°；42°、42°……因为 180°−96°＝84°。

第二个游戏，教师汇报计算结果，再请学生帮忙验证。孩子们比较好奇：老师是怎么算出平行四边形另外三个角的度数？有同学猜想计算结果可能与平行四边形的特点有关。带着悬念，师生共同走进新课学习。

【设计意图】猜一猜，激发参与兴趣；说一说，激活思维能力。通过游戏，唤起学生已有知识经验，灵活运用三角形的内角和解决实际问题；创设情境，引发好奇和疑问，让学生带问题积极投入新知探究。

二、诱导猜想，提出问题

师：从游戏中你发现了哪些秘密？想提出什么数学问题？

【学情预设】运用三角形的内角和是 180°，可以求出其中某个角的度数或估计两个角的大小，还可以判断三角形的类别；通过测量和计算，有同学猜想平行四边形的内角和是 360°；有同学质疑：四边形的内角和是多少度？

师：四边形的内角和是多少度？这个问题值得思考和探讨，今天我们一起来研究。(板书课题：求四边形的内角和)

师：阅读课题，你找到了哪些关键信息？说说它们的含义。

师：谁来猜一猜，四边形的内角和是多少度？

师：要解决这个问题，你打算从哪出发思考？

【学情预设】有人猜测四边形的内角和是 360°。有人认为，要解决这个问题，得抓住关键信息"四边形"及"内角和"进行分析。有人提议，先找出四边形的内角，再量一量、算一算。

师：对于他们的猜测和思考，你有什么疑问？

【学情预设】学生质疑：四边形可以分成几种图形，这些图形的内角和是不是一样的呢？

【设计意图】巧设悬念，抓住学生的好奇心和求知欲，鼓励他们大胆猜想和质疑，引出研究课题：四边形的内角和是多少度？围绕课题进一步引发疑问：四边形可以分成几种图形？这些图形的内角和是不是一样的呢？用数学的眼光发掘问题的本质，探测研究的方向，为分类验证做好准备。在思考和想象中，培养学生发现并提出问题的能力。

三、实验操作，解决问题

师：先独立思考，再拿出学具分类验证自己的猜想。

【学情预设】根据已有知识经验，学生可能会将四边形分为三类探究内角和：

（1）长方形和正方形；（2）平行四边形和梯形；（3）任意四边形。

（实验反馈，展示交流）

探究一：

长方形和正方形是特殊的四边形，4个角都是直角，它们的内角和是360°。因为 90°+90°+90°+90°＝360° 或 90°×4＝360°。

探究二：平行四边形 　梯形

先让学生猜一猜内角之间的关系；再量一量、算一算、剪一剪、拼一拼。引导发现：平行四边形 ABCD 中，<A＝<C，<B<D；<A+<B＝<C+<D＝180°或<B+<C＝<A+<D＝180°，即相对的两个内角相等，相邻的两个内角之和是180°，所以平行四边形的内角和是 180°×2＝360°。梯形的上底和下底之间，相邻的两个内角之和是180°，即 <1+<2＝<3+<4＝180°，所以梯形的内角和也是360°。

【设计意图】四年级上册，学生接触过"测量四边形各个角的度数"问题。在此引导发现各内角之间的关系,深化学生对平行四边形和梯形特征的认识。一举多得,既验证了学生的猜想,又为求解角的度数找到了依据。

探究三:采用剪拼的方法,将任意四边形的四个角拼成了一个周角(360°)。

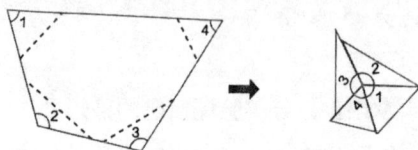

师:在剪拼过程中,你想提醒同学注意些什么?

【学情预设】剪拼之前,给四个角做好标记,以免张冠李戴。

师:根据四边形的分类及其特点,通过计算、测量、剪拼,我们验证了自己的猜想,求出了四边形的内角和是360°。

师:还有不同的做法吗?说说你的思路。

【学情预设】连接四边形的一条对角线,将它分割成两个三角形。两个大角分割成4个小角,但四边形的内角和不变。一个三角形的内角和是180°,一个四边形的内角和等于两个三角形的内角和,即180°×2=360°。

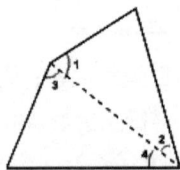

师:看清楚、听明白了吗?其他同学是否有补充?

【学情预设】无论是特殊的四边形还是任意四边形,都可以分割成两个三角形;用这种方法求四边形的内角和,不用考虑测量误差,省去了剪拼的麻烦。

师:将未知转化为已知,是一种重要的数学思想方法。连接对角线，找到四边形与三角形之间的内在联系，同学们找到了更简便的方法解决问题。善于思考，乐于分享，老师为你们点赞！

【设计意图】从特殊到一般，分类求证四边形的内角和是360°。在实验操作中，培养学生观察、分析、推理、归纳的能力。鼓励学生多角度思考问题，形成解题策略的多样化；沟通图形之间的内在联系，渗透转化的数学思想方法。

师：想一想，答案正确吗？过程与方法是否合理？

【学情预设】四边形可以分成长方形、正方形、平行四边形、梯形和任意四边形。长方形或正方形是特殊的四边形，四个角都是直角，所以内角和是360°。其他四边形的内角和，通过测量或剪拼实验，结果也是360°。因为分类验证，全面有序思考问题，结论涵盖了所有四边形的情况，所以答案正确且过程与方法合理。

师小结：通过计算、测量、剪拼、转化等方法，从特殊事例到一般情况，我们大家共同证明了所有四边形的内角和都是360°。能从不同的角度思考问题，采用多种策略解决问题，看来同学们爱动脑筋，很会学习！

师：回头看问题解决过程，我们经历了哪些基本步骤？关键是什么？

【学情预设】经历解决问题三步曲：阅读与理解，抓住题目中的关键信息，思考解决问题的出发点，提出猜想和疑问；分析与操作，把握四边形的结构特点，通过计算、测量、剪拼、转化等思路，分类验证自己的猜想；回顾与反思，想一想解决问题的方法策略是否合理、答案是否正确。关键是敢于猜想，学会思考和分析。

【设计意图】回顾解决问题的过程与方法，想一想答案是否正确，培养学生的反思意识和推理能力；领悟解决问题的关键，让学生体会到所得的结论具有普遍性。

四、灵活运用，拓展思维

师：猜一猜，五边形的内角和是多少度？六边形、七边形呢？你能想办法求出它们的内角和吗？（小组合作探究，完成学习单）

圆形						……
边数	3	4	5			……
内角和	180°	180°×（　　）	180°×（　　）			……

【学情预设】学生勇于猜想，但答案不一。因为边数的增加，学生在分割图形时可能出现问题，连线后出现了多余的角，导致解题结果错误。教师要引导学生仔细观察，看看转化后的图形内角之和是否等于原图形的内角之和。为了避免产生多余的角，连线不能交叉，必须连接两个不相邻的顶点。在此基础上，学生可能把五边形分割成 3 个三角形、六边形分割成 4 个三角形、七边形分割成 5 个三角形，进而计算出它们的内角和：180°×3＝540°；180°×4＝720°；180°×5＝900°。也可能把多边形转化为"四边形＋三角形"求内角和。五边形：360°＋180°；六边形：360°×2；七边形：360°×2＋180°。对比分析，其中的相同因数是 180°，也就是可以转化为若干个三角形，问题的本质都是求几个 180°的和是多少。（投影展示，集体交流）

师：对比习题和例题，它们有哪些相同和不同之处？你发现了什么？

【学情预设】相同：都可以转化为三角形来求内角和；不同：边数、内角和都不一样；边数增加，内角和增大。观察各部分变化，有同学发现：图形的边数总是比三角形的个数多 2，增加一条边就增加一个三角形，内角和随之增加 180°……

师：利用我们发现的规律，你能算出十边形的内角和吗？n 边形呢？

【学情预设】部分同学能利用规律计算出十边形的内角和是 $180° \times (10-2) = 1440°$。但概括 n 边形的情况有点难，不要求掌握，了解即可。因为学生还没接触用字母表示数，教师可以适当引导：n 表示图形的边数，是大于或等于 3 的自然数，从而归纳出多边形内角和的计算公式：$180° \times (n-2)$。

师：关于图形与几何，想象一下，还有哪些问题能用转化的方法来解决？

【学情预设】学生可能联想到运用平移或旋转，把不规则图形转化为长方形求周长或面积；甚至有同学猜想，不规则物体可以转化为长方体来求体积……

【设计意图】动脑筋、想办法，继续研究系列多边形的内角和，让学生进一步体会转化的数学思想方法。对比异同，沟通联系，发现规律，使学生认识到：三角形是最基本的图形，求多边形的内角和实际上是求几个 180° 的和是多少。抓住问题的本质，发挥想象，用数学的头脑思考图形世界的奥秘，让课堂充满生命的灵动和智慧的光芒！

五、课堂总结，提炼升华

师：通过本节课学习，你有哪些新的收获？课后请用数学日记分享你的心得。

【设计意图】及时总结学习收获，深化学生对知识的理解，从中提炼出新的思想方法。用数学日记分享心得体会，训练语言表达能力，培养自我反思习惯，让学生体验学习成功的快乐，增强学好数学的信心。

‖ 作业设计 ‖

1. 求出右图中∠1、∠2、∠A、∠B 分别是多少度？

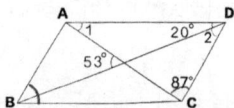

2. 如果像这样连线分割，你还能求证多边形的内角和吗？尝试列式算一算，你发现了什么？

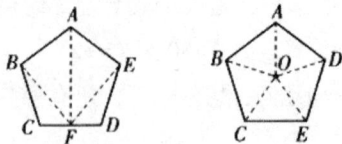

‖ 设计思路 ‖

在问题解决中培养数学思维能力，落实"四基""四能""三会"课程目标，发展学生的核心素养。力求在活动中学习、在探索中创新，我将本节课的教学思路拟定为：游戏激趣——引发好奇——诱导猜想，提出问题——实验操作，解决问题——灵活运用——拓展思维。构建探索型课堂教学模式，着力培养学生的问题意识、空间观念和实践能力。

1. 以问题驱动学习

为学患无疑，疑则有进。可见，问题是学习创造的内驱力。思维从疑问和惊讶开始，自主发现并提出问题是实现深度学习的重要方法和途径。教学伊始，巧设悬念，引发好奇：老师是怎么算出平行四边形另外三个角的度数？其中隐藏着什么秘密？思想的涟漪总是伴随疑问的旋律翩翩起舞。有人猜想平行四边形的内角和是 360°，进而触发疑问：四边形的内角和是多少度？类比联想，有人猜测四边形的内角和是 360°，进一步引发质疑：四边形可以分成几种图形，这些图形的内角和是不是一样的呢？寻找思考的出发点，把握问题的本质，明确探究方向，为分析与解决问题做好铺垫。自主探究环节，启发思考：剪拼过程中要注意些什么？比一比，拼一拼，你发现了什么？让学生在验证猜想的同时收获惊喜：发现平行四边形的对顶角相等，同旁内角之和等于180°……在此基础上，巧设疑问：还有不同的做法吗？从而渗透转化的思想，形成问题解决策略的多样化。回顾与反思：答案正确吗？过程与方法是否合理？关键是什么？让学生体会到从特殊到一般，实验结果具有普遍性，问题解决的关键是学会思考和分析。应用拓展：你能想办法求出五边形、六边形、七边形的内角和吗……挑战疑难，同学们将本节课学习推向新的高潮。

2. 以猜想活跃思维

猜想是探索性思维的一种形式，也是探索性思维的结果。问题解决中，猜想往往成为逻辑分析的支点，也为思维活动的展开提供动力和方向。比如：让学生根据相关信息想一想三角形的两个底角可能是多少度；猜一猜老师是如何算出平行四边形三个内角的度数的，从而激发同学们灵活运用知识解决实际问题的兴趣，并对即将学习的新知产生疑问和好奇。直觉和联想引发学生的合理猜测：四边形的内角和可能是 360°。为了验证自己的猜想，同学们积极思考，根据四边形的结构特点分类进行探究。又如：让学生猜一猜平行四边形或梯形的内角之间有什么关系。通过计算、测量、剪拼、分割等实验操作，让学生经历观察、分析、推理、归纳的探索过程，求出所有四边形的内角和都是360°，并体会到实验结果具有普遍性。猜想促进思考，猜想增添情趣，猜想引导推理。培养学生的猜想意识，让他们进行知识再发现和再创造。比如想办法求出多边形的内角和，同样可以先猜想再动手验证。把握前进的方向，激活思维的原动力，孩子们在学习中不断创造奇迹，逐步发现多边形与三角形的内在联系，尝试归纳出 n 边形内角和的计算公式。在类比联想和合情推理中，同学们思绪万千、神采飞扬！

3. 以操作激发创新

实验操作可以积累和强化感性认识、建立清晰而准确的理性认识，使思维形象而深刻。结合教学内容，精心设计操作活动，让学生在实践中感悟，亲历数学知识的构建过程，能有效激发创新意识，提高解决问题的能力，发展创造性思维。比如，学生通过计算、测量、剪拼、分割等实践活动，求出四边形的内角和是360°，进而运用这一规律解决实际问题。在探索多边形内角和的操作活动中，有人将五边形分割成 3 个三角形，有人将六边形分割成 2 个四边形，有人将七边形分割成 2 个四边形加 1 个三角形……对比分析，学生发现：求多边形的内角和实际上是求若干个三角形的内角和，因为四边形也能转化为三角形。有了这一突破性进展，学生才能尝试再创造，归纳出 n 边形内角和求解的一般方法。动手操作为学生创设了一个探索、猜测和发现的环境，使人人都参与到探求新知活动中，最终达到学会理解、运用、创新的目的。

分段计费

王轶男（鹰潭市师范附属小学）

‖ **教学内容** ‖

《义务教育教科书·数学》（人教版）五年级上册第16页。

‖ **教材分析** ‖

《小数乘法解决问题2　分段计费》是人教版五年级上册第一单元的内容，学生已经掌握了小数乘法、积的近似数、简便运算等知识，积累了一定的方法和能力。在教材编排注重加强小数乘法与整数乘法的联系，通过"阅读与理解""分析与解答""回顾与反思"三个步骤呈现解决问题的过程。让学生用原有的知识去解决今天的实际问题，让学生直观感受其中的规律，初步体会函数思想。

‖ **教学目标** ‖

1. 经历分段计费问题的解决过程，自主探究分段计费问题的数量关系，初步体会函数思想。能运用分段计算的方法正确解答这类实际问题，进一步提升解决问题的能力；

2. 通过独立思考、讨论及动手操作，学会解决分段计费问题的方法；

3. 培养学生分析问题的能力，进一步体会数学与实际生活的联系，激发学生的学习兴趣。

‖教学重难点‖

重点：运用分段计算的方法正确解答分段计费的实际问题。

难点：探究分段计费问题的数量关系，初步体会函数思想。

‖教学过程‖

一、情境导入，引入新课

师：同学们，平时是用什么方式出行？

【学情预设】学生可能会说公交车、私家车、出租车、网约车等。

师：同学们，关于这些出行方式，你们想研究什么数学问题？

【学情预设】想了解这些出行方式是怎么收费的。

师：你们知道出租车是怎么收费的吗？

师：没错，出租车的计费方式是分段计费的，这节课我们就来探究分段计费的问题。

【设计意图】兴趣是最好的老师，通过学生感兴趣的情境入手，提炼有用信息，提出问题，激发学生的学习兴趣，渗透数学与生活的联系。

二、探究新知，合作学习

1. 阅读与理解

师：观察图片，通过阅读与理解，说一说你获得了哪些数学信息？

【学情预设】学生能找到信息：收费标准是 3km 以内 7 元；超过 3km，每千米 1.5 元（不足 1km 按 1km 计算）。图中的叔叔所坐的出租车行驶了 6.3km。

2. 分析与解答

师：这里的 3km 以内 7 元，就是我们常说的起步价，超过 3km 的里程是其他的计费方式。这道题的问题是什么？

【学情预设】学生找到问题：王叔叔要付多少钱？

师：你们知道这个题目中，"3km 以内 7 元"是什么意思？"不足 1km 按 1km 计算"是什么意思？

【学情预设】学生能说出"3km 以内 7 元"就是 1km、2km、2.8km、3km 等这些距离都是 7 元。"不足 1km 按 1km 计算"就是比如说这个图中行驶了 6.3km、6.5km 等都是按 7km 计算。

师：理解得非常正确，现在自己想一想，尝试独立解决问题，之后再在小组内交流，说说你是怎样解决这个问题的。

学生独立思考，小组交流讨论。

学习任务一：

用你喜欢的方式表示出租车的收费标准，可以写一写、画一画并说说你是怎么想的？

【学情预设】有的学生列表，有的学生画线段图。

学习任务二：

认真思考，计算王叔叔应付的车费。

【学情预设】学生：我是分成两部分计算的，前面 3km 应收 7 元，后面 4km 按每千米 1.5 元计算。算式是：

$$7+1.5×4$$
$$=7+6$$
$$=13（元）。$$

师：你是按照两段的收费标准分段计算的。

【学情预设】学生这样计算的，可以先把 7km 按每千米 1.5 元计算，再加上前 3km 少算的。$1.5×7 = 10.5$（元），前 3km 少算：$7-1.5×3=2.5$（元），应付：$10.5+2.5=13$（元）。

师：你是先假设再调整的方法，先把行驶的7km都按每千米1.5元计算，再加上前3km少算的。

师：在解决问题的过程中，我们用了不同的方法，得出的结果却是相同的，所以今后的学习中要学会从不同的角度分析问题，用不同的方法去解决问题。

【设计意图】在分析和解决问题的过程中，感受解题策略的多样性，经历自主探索，小组合作学习，引导学生解决这类问题的一般方法。

师：你是先假设再调整的方法，先把行驶的7km都按每千米1.5元计算，再加上前3km少算的。

师：在解决问题的过程中，我们用了不同的方法，得出的结果却是相同的，所以的今后的学习中要学会从不同的角度分析问题，用不同的方法去解决问题。

师：原来这种题型可以采用分段计算也可以用补差计算，你更喜欢哪一种呢？

学生对比两种方法，选出自己喜欢的方法。

【设计意图】在分析和解决问题的过程中，感受解题策略的多样性，经历自主探索，小组合作学习，引导学生发现总结解决这类问题的一般方法。

3. 回顾与反思

师：根据得到的结果，完成下面的出租车价格表。书16页。

生填表。

师：我们一起回顾与反思下：解决的此类问题的方法是什么？

【学情预设】先读懂收费标准，理解题意，整理信息，找到关键点，再分析解答，可借助线段图，逐步找到解决问题的方法。

【设计意图】让学生发现规律，前 3km 都是 7 元，第 4km 开始，每多 1km 收 1.5 元，初步体会一次函数思想。

三、实践应用，解决问题

师：出租车是分段计费的，生活中哪种收费也是分段计费的呢？

【学情预设】根据学生的生活经验可能会说出邮局寄快递、水费的收取、停车场收费……

师：用我们今天所学的知识解决下列问题。

学习任务三：

练习 1. 某市自来水公司为鼓励节约用水，采取按月分段计费的方法收取水费。12 吨以内的每吨 2.5 元，超过 12 吨的部分，每吨 3.8 元。

（1）小云家上个月的用水量为 11 吨，应缴水费多少元？

（2）小可家上个月的用水量为 17 吨，应缴水费多少元？

（1）2.5×11=27.5（元）

（2）2.5×12=30（元）

　　　3.8×5=19（元）

　　　30+19=49（元）

答：略

练习 2. 某地打固定电话每次前 3 分钟内收费 0.22 元，超过 3 分钟每分钟收费 0.11 元（不足 1 分钟按 1 分钟计算）。妈妈一次通话时间是 8 分 29 秒，她这一次通话的费用是多少？

方法 1：0.22+（9-3）×0.11=0.88（元）

方法 2：9×0.11=0.99（元）

前 3 分钟多算：0.11×3-0.22=0.11（元）

　　　　　　　0.99-0.11=0.88（元）

答：略

【设计意图】用今天所学的知识解决实际问题，体现数学来源于生活运用于生活。练习由学生来讲评，按照解决问题的三个步骤：阅读与理解、分析与解答、回顾与解答，进一步加深了对知识的理解，让学生学会独立解决问题。

四、课堂小结，自我评价

同学们，这节课有什么收获？你的表现怎么样？

【学情预设】学生总结：这节课我们在出租车计费的情境中认识了分段计费的解决问题策略。方法一：采用分段计费法。方法二：先假设再调整。我觉得以后要多动脑，发现更多的方法。

师：老师希望大家都能够用数学的眼光看待问题，在解决问题的时候能通过画一画，说一说，等多种探究方式。并且运用今天所学的知识，解决生活中的实际问题，让我们把掌声送给努力的自己。

【设计意图】通过小结，帮助学生构建本节课知识体系，学会自我反思，自我评价。

‖ 作业设计 ‖

1. 基础练习

合影价格表
定价：27.5 元
（含 5 张照片）
加印一张 2.5 元

五（1）班 35 名师生照合影。每人一张照片，一共需付多少钱？

2. 拓展提高

邮局邮寄信函的收费标准如下表。

计费单位	收费标准／元	
	本埠	外埠
100 g 及以内的，每20 g（不足20 g，按20 g 计算）	0.80	1.20
100 g 以上部分，每增加100 g 加收（不足100 g，按100 g 计算）	1.20	2.00

（1）小亮寄给本埠同学一封 135 g 的信函，应付邮费多少钱？
（2）小琪要给外埠的叔叔寄一封 262 g 的信函，应付邮费多少钱？
（3）你还能提出其他数学问题并解答吗？

‖ 设计思路 ‖

1. 从实际中引发思考

由实际生活中的场景，引发学生思考，提出问题，让学生体验数学就在身边，数学可以解决生活问题。符合小学生的实际，凸显解决问题的重要目的。

2. 在探索中获得体验

五年级的孩子具备良好的数学学习习惯，能够在课堂中独立进行探索、小组合作等学习活动，培养孩子的自主探索能力，培养学生会自己学数学的能力，整个课堂上让孩子大胆发言，培养学生解决实际问题的能力，老师说教的时间慢慢减少，把舞台还给学生，要明白学生才是学习的主人，教师只是一个引导者和组织者。

3. 在应用中得到提升

课堂上通过学生熟悉的问题，进一步巩固今天的知识，生活中很多类似分段计费的问题。练习设计层次分明，学生能层层突破。练习设计少而精，达到高效课堂，落实双减政策。

用"去尾法"和"进一法"解决问题

彭平贵（鹰潭市第六小学）

‖**教学内容**‖

《义务教育教科书·数学》（人教版）五年级上册第39页。

‖**教材分析**‖

本节课的教学内容是新人教版五年级数学上册第三单元《小数除法》中第39页例10，它是在学生学习了小数除法、商的近似数之后进一步学习用除法解决实际问题，并且学会根据实际情况求商的近似值。

‖**教学目标**‖

1. 在实际应用中，会灵活地选用"去尾法"和"进一法"取商的近似值，培养学生解决实际问题的能力；

2. 在对生活实际问题的讨论过程中，培养学生分析、比较、灵活解决实际问题能力，并学会与他人合作、交流的能力；

3. 通过学生对不同生活情境的分析与思考，体会近似值的生活意义。

‖**教学重难点**‖

重点：根据实际需要取商的近似数。

难点：分析并理解除法应用题的解题思路。

‖ 教学过程 ‖

一、复习旧知，引入新课

（一）复习

1. 口算

2.4÷1.2＝　　15.6÷0.3＝　　7.2÷3＝　　10.5÷7＝

2. 求下列各题商的近似值

（1）48÷2.3（得数保留一位小数）

（2）5.63÷6.1（得数保留两位小数）

（二）引入

我们在实际生活中，除了用"四舍五入"法求商的近似值，还有没有其他的方法呢？今天我们就一起来探究这个问题。

【设计意图】通过以上复习题，进一步巩固小数除法的计算方法。在引入时设置悬念，从而引起学生的求知欲。

二、互动交流，探究新知

（一）"进一法"

出示例10第（1）题：小强妈妈要将2.5千克香油分别装进瓶子里，一个瓶子装0.4千克，需要几个瓶子？

1. 学生读题，找到已知信息和问题。

2. 独立思考，自主列式并计算2.5÷0.4＝6.25（个）。

3. 讨论思考：

（1）为什么用除法计算？

（2）结果是小数，怎么办？

（3）能用四舍五入法保留到整数吗？为什么？

4. 汇报交流。

（1）根据总量÷每份数＝份数，这里的总量是总油量2.5千克，每份数是每个瓶子能装的量0.4千克，要求瓶子数就是求份数，也就是求2.5里面有多少个0.4？所以用除法。

（2）瓶子个数是整数，不能用小数表示。

（3）四舍五入法，验算发现 6 个瓶子只能装 2.4 千克，装不下 2.5 千克。所以剩下的 0.1 千克还需要 1 个瓶子装。也就是把 6.25 小数点后面的尾数舍去，向个位进一，变成 7，所以共需要 7 个瓶子。

继续追问：

师：同学们，我们这次求出来是 6.25，那如果是 6.1 呢？6.01 呢？6.001 呢？

【学情预设】不管是多少，只要还有油剩下来，就还需要新瓶子，都要进一。

师：懂得抓住问题的关键，老师佩服你们！像这样，根据实际情况取近似值时，无论整数个位后面的数是多少，都要向前一位进 1 的方法，就叫作"进一法"。（板书课题）

师：那生活中同学们还在哪些地方见过类似的情况？（为了安全，不能超载）

【学情预设】班级出游时租船就是采用这种方法，旅游团出游租车也是采用这种方法。

师：我们班的孩子真是会观察生活的有心人！所以我们在解决这些问题的时候，四舍五入法还适用吗？（对了，不行。）

小结：在解决这类要把总量全部装完的问题。无论剩下多少，都需要再拿一个瓶子或者再来一辆的交通工具时，我们就要用"进一法"。

师：同学们，我们会"进一法"了，那么这一道题又要来考你们了，看看你们怎么解决？

（二）"去尾法"

出示例 10 第（2）题：王阿姨有 25 米长的红丝带，每包装一个礼盒需要 1.5 米，这些可以包装多少个礼盒？

师：同学们这么快就有想法了！用丝带总长÷每个盒子需要的丝带长度＝能包装的盒子个数。

所以列式：25÷1.5＝？

师：在练习本上算一算。

生：16.666……

师：有同学马上说，这题也要取整，盒子的个数也是整数。真善于迁移！那应该是几个呢？先独立思考，然后把你的想法在小组内说一说。

【学情预设】16 个。理由：进一法和四舍五入法验算发现：1.5×17＝25.5（米）＞25（米），所以25米的丝带包装完16个后，剩下的根本不够包装第17个。

师：对了，这道题和我们上面说的这类问题一样吗？

【学情预设】不一样，这道题不能再用进一法来解决了。剩下的丝带不够再包装一个新礼盒了，要舍去。

师：那如果算完是 16.777……呢？16.888……呢？16.999……呢？

【学情预设】只要还不满17，剩下的丝带都不够再包装一个，我们也只能忍痛割爱了。

师：同学们反应真快，没错，像这样，不管整数个位后面的数是多少，都要舍去尾数取整的方法，我们称为"去尾法"。（板书补充课题）

师：生活中你们还在哪里见过可以用去尾法来解决的问题？

【学情预设】裁缝阿姨做衣服的时候，工厂加工物品的时候。

小结：像这类加工材料或者包装物品的问题，只要剩下的材料不够再多做一个，无论剩下多少都要舍去的情况，我们就要用"去尾法"。

（三）对比

师：对比上面这两道题，你们有什么发现？它们的解答有什么相同点有什么不同点？

小组讨论。

【学情预设】第一道不管整数个位后面的数是多少，都向前一位进一；第二道不管整数个位后面的数是多少，都舍去。

师：时而舍去，时而进一呢？我们的舍与进是根据什么来判断的？

【学情预设】要根据实际情况，看是属于哪一类问题，再决定采用哪一种方法。

师：说得很好，根据实际情况灵活选择方法。

【设计意图】在这一环节，通过学生亲身经历两个实际问题的探究过程，充分体会学习"去尾法"和"进一法"的必要性。在对生活实际问题的讨论过程中，培养学生分析、比较、灵活解决实际问题能力，并学会与他人合作，与人交流的能力。

三、及时练习，巩固新知

1. 果农们要将 680 千克的葡萄装进纸箱运走，每个纸箱最多可以盛下 15 千克，需要多少个纸箱？

2. 美心蛋糕房特制一个生日蛋糕，每个需要 0.32 千克面粉。李师傅买了 4 千克面粉，最多可以做多少个生日蛋糕？

【设计意图】通过第 1、2 两小题进一步巩固根据实际情况选用"去尾法"或"进一法"解决实际问题。

四、回顾反思，全课小结

师：学了这节课你有什么收获？

【学情预设1】懂得了取近似数不仅有四舍五入法，还有进一法和去尾法；懂得了解决问题时，要及时检验所求的情况是否符合实际；解决问题时要根据实际情况来选择合适的方法。

师：数学与生活息息相关，在我们生活中有很多地方都能用到我们学过的知识，但是在应用时一定要根据实际情况灵活选择方法，希望同学们都能成为生活中的有心人，学会运用知识真正地解决问题。

【设计意图】通过回顾与小结，对本节课的知识进行整理，进而形成完整的知识体系。

‖ **作业设计** ‖

1. 基础练习。

（1）一间教室长 13m，宽 8.4m，用面积为 0.36m² 的方砖铺地，至少需要多少块这种方砖？

（2）做一件上衣需要 1.4m 布，做一条裤子需要 1.1m 布。一卷布恰好能做 50 件上衣，如果全部做裤子，最多能做多少条裤子？

2. 能力提升。

小华在计算 3.69 除以一个数时，由于商的小数点向右多移了一位，结果得 24.6，这道题的除数是多少？

‖ **设计思路** ‖

通过第 39 页例 10 两小题，使学生体会根据实际情况用"去尾法"和"进一法"取近似值的必要性。在解决问题时，学生经历"整理信息——分析数量关系——列式计算——检验反思"，进一步明确解题思路。在课堂上充分调动学生的学习积极性，让每位学生参与到课堂活动探究中，从而真正成为学习的主人。

两数之和的奇偶性

王轶男（鹰潭市师范附属小学）

‖ **教学内容** ‖

《义务教育教科书·数学》（人教版）五年级下册第 15 页。

‖ **教材分析** ‖

《两数之和的奇偶性》是人教版五年级下册第二单元的内容。是在学习了因数与倍数 2、5、3 的倍数的特征，奇数、偶数、质数、合数的基础上进行学习的。通过"阅读与理解""分析与解与解答""回顾与反思"三个步骤呈现解决问题的过程。教材安排的这一问题主要是渗透用举例和数形结合等策略解决问题，增强孩子们的符号意识，锻炼孩子们分析问题、解决问题的能力。

‖ **教学目标** ‖

1. 通过自主探究与合作交流，了解两个或几个数之和的奇偶性，初步发现其中所蕴含的数学规律；

2. 借助几何直观运用树形结合的方法理解并掌握两数之和的奇偶性；

3. 经历猜想、实验、验证的过程体会到生活中处处有数学。

‖ **教学重难点** ‖

重难点：探究两数之和奇偶性的过程中渗透解决问题的策略，能运用和的奇偶性分析和解释生活中的一些简单问题，理解两数之和的奇偶性的必然性。

‖ 教学过程 ‖

一、复习导入，引入新课

师：志当存高远，学习需努力，欢迎同学们来到今天的课堂，和我一起开启今天的探索之旅，通过前面的学习我们认识了奇数和偶数，我任意给你一个数，你能快速判断奇偶性吗？（出示数字卡片，学生说）

【学情预设】学生很快说出答案。

师：非常好，你们是怎样做到又快又对的？

【学情预设】在整数中是 2 的倍数的数就是偶数，否则就是奇数。或者说个位是 0、2、4、6、8 的数是偶数；个位是 3、5、7、9 的数是奇数。

师：如果要用字母来表示所有的偶数、奇数，你会怎样表示？

【学情预设】偶数：2n，2m……奇数 2n+1、2m+1……

师：如果任意给你两个数，你还能快速判断它们和的奇偶性吗？今天我们一起来研究两数之和的奇偶性。

【设计意图】由学生熟悉的知识点顺利引入今天的学习内容。

二、探究新知

师：同学们，我们一起来学习今天的内容，展示例题：奇数与偶数的和是奇数还是偶数？奇数与奇数的和是奇数还是偶数？偶数与偶数的和呢？请读题。

1. 收集信息，阅读与理解

师：同桌互相说一说，你知道了什么信息？要解决什么问题？

学生汇报整理。

【学情预设】可以对题目进行梳理：

奇数+偶数 = ?

奇数+奇数 = ?

偶数+偶数 = ?

【设计意图】让学生用自己的语言说说题目的意思，通过阅读与理解呈现对已知条件和问题进一步梳理和内化的过程。通过学生的表述，让学生感受解决问题的第一步是深入理解题目的意思，并在理解的基础上规范表达，列出简单明了的信息，将数学中的信息初步抽象成数学问题，体会数学的简洁性。

2. 探索交流，分析与解答

师：我们首先来探讨第一个问题，奇数+偶数 = ？

同学猜一猜，对你的猜想进行验证并得出结论，学生安静思考。

【学情预设】

方法一：举例法

1+6 = 7   11+12 = 23   10+11 = 21

得出结论：奇数+偶数 = 奇数

师：这个结论正确吗？不能确定怎么办？我们能不能尝试其他办法？

方法二：画一画

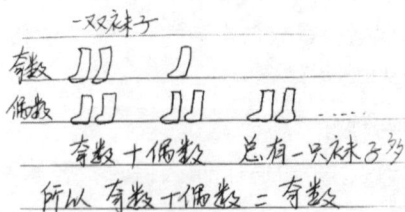

得出结论：奇数+偶数 = 奇数

方法三：数形结合

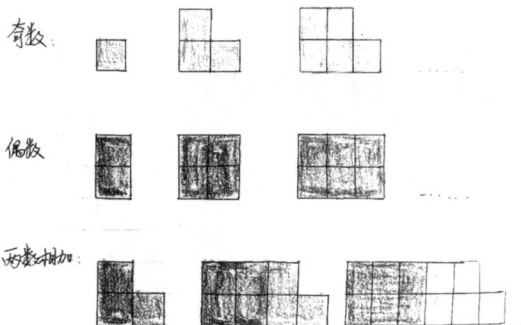

奇数：

偶数：

两数相加：

得出结论：奇数+偶数=奇数

得出结论：奇数+偶数=奇数

学生展示方法并讲解。

方法四：根据奇偶性判断

2n 表示偶数，2m+1 表示奇数。

2n+2m+1=2（n+m）+1，这个数是奇数。

得出结论：奇数+偶数=奇数。

师：你用了数学家的方法，代表了所有的奇数+偶数=奇数，了不起，掌声送给他。

【设计意图】放手让学生经历探索的过程，通过写一写、说一说、画一画，让不同层次的孩子都得到发展，让每个孩子都经历解决问题的思考过程，解决问题的各种策略。

师：同学们我们一起回顾下刚刚的学习过程，先进行大胆猜想，再用举例、数形结合、字母表示数等方法验证。你们能用刚刚所学的方法继续探究其他两个问题吗？

奇数+奇数=？

偶数+偶数=？

学生自主探究并用自己喜欢的方法得出结论：

奇数+奇数=偶数

偶数+偶数=偶数

【设计意图】让学生再次经历探究过程。

3. 回顾与反思

师：同学们刚刚用了各种方法探究，这些结论正确吗？我们用一些大数进行验证。

【学情预设】学生的本子上任意写一些大数进行验证，结论正确。

师板书：

奇数+偶数=奇数

奇数+奇数=偶数

偶数+偶数=偶数

师：你们发现规律了吗？

【学情预设】同为奇数或是同为偶数它们的和为偶数。奇偶不同和为奇。

师：同学再想想，2个偶数相加等于偶数，3个偶数相加等于什么？4个、5个……50个，100个……

【学情预设】都等于偶数，不管多少个偶数相加都等于偶数。

师：那奇数呢？

【学情预设】2个奇数和为偶，3个奇数和为奇，4个奇数和为偶………单数个奇数的和为奇数，双数个奇数的和为偶数。

【设计意图】让学生自己推导出两数之和奇偶数，推理出多个数和的奇偶性让学生主动思考，在原有知识上得到更有深度的思考，锻炼孩子的推理能力。

三、学以致用

1. 基础题

(1) 30 名学生要分成甲、乙两队。如果甲队人数为奇数，乙队人数为奇数还是偶数？如果甲队人数为偶数呢？

（2）不计算，判断下列算式的结果是奇数还是偶数？

1+2+3+4+5+……+99+100＝？

【学情预设】学生不难发现，在连加算式的奇偶性要看算式中有多少个奇数，因为偶数个奇数相加的和是偶数，偶数个偶数相加的和是偶数，只有奇数个奇数相加的和是奇数，所以只要数一数有多少个奇数相加就能判断和的奇偶性。

2. 提升练习

924+31（   ）的和是奇数，（   ）里可以填（   ）。

926－12（   ）的差是偶数，（   ）里可以填（   ）。

3. 拓展练习

你觉得两数之差的奇偶性是怎么样的？两数之积的奇偶性是怎么样的？

四、课堂总结

今天学了什么？

【学情预设】回顾知识点，回顾学习方法。

‖ 作业设计 ‖

1. 基础练习

（1）一个杯子，杯口向上放在桌上，翻动 1 次，杯口向下，翻动 2 次，杯口向上，那么翻动 10 次，杯口向（   ），翻动 19 次，杯口向（   ）。

（2）最小的两位数和最大的两位数相加的和是（   ）数。

（3）相邻的两个自然数相加，和一定是（   ）数。

2. 拓展提高

如果 A 是奇数，那么 1093+88+A+25 的和是偶数还是奇数？

‖ 设计思路 ‖

解决问题的三个步骤孩子们要具体落实，在阅读与理解中，锻炼孩子提炼有用信息的能力。在分析与解答中，尝试多种策略，给孩子们足够的时间探究；在回顾与反思中，进一步验证猜想。在教学中渗透建模思想，数形结合思想；在探究中演绎推理；在应用中得到提升，练习设计层次分明，学生能层层突破。练习设计少而精，达到高效课堂，落实双减政策。

‖ **教师简介** ‖

王轶男，鹰潭市小学数学骨干教师，江西省"小学数学解决问题有效教学策略研究"课题组核心成员；在罗兰名师工作室开展的教学研讨系列活动中上示范观摩课三次，荣获竞赛评比特等奖两次。

最大公因数的应用

王轶男（鹰潭市师范附属小学）

‖ **教学内容** ‖

《义务教育教科书·数学》（人教版）五年级下册第 62 页。

‖ **教材分析** ‖

《最大公因数的应用》这节课是在学生已经了解了公因数和最大公因数的意义，并且学会了找公因数和最大公因数的方法的基础上进行教学的。也是进一步学习约分和分数四则运算的基础。

‖ **教学目标** ‖

1. 进一步理解公因数和最大公因数的意义，掌握运用公因数的知识解决生活中简单的实际问题的方法；

2. 让学生经历解决数学问题的过程，培养学生解决问题的能力；

3. 发现实际生活与数学的联系，在分析、比较、归纳、反思等活动中积累数学活动经验。

‖ **教学重难点** ‖

重点：掌握运用公因数的知识解决生活中简单的实际问题的方法。

难点：能正确判断生活中的实际问题是否要利用最大公因数

的知识来解决。

‖ **教学过程** ‖

一、创设情境，揭示课题

师：同学们，小明家准备给贮藏室铺地砖，应该怎么铺呢？

课件出示教科书 P62 例 3 主题图及条件。

师：从图中同学们获得了哪些数学信息？

【学情预设】学生可能会说贮藏室长 16dm，宽 12dm；地砖是正方形的；地砖是边长为整分米数的正方形；要求把贮藏室的地面铺满……

师：同学们搜集信息真仔细，铺地砖时要特别注意以下四点要求：地砖是正方形的、整块的、边长是整分米数的、地面要铺满。

【设计意图】创设生活情境，从学生身边实际生活中的事例引入新课，让学生感受到数学就在身边，同时通过阅读理解，让学生自然地进入了观察、发现阶段，激发学生的学习兴趣。

师：根据同学们搜集到的数学信息，你能提出什么数学问题？

【学情预设】学生可能会提出：可以选择边长是几分米的地砖？边长最长是多少分米？最少要多少块地砖？……

师：同学们提出的问题都很有价值，本节课我们就来解决铺地砖的问题。(板书课题：最大公因数的应用)

二、合理引导，探寻策略

课件补充问题：可以选择边长是几分米的地砖？边长最大是几分米？

1. 分析与解答

师：同学们静静地想一想，正方形地砖的边长与贮藏室地面的长和宽有什么关系？

【学情预设】要使所用的正方形地砖都是整块的，正方形地砖的边长又是整分米数，那么地砖的边长必须既是 16 的因数，又是 12 的因数。

凭借经验猜想。

师：如果要用边长是整分米数的正方形地砖把贮藏室的地面铺满，猜想一下，地砖的边长可以是多少分米呢？

【学情预设】学生可能会说：①可以选边长是 1dm 的地砖；②可以选边长是 4dm 的地砖；③可以选边长是 2dm 的地砖；④可以选边长是 3dm 的地砖……

师：同学们的猜想对吗？下面我们就从边长是 1dm 的地砖开始研究。

（课件出示一个长方形代表贮藏室，每个小正方形表示边长为 1dm 的地砖。）

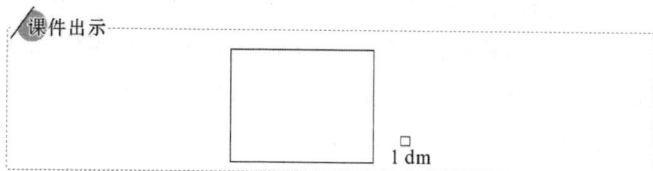

师：想象一下，怎么铺？

【学情预设】学生可能会说：沿着长可以铺 16 块，沿着宽可以铺 12 块……

2. 验证猜想

（1）验证边长为 1dm 的地砖。

师：看屏幕，和大家想的一样吗？如果老师用示意图这样表示，可没有画满，同学们能看懂吗？（课件出示用 1dm 地砖铺地示意图）

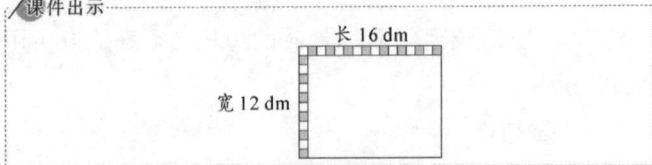

课件出示

长 16 dm

宽 12 dm

学生说说自己想到的铺法后，课件演示 1dm 的地砖完整的铺法。

【设计意图】让学生通过猜测，从边长是 1dm 的地砖开始研究，初步验证猜想的合理性。课件分两步呈现边长 1dm 的地砖铺设情况，培养学生的空间想象力，为后面画铺边长是 2dm、4dm 的地砖的铺法提供思路，同时也给不确定的学生留有思考空间。

（2）验证边长是 2dm、4dm 的地砖。

师：我们刚才还想到了边长是 2dm、4dm 的地砖的铺法，用刚才学到的方法，在方格纸上将你的想法画出来。

同学们独立操作，教师巡回指导，让学生汇报交流。

课件演示边长是 2dm、4dm 的地砖完整的铺法。

（3）验证边长是 3dm 的地砖。

师：地砖的边长是不是只能是 1dm、2dm、4dm 呢？前面有的同学猜想的是 3dm，同学们画一画，你发现了什么？

【学情预设】学生可能会说地砖的边长只能是 12 和 16 的公因数，而 3 不是 12 和 16 的公因数；画不满，不合要求……

师：通过刚才的探究，同学们有话要说吗？

【学情预设】要求地砖是整块的、边长是整分米数的且要铺满地面，地砖的边长必须是贮藏室长和宽的公因数，要求地砖的边长最大是多少，就是求长和宽的最大公因数是多少……

师：可以选择边长是几分米的地砖？边长最大是几分米？为什么？

【学情预设】可以选择边长是 1dm、2dm、4dm 的地砖，边长最大是 4dm。

师生共同归纳，课件完整地呈现解答过程（并板书）。

> **课件出示**
>
> 16 和 12 的公因数有 1,2,4。最大公因数是 4。
>
> 所以可以选边长是 1 dm，2 dm，4 dm 的地砖，边长最大是 4 dm。

【设计意图】通过猜测、画图验证等活动，为学生积累了丰富的数学活动经验，进一步强化了公因数的概念。

师：通过刚才的研究，我们观察一下，地砖的边长与块数有什么关系？

【学情预设】地砖的边长越大，块数越少；要让所使用的地砖的块数最少，那么地砖的边长必须最大……

教师归纳：地砖的边长越大，需要的块数越少。

3. 理论提升，建立模型

师：同学们想一想，这个实际问题其实就是数学中的什么问题？

【学情预设】就是求两个边长的公因数和最大公因数。

师：你们觉得什么时候需要求公因数解决问题呢？

【学情预设】所求的数量同时是两个数的因数时，就求这两个数的公因数。

师：我们回忆一下用公因数和最大公因数解决生活中的实际问题，经历了哪几个步骤？

【学情预设】学生可能会说：在解决问题时通过读题，理解题意；通过分析，找到解决问题的方法；通过反思，提升实践智慧……

【设计意图】在解决问题时，先让学生理解题意，提出有价值的问题，然后让学生借助操作、交流、讨论等活动，进一步认识到正方形的边长既是长方形的长的因数，又是长方形的宽的因数，从而将实际问题转化为数学问题，培养了学生发现问题、提出问题、分析问题、解决问题的能力。

三、实践应用，形成技能

课件出示教科书 P63 练习十五第 6 题。

男生有 48 人，女生有 36 人。男、女生分别站成若干排，要使每排的人数相同，每排最多有多少人？这时男、女生分别有几排？

1. 学生独立完成。

2. 展示交流。

【学情预设】每排人数相同，那么每排人数就是 48 和 36 的公因数，每排最多有多少人，就是求 48 和 36 的最大公因数。确定了每排人数，就根据"总人数÷每排人数=排数"求出男、女生分别有几排。

根据学生汇报，教师板书：48 和 36 的最大公因数是 12，48÷12＝4（排），36÷12＝3（排）。

【设计意图】学生在理解和掌握了基本的数学知识与技能、数学思想方法的基础上，运用所学知识解决生活中的实际问题，从中体会数学的实用价值。

四、课堂小结，自我评价

师：通过刚才的探究，我们来回顾一下今天的学习过程，你有什么收获？你的表现怎么样？

【设计意图】通过回顾解决问题的全过程，让学生体会解决问题的策略和方法的多样性，积累数学活动经验，培养学生自我总结学习方法的好习惯。

‖板书设计‖

最大公因数的应用：

16 和 12 的公因数有 1，2，4。最大公因数是 4。

所以可以选边长是 1dm、2dm、4dm 的地砖，边长最大是 4dm。

48 和 36 的最大公因数是 12，48÷12＝4（排），36÷12＝3（排）。

‖作业设计‖

1. 基础练习

学校买来 14m 和 10m 长的两条绳子（如图），打算截成等长的跳绳，如果正好截完并且无剩余，那么跳绳最长是几米？一共截成了几根？

14 m

10 m

2. 拓展提高

独立完成教科书 P64 练习十五第 11 题。

【学情预设】本题是找三个数的最大公因数，放在课堂的最后，供学有余力的学生解答。如果有困难，让学生课后探究。

‖设计思路‖

1. 侧重知识的形成过程

本节课教学内容是公因数在生活中的实际应用。教材通过创设用整块的正方形地砖铺满长方形地面的问题情境，应用最大公因数的概念求方砖的边长及其最大值。首先通过画图理解题意，特别是"整块""正好铺满"的含义，也就是用正方形的地砖去铺，要用整数块完整的地砖正好铺满；接下来通过分析找出解决问题的方法，形成解决这类问题的策略。

2. 关注思想方法的渗透

创设生活情境，提供现实的学习素材，让学生从中发现并提出数学问题，收整信息，理解题意，分析数量关系。当学生不明白题目的含义时，采用数形结合的方法，让学生动手画一画示意图，就可以较好地突破难点，使其认识到这就是公因数、最大公因数的实际应用。关注图解策略的培养，有利于自主探究意识和实践应用能力的提升。

喝牛奶中的数学问题

邵丹英（鹰潭市高新区教研室）

‖**教学内容**‖

《义务教育教科书·数学》（人教版）五年级下册第99页。

‖**教材分析**‖

本课是在学生掌握了分数加减计算方法和分数加减混合运算的基础上进行的，学生已经有一定的解决问题的经验。例3是新增加的问题解决，主要通过阅读与理解、分析与解答和回顾与反思三个问题解决一般步骤呈现，这一问题涉及分数比较抽象，常作为智力题研究。教材安排这一问题，主要是让学生经历解决问题的过程，让学生体会图示在解决问题中的作用，渗透用几何直观解决问题的策略，同时为学生理解分数乘法的意义和解决问题积累一定的经验方法。

在学习这部分内容之前，学生已经学习了分数的意义及分数加减法的计算方法，学习难度应该不大。学习这部分的关键是让学生明白每次喝的纯牛奶是这杯牛奶的几分之几，通过画图再根据分数的意义学生比较容易理解。

‖**教学目标**‖

1. 使学生经历解决问题的全过程，能将生活中的"半杯""牛奶和水的混合体"转化为数学信息进行思考，探索解决"喝牛奶"问题的途径、策略和方法；

2. 使学生体会图示在问题解决过程中的重要作用，学习用几何直观分析解决问题；

3. 使学生感受数学知识与日常生活的联系，体会解决问题过程中的快乐。

‖教学重点‖

重点：经历解决问题的全过程，理解半杯的一半是一杯的几分之几。

难点：体会图示在分析解决问题中的作用，学习用几何直观分析解决问题。

‖教学准备‖

多媒体课件、学习单。

‖教学过程‖

一、创设情境，导入新课

师：你们喜欢喝牛奶吗？在紧张的学习中不能忽视营养的补充，每天一杯牛奶是最基本的保证。乐乐同学在喝牛奶时遇到了一个数学问题，谁能帮乐乐解决呢？

师：其实喝牛奶也是有很多学问的，今天我们就一起来研究喝牛奶中的数学问题。(引出课题：喝牛奶中的数学问题)

【设计意图】利用学生每天喝牛奶引入课题，使学生感受到喝牛奶问题并不陌生，喝牛奶中还有学问，感觉到喝牛奶中的数学奥秘，激发学生探究的欲望，增加学生探究问题的主动性和积极性，懂得生活中处处有数学。

二、合作交流，探究新知

(一) 阅读与理解

课件出示例题：一杯纯牛奶，乐乐喝了半杯后，觉得有些凉，就兑满了热水。他又喝了半杯，就出去玩了。

1. 发现问题：仔细读题，你发现了哪些数学信息？

【学情预设1】乐乐喝了2次纯牛奶。第一次喝了半杯，第二次喝了加水的半杯。

【学情预设2】问题是乐乐一共喝了多少杯纯牛奶？多少杯水？

2. 提出问题：摘录信息，提出要解决的关键问题。

（1）摘录信息

第一次：一杯纯牛奶，喝了_____杯；

第二次：兑满热水，又喝了_____杯。

要解决的问题是：一共喝了多少杯纯牛奶？多少杯水？

师：同学们，像这样把信息摘录下来的方法，叫作摘录信息法。

（2）实验演示

老师把乐乐喝牛奶的过程给大家演示，引导发现关键和难点在哪里。

师：现在同学们清楚乐乐每次是怎么喝牛奶的吗？这两次喝的半杯一样吗？哪次容易弄错呢？（第二次）是的，我们重点来研究第二次乐乐是怎么喝的。

（二）分析与解答

1. 分析问题：请你们根据以上信息，小组记录下乐乐喝牛奶的过程。

要求：①独立完成分析过程，并在学习单上做好记录。

②前后四人为一组，在组内交流自己的想法。

2. 小组讨论问题：

（1）两次喝的 $\frac{1}{2}$ 杯的意义相同吗？

（2）水和奶在生活中是不能分开的，如果我们将水和奶分开，如何表示？

3. 展示作品，交流反馈。

展示学生作品，并让学生说说他是怎么想的？

（可以通过画实物图、画线段图、文字记录等方式分析题目）

【学情预设 1】用长方形图表示。

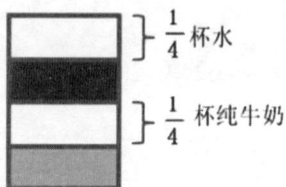

【学情预设 2】

用线段图表示

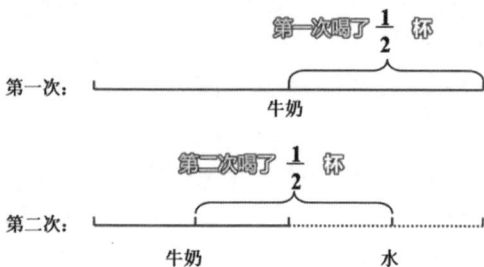

4. 解答问题

师：你还有什么疑问？还有谁要补充吗？（生生交流）

提问：第二次到底喝了多少杯牛奶呢？

追问：二分之一杯纯牛奶的一半是多少？（$\frac{1}{4}$ 杯）

聚焦问题：第二次喝的 $\frac{1}{4}$ 杯纯牛奶是怎么来的？

第二次喝的牛奶是 $\frac{1}{2}$ 的 $\frac{1}{2}$，也就是整杯牛奶的 $\frac{1}{4}$，水是

$\frac{1}{4}$ 杯。

第一次喝了
$\frac{1}{2}$ 杯纯牛奶。

加满水，水是 $\frac{1}{2}$ 杯，
纯牛奶是 $\frac{1}{2}$ 杯。

又喝了 $\frac{1}{2}$ 杯，
这里的 $\frac{1}{2}$ 杯，
一半是纯牛奶，
一半是水。

5. 整理信息

	纯牛奶（杯）	水（杯）
第一次	$\frac{1}{2}$	0
第二次	$\frac{1}{4}$	$\frac{1}{4}$

师：现在你知道乐乐一共喝了多少杯纯牛奶？多少杯水吗？

一共喝的纯牛奶：$\frac{1}{2}+\frac{1}{4}=\frac{3}{4}$（杯）水：$\frac{1}{4}$（杯）

（三）回顾与反思

1. 检验

师：我们得出的结论是不是正确呢？可以怎样检验？

看喝的水和喝的纯牛奶合起来是否是一杯：$\frac{1}{4}+\frac{3}{4}=1$（杯）

2. 反思

师：回顾解决过程，解决这道题的关键是什么？（第二次喝了多少杯纯牛奶？）

预设：第一次喝的是整杯纯牛奶的一半，第二次喝的是剩下半杯纯牛奶的一半。也就是整杯牛奶的 $\frac{1}{4}$。

师：刚才我们是通过什么方式解答的？（画图）像这样在学

习中，运用图形来帮助我们分析、解决问题，我们称之为几何直观。

【设计意图】由于学生没有学习分数乘法，用图示的方法是解决这类问题的好办法。通过动手操作，让学生经历解决问题的全过程，同时加深学生对分数意义的再次理解。运用几何直观解决问题是重要知识点，让学生深入领会画图的方法在解决问题中的作用，学会用画图的方法分析、解决问题，进一步强化学生思维，抓住不变量借助图形去分析，发散学生思维，采用多种方法去解决问题。

三、巩固练习，拓展应用

1. 一杯牛奶，乐乐先喝了 $\frac{1}{3}$ 杯，觉得有些凉，就兑满了热水。他又喝了 $\frac{1}{3}$ 杯，就出去玩了。一共喝了多少杯纯牛奶？

（1）提问：乐乐喝的过程，用图该怎么表示呢？

（2）与例题对比分析并解答。

2. 欢欢买了一个蛋糕，第一次吃了整个蛋糕的 $\frac{1}{2}$，第二次吃了剩下的 $\frac{1}{3}$，这时剩下的蛋糕是原来蛋糕的几分之几？

（1）请同学们尝试完成本题。

（2）请学生展示汇报解题思路。

【设计意图】通过变式练习激发学生的兴趣，及时巩固解决问题的方法。通过举一反三，克服学生思维定式，会用几何直观分析解决问题，真正掌握此类题解题思路。让学生感受数学在生活中的广泛应用，体会数学与生活的密切联系。

四、课堂总结，提升能力

师：愉快的一节课就要接近尾声了，本节课我们解决了生活中的一些问题。想一想，在解决问题时要注意什么？有什么好的方法？你有哪些收获想和大家分享呢？（这节课不仅学到知识，还掌握了学习的方法，会运用画图方式解决问题。）

【设计意图】用谈话的方式引导学生回顾本节课所学的知识，梳理方法，积累解题经验，培养了学生的语言组织能力。关注学生的评价，实现了课堂评价主体多元，评价方式多样，使课堂更加完整清晰，让学生感悟到数学的真谛。

‖ 设计思路 ‖

本节课是应用分数加减法解决生活中的实际问题，教材新增加的问题解决，主要是进一步巩固分数的意义和分数加减法的计算方法，并培养学生灵活解决生活中实际问题的能力。在设计中充分体现"以学生发展为本"的教育理念，让学生经历观察、操作、归纳的过程，培养学生探究推理和解决问题的能力。

1. 真正将课堂还给学生

充分体现学生的主体地位，给学生留出足够的合作交流的时间和空间，让学生充分经历探究的全过程，通过观察、画图和分析等方式，充分调动学生的学习积极性。学生的学习过程是一个主动建构知识的过程，本节课先激活学生先前的知识经验，通过喝牛奶这个熟悉的生活场景让学生在经历、体验、探索中真正感悟。整个研究过程，完全利用学生的想法来探索问题，层层推进，引导他们去探究出结论。积极发挥学生的主观能动性，让学生分小组合作，通过画图和列表等方法，探究半杯的一半是一杯的几分之几这个重难点。

2. 注重渗透画图的思维方法

"喝牛奶问题"解决的思维过程比较复杂，学生理解起来比较抽象。根据教材编写意图，在设计上主要引导学生在复杂情境中主动借助直观图示帮助理解分析数量关系。通过对问题情境的解读，质疑思维难点处，借助直观图示，对应简短的语言、算式，不同形式的直观图示，不同层次的说理总结，理解兑满了热水后的半杯牛奶，就是占整杯牛奶的 $\frac{1}{4}$。在教学中，引导学生用画图的方法理解题意，用表格记录并分析题中的数量关系，从而解决与生活联系紧密的实际问题。着重引导学生通过比较、判断、明晰解题的本质要素，体会图示在理解问题、分析解决问题中的作用，会用几何直观分析解决问题。

求比一个数多（或少）几分之几的数

何　玲（鹰潭市第九小学）

‖ **教学内容** ‖

《义务教育教科书·数学》（人教版）六年级上册第13—14页。

‖ **教材分析** ‖

"求比一个数多（或少）几分之几的数是多少"是人教版六年上册第一单元的例9，是在学生掌握了整数乘法、分数的意义和性质以及分数的加、减法、乘法等知识的基础上进行编排的。学生已经学会解决"求一个数的几分之几是多少"的实际问题，例9是稍复杂的问题。同时，这节课还是学习分数除法和百分数解决问题的重要基础。

‖ **教学目标** ‖

1. 理解并掌握"求比一个数多（或少）几分之几的数是多少"的问题的解题思路和解题方法；

2. 引导学生经历解题过程，掌握解题步骤，学会用线段图分析问题；

3. 提高学生分析问题和解决问题的能力；

4. 让学生亲身经历建模的过程并感悟方程思想。

‖ **教学重难点** ‖

重点：

1. 理解并掌握"求比一个数多（或少）几分之几的数是多少"的问题的解题思路和解题方法；

2. 体验转化思想、画线段图策略的运用。

难点：

1. 灵活运用分数乘法的知识解决日常生活中的相关问题；

2. 在建模的过程中感悟方程思想。

‖ **教学准备** ‖

课件、学习单。

‖ **教学过程** ‖

一、谈话导入

师：同学们，你们现在处于生长发育时期，身体各项功能不断增强。

课件出示例9中的部分信息：

人心脏跳动的次数随年龄而变化。青少年心跳每分钟约75次，婴儿每分钟心跳的次数比青少年多 $\frac{4}{5}$ 。

师：你能根据已知信息提出数学问题吗？

【学情预设】根据已有经验和已知信息，学生可以提出"婴儿每分钟心跳的次数比青少年多多少次""婴儿每分钟心跳多少次"等问题。

师：今天我们一起学习这一类的问题 [板书：求比一个数多（或少）几分之几的数是多少（揭示课题）]。

【设计意图】给出学生部分信息，培养学生发现问题、提出问题的能力。

二、探索新知

1. 阅读与理解

师：请同学们学生独立完成教材例题9中"阅读与理解"的填空。

【学情预设】根据所学知识，大部分学生可以独立完成填空。

【设计意图】独立完成填空可以养成独立思考的习惯，为之后的环节打下基础。

2. 分析与解答

师：你觉得哪个信息最关键？表示什么意思呢？

【学情预设】在理解题意的基础上，学生能够找到"婴儿每分钟心跳的次数比青少年多$\frac{4}{5}$"这个关键信息，知道表示的意思是"多的部分是青少年每分钟心跳的$\frac{4}{5}$"。

师：同学们，我们已经理解题意了，请大家尝试画线段图来表示这两个量之间的关系。

学生画图后展示学生作品。

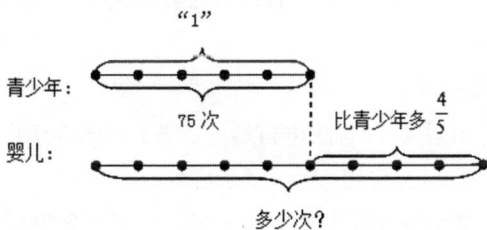

【学情预设】学生已经有过画线段图帮助解决问题的经验，教师在巡视时适当指导谁是单位"1"，要用两条线段来表示即可。

师：谁来说说你是怎样解答的？记得说出等量关系式。

【学情预设】学生一般可以说出两种方法：一种是先求婴儿

每分钟心跳比青少年多多少次。等量关系式为：青少年每分钟心

跳次数+多的次数=婴儿每分钟以跳次数，列式是 $75+75×\dfrac{4}{5}$；另

一种是婴儿每分钟心跳次数是青少年的 $1\dfrac{4}{5}$，等量关系式为：青

少年每分钟心跳次数×（$1+\dfrac{4}{5}$）=婴儿每分钟心跳次数，列式是

$75×$（$1+\dfrac{4}{5}$）。

师：同学们说得很好，能够清楚地说出等量关系式，再写出
算式。谁再来说说这两种方法？

学生复述两种方法。

【设计意图】一是让学生用线段图表示题意，通过线段图，
两种等量关系式呼之欲出，线段图与等量关系式相互对应；二是
要求学生写等量关系式，既可以加深对题意的理解，又为用方程
解决问题打下坚实基础；三是运用两种不同解题思路，建立"求
比一个数多（或少）几分之几的数是多少"的解决问题模型，特
别是第二种方法运用了转化思想，将此问题转化成了"求一个数
的几分之几是多少"。

3. 回顾与反思

师：刚才我们用了两种方法进行解答，我们一起回顾一下，
说一说你采用的方法以及采用这种方法的好处。

【学情预设】学生将两种方法进行比较，发现都是根据关键
信息找到等量关系，都运用到了之前学习的"求一个数的几分之
几是多少"。

师：我们计算出的结果正确吗？一起来检验。

学生检验计算结果。

【学情预设】大部分学生能够独立验证。

【设计意图】始终按照"阅读与理解""分析与解答""回顾与反思"这三个步骤开展教学,凸显解决问题的过程。"回顾与反思"环节帮助学生总结经验,巩固建立解决此类问题的模型。

三、巩固练习

1. 独立完成第15页"做一做"

师:同学们已经学会了解决"求比一个数多(或少)几分之几的数是多少"这一问题,下面我们练一练,记得画线段图、写等量关系式。

学生独立完成第15页"做一做"后交流。

【设计意图】通过基础练习进一步巩固解决问题模型。

2. 改编例9

师:请同学们将已知信息和未知信息互换,试试改编题目,不需要解答。

【学情预设】学生尝试改编题目,因为没有学习分数除法知识,无法解答。部分学生能够独立完成改编,有些学生会觉得难,教师要个别引导,并请学生示范讲解改编的过程。

师:同学们能够挑战自我,改编题目,真了不起。我们再挑战一次,根据改编后的题目,画线段图、列等量关系式,不用解答。

【学情预设】在改编后,会画线段图、写等量关系式的学生比之前要多一些。

师:大家画线段图、写等量关系式的能力越来越强,老师真替你们感到高兴。请大家观察一下,刚才画的线段图、写的等量关系式,和之前的有什么相同和不同?

学生讨论。

【学情预设】全班交流后发现:已知信息和未知信息不同,有时单位"1"已知、有时单位"1"未知,但线段图、等量关系式相同。

师：如果请你们解答改编后的题目，你会用什么方法呢？

【学情预设】有的学生可以感受到，不管是单位"1"已知还是未知，等量关系不会改变，列方程解决问题比较方便。有的学生还不能够感悟，待学到分数除法、百分数时再来学习。

【设计意图】进行例9改编，引导学生感悟不管是单位"1"已知还是未知，等量关系不会改变，列方程解决问题，可以让未知信息参与运算，将未知数和已知数同等看待，体现方程的优越性。因为学生还没有学习分数除法，不会解方程，但这为将来分数除法解决问题的学习打下坚实的基础，埋下伏笔。

四、全课小结

师：今天我们一起解决了什么问题？你有什么好的经验分享？

‖ 作业设计 ‖

基础题：

1. 数学书 15 页练习三第 4、5、7 题。

2. 观察与发现：以上三道题有什么相同点和不同点。

拓展题：

自主编两道"求比一个数多（或少）几分之几的数是多少"的题目（单位"1"已知、未知各一道）。

‖ 设计思路 ‖

六年级分数乘法、分数除法、百分数解决问题的内容密不可分、息息相关。分数乘法中的解决问题是顺向问题，分数除法、百分数解决问题涉及相关的逆向问题，往往成为学生学习的拦路虎。所以在一开始学习分数乘法解决问题时，我就为将来的学习埋下伏笔，培养学生的代数思维。

首先，按照"阅读与理解""分析与解答""回顾与反思"

这三个步骤开展教学，凸显解决问题的过程。特别是在"阅读与理解"环节之前，先出示部分数学信息，让学生补充信息后提出问题，这样有效地培养学生发现问题、提出问题的能力。

其次，在"分析与解答"环节中，牢牢抓住关键信息，理解什么是谁的 $\frac{4}{5}$，找到单位"1"，画出线段图，列出等量关系式，感知数形结合思想。"求比一个数多（或少）几分之几的数是多少"的等量关系式与线段图互相呼应。又采用了两种解题策略，建立了解决此类问题的 2 种模型。本节课知识相对简单，但我依然让学生列等量关系式，养成良好的解决问题习惯，既可以加深对题意的理解，又为用方程解决问题打下坚实基础。

最后，在练习中，先是进行基础题练习，巩固模型的运用。然后进行例 9 的改编，让学生初步感受不管单位"1"是已知还是未知，等量关系都不会改变，列方程解决问题，可以让未知信息参与运算，将未知数和已知数同等看待。虽然还没有学习分数除法、百分数的知识，不会解方程，但已经为后续的学习埋下伏笔。

‖ 教师简介 ‖

何玲，女，中小学高级教师，鹰潭市小学数学学科带头人；在省、市级各类教学竞赛中多次获奖；主持、参与多个省、市级课题，多篇论文在国家、省、市级刊物发表；在罗兰名师工作室开展的教学研讨系列活动中，上示范观摩课四次，荣获竞赛评比特等奖三次。

列方程解决稍复杂的分数除法问题

吴艳萍（鹰潭市第八中学）

‖ 教学内容 ‖

《义务教育教科书·数学》（人教版）六年级上册第 36 页。

‖ 教材分析 ‖

教材通过小明与爸爸的体重比较的情景，引出"已知比一个数多（少）几分之几的数是多少，求这个数"的问题。这类问题，如果用算术法，不仅需要逆向思考，还要把"比一个数多它的几分之几"，转化为"是一个数的几分之几"，理解比较抽象，对学生来讲难度大，因此引导利用画线段图分析，采用列方程求解，思路清晰，符合学生的思维方式。

‖ 教学目标 ‖

1. 在理解分数除法意义及掌握分数乘法应用题解题思路的基础上，掌握解决"已知比一个数多（少）几分之几的数是多少，求这个数"的思路和方法，能熟练地列方程解答一些实际问题；

2. 会分析除法应用题中的数量关系，学会用线段图表示；

3. 通过教学感受内在联系，培养并提高学生的分析、判断、探索能力及逻辑推理能力。

‖ 教学重难点 ‖

重点：

1. 掌握解决"已知比一个数多（少）几分之几的数是多少，求这个数"的思路和方法；

2. 弄清单位"1"的量，会分析题中的数量关系。

难点：

根据数量关系列出等量关系式。

‖ 教学准备 ‖

教学课件、画图工具（铅笔、直尺等）。

‖ 教学过程 ‖

一、铺垫引入

1. 复习分数乘法问题。

妈妈的体重是 50 千克，小莉的体重比妈妈轻 $\frac{2}{5}$，小莉的体重是多少千克？

【学情预设】引导学生画出线段图，找出它们之间的数量关系，列出算式。

2. 集体交流，思考步骤。

师：这是我们之前学习过的有关分数乘法的实际问题，求比一个数多或少几分之几的数是多少？今天，我们要继续学习这方面的知识。

【设计意图】通过回顾用分数乘法解决实际问题的思考步骤，为后面正确寻找等量关系、列方程解决问题作铺垫。

二、探究建模

1. 出示例题 5。

2. 阅读与理解。

（1）阅读题目，你获得了哪些信息？

填写下面的记录单：

小明的体重是＿＿＿＿＿＿＿＿＿。

小明的体重比爸爸轻＿＿＿＿＿＿＿＿＿。

要求的是＿＿＿＿＿＿＿＿＿的体重。

发现：小明的体重占爸爸体重的＿＿＿＿＿＿＿＿＿。

【学情预设】在整理填写的过程中，辅助学生有序地观察，有条理地分析，更有利于理解题意，从而发现问题——小明的体重占爸爸体重的几分之几，信息并没有直接给出来，需要学生边理解边找答案。

3. 分析与解答。

（1）独立思考，理清关系

师：请大家独立思考，在两个人的体重中"谁"是单位"1"？

尝试用画线段图的方式表示出爸爸的体重，小明的体重；

在线段图上标明爸爸的体重比小明的体重轻的部分。

师：写出等量关系式。

【学情预设】让学生说说线段图是怎样完成的，充分理解题意，找到对应关系，对小明的体重占爸爸体重的几分之几，借助图直观发现量之间的关系。

师：在画图的时候，我们要怎样画？先画哪个量？为什么？

【学情预设】

①以爸爸的体重为单位"1"，先画爸爸的体重，再用线段图表示小明的体重与爸爸体重之间的关系。

②从已知条件可知，如果爸爸的体重看作单位"1"，就是把爸爸的体重平均分成 15 份，小明的体重相当于其中的（15-8）份，也就是说，小明的体重相当于爸爸的体重的 $\frac{7}{15}$ 。

【设计意图】列方程解决问题的重点和难点就在于找准单位"1"，列出等量关系式。本环节的教学重视学生分析能力的培养，引领学生通过画图弄清题意，写出等量关系式，为正确列出方程作好铺垫。

（2）集体交流，解决问题

师：请大家尝试列式计算，求出小明的体重是多少千克？

学生尝试列式计算，可能有列方程解答的，也有用算术方法解答的。

师：说说你们是怎么解决问题的。

【学情预设】

①用列方程的方法解答。

解：设爸爸的体重是 x 千克。

爸爸的体重×（1-$\frac{8}{15}$）= 小明的体重

$$x×（1-\frac{8}{15}）= 35$$

$$\frac{7}{15}x = 35$$

$$x = 35×\frac{15}{7}$$

$$x = 75$$

②我是这样列数量关系式的：

爸爸的体重-爸爸比小明重的部分 = 小明的体重

$$x-\frac{8}{15}x = 35$$

$$x = 35×\frac{15}{7}$$

$$x = 75$$

③用算术方法解答：根据分数除法的意义，

列关系式为：小明的体重÷（1－$\frac{8}{15}$）＝爸爸的体重＿＿＿＿＿

$35 \div (1 - \frac{8}{15}) = 75$（千克）

（3）对比分析、优化方法。

①观察算式，说说你的想法。

②方法比较，说说方程的优势。

师：不同的方法，相同的结果。刚才这几种方法，都很有道理，请大家分析对比一下，你更喜欢哪一种方法？说说你的理由。

【设计意图】通过分析对比，理解分数除法是分数乘法的逆运算，等量关系式是相同的，运用多种方法解题都要做到"量率对应"，知道列方程解题是顺向思维，更便于思考。

4. 回顾与反思。

师：刚才同学们用了多种方法求出了爸爸的体重，那么结果对不对呢？可以怎样检查？

（1）反思1：通过验证小明的体重是否比爸爸轻$\frac{8}{15}$，也可以思考"比75千克轻$\frac{8}{15}$是多少千克"。学会用乘法验证。

【学情预设】

①用求出爸爸的体重与小明的体重是否符合已知条件的$\frac{8}{15}$；

②求出爸爸与小明体重相差的具体量也可以验证。

（2）反思2：课前的题和例5有什么不同？

【学情预设】区别是课前的题是知道单位"1"的量，求比单位"1"多或少几分之几是多少，直接列乘法算式计算。今天学的是知道比单位"1"多或少几分之几的数是多少,单位"1"未知,求单位"1"的量。

【设计意图】"反思1"是通过检验结果的合理性培养学生养成良好的检查习惯。"反思2"是通过对比分析,让学生发现两类问题的内在联系,找到共同的数量关系,学会利用旧知迁移学习新知识。

三、巩固练习

1. 完成练习八第7题和第8题。

先让学生自主解答,然后集体交流。

【设计意图】这两题都是针对例题的巩固练习,通过练习培养学生解决实际问题的能力。

2、完成练习八第9题。

【学情预设】求平均每车运走这批大米的几分之几,就是把$\frac{2}{7}$平均分成4份,求其中的1份。用除法计算:要求剩下的大米还要几车才能运完,应先求出剩下的大米占这批大米的几分之几,再用它除以平均每车运走这批大米的几分之几即可。

$$\frac{2}{7} \div 4 = \frac{2}{7} \times \frac{1}{4} = \frac{1}{14} \quad (1 - \frac{2}{7}) \div \frac{1}{14} = \frac{5}{7} \times 14 = 10 \ (车)$$

【学情预设】也可以用方程:把大米看作单位"1",是未知量,大米设为x,4车运了$\frac{2}{7}$的大米,那么,每车运$\frac{2x}{7}$除以4等于$\frac{1x}{14}$,剩下的还要几车运完?

方程式为:$(x - \frac{2x}{7}) \div \frac{1x}{14} = 10$

【设计意图】从比较来看,这种题型用算式的方法更好解答,相对方程计算式较复杂,所以在解决问题的时候,让学生结合实际问题灵活选择简便的方法，懂得触类旁通。

四、课堂小结

师：今天，我们学习了什么？有哪些收获？

【学情预设】学习了画图表示数量关系，学习了列方程解决单位"1"未知的实际问题。

师：看来大家都很会学习，在后面的学习中我们还将遇到更复杂的实际问题，希望大家继续努力。

【设计意图】通过小结，反思用方程方法解决相关问题的思路和方法，加深对新知的认识，为后续学习解决较复杂的实际问题作铺垫。

‖ 作业设计 ‖

练习八第 10 题。

‖ 设计思路 ‖

这部分内容是学生充分理解了分数的意义以及用分数乘法解决问题的基础上，进一步学习有关分数除法的解决问题，本节课可以看作是上节课的提高课，学会如何运用知识迁移学习新知，以"一个数比另一个数多（少）几分之几是多少，求单位'1'未知的这个量"的问题为例，这类问题，如果用算术法，不仅需要逆向思考，还要把"比一个数多它的几分之几"，转化为"是一个数的几分之几"，将由形象思维向抽象思维转换。让学生在观察、分析、概括和交流的学习过程中，将现实问题抽象为方程，进一步体会方程的思想方法及价值，因此引导利用画线段图，采用列方程求解，思路清晰，符合学生的思维方式。

比的应用

杨慧青（鹰潭市第八中学）

‖ **教学内容** ‖

《义务教育教科书·数学》（人教版）六年级上册第 52 页。

‖ **教材分析** ‖

《比的应用》就是人教版小学数学六年级上册第三单元 52 页的内容。这部分内容就是在学生学习了比与分数的联系，已掌握简单分数乘、除法应用题数量关系的基础上把比的知识应用于解决相关实际问题的一个课例。建立比的应用解决问题模型后，不仅能有效地解决实际生活、现实工作中把一个数量按照一定的比进行分配的问题也为以后学习"比例"奠定了基础。

学生在学习了比的意义、比的基本性质、分数的意义等知识后，能将知识融会贯通，能将平均分与不平均分份数的知识联系与应用起来使学生能找到按比分配的方法。教师只起到启发、点拨与深化引导的作用。

‖ **教学目标** ‖

1. 理解按比分配的意义，掌握按比分配应用题的结构特征以及解题方法，能正确解答按比分配应用题，培养学生应用知识解决实际问题的能力；

2. 培养学生自主探究知识、解决实际问题的能力，提高学生学数学、用数学的意识，并能提高分析问题与解决问题的能力；

3. 让学生感悟数学与日常生活的联系，激发学生学习数学的兴趣，渗透转化的数学思想。

‖教学重难点‖

重点：理解按比分的意义，学会运用不同的方法解决按比分配的问题。

难点：正确分析数量关系，灵活运用按比分配的实际问题。

‖教具准备‖

多媒体课件、学习单。

‖教学过程‖

一、创设情境，激趣导入

师：学校把种植 42 棵小树苗的任务分配给六年级的 2 个班，你觉得要怎么分配呢？

【学情预设】学生根据经验会利用平均分配，每个班 21 棵（1：1），也有的同学会觉得不公平，应该要按实际人数分配才合理。

师：生活中经常会遇到平均分配不合理的情况，我们就得用合适的比去分配，今天就一起走进生活，走进数学里比的应用。

【设计意图】学生能从身边的例子体会平均分配和按比分配的实际意义，激发起学生按比分配的学习兴趣。

二、合作学习，探究新知

课件出示教材 52 页例 2。这是某种清洁剂浓缩液的稀释瓶，瓶子上标明的比表示浓缩液和水的体积之比。按照这些比，可以配置出不同浓度的稀释液。按 1：4 的比配制了一瓶 500ml 的稀释液。

1. 阅读与理解

师：请同学们一起读题，你们知道什么是浓缩液和稀释液吗？并说说你是怎么理解按"1∶4 的比配制了一瓶 500ml 的稀释液"的？

【学情预设】学生根据生活经验知道稀释液是根据浓缩液和水按一定比例配制而成，通过读题能够明白 500ml 是稀释液的体积，而 1∶4 指的是浓缩液和水的比。

2. 分析与解答

师：我们已经理解了题目的意思，你能求出浓缩液和水的体积各是多少毫升吗？尝试着把自己的想法在学习单上画一画，算一算吧！

学生独立解答，展示学生作品，并让学生自己汇报。（板书解法）

浓缩液和水的比是 1∶4。

【学情预设】学生一般会优先想到两种方法：一种是"归一法"，先求出每一份是多少毫升，再分别求出浓缩液和水的体积，列式是 500÷5=100（ml），浓缩液有 100×1=100（ml），水有 100×4=400（ml）；另一种是根据"分数乘法的意义"，知道浓缩液的体积占稀释液体积的 $\frac{1}{1+4}$，水占稀释液体积的 $\frac{4}{1+4}$，列式是浓缩液有 $500×\frac{1}{1+4}=100$（ml），水有 $500×\frac{4}{1+4}=400$（ml）。

师：同学们不仅思路清晰，表达得也很完整，选择一种方法介绍给你的同桌听吧！我们刚才是怎么解决这个问题的呢？

【学情预设】按比分配问题可以转化成整数的归一问题，也可以转化成分数问题。

【设计意图】充分调动孩子积极性，发散孩子思维，从不同角度分析问题，寻找不同的解题方法，经历画一画、算一算等过程，理解水、浓缩液和稀释液之间的关系。在原有知识的基础上构建新知，重点是把几个量的比转化成这几个量分别占总量的几分之几，也可以先把比转化成归一问题，求出每份数。通过读题、释疑、讨论等帮助学生弄清按比分配问题的常用解题思路，培养学生分析问题、解决问题的能力。交流的过程中鼓励强调学生表达的完整性，培养学生的说理能力和逻辑思维。

3. 回顾与反思

师：回顾一下，我们刚才是怎么解决这个问题的呢？

【学情预设】按比分配问题可以转化成整数的归一问题，也可以转化成分数问题。

师：那怎么知道我们的计算结果正确呢？一起来检验一下吧！

【学情预设】学生一般都用了这两种方法检验：一种是水的体积+浓缩液的体积=稀释液的体积即 $100+400=500$ml；另一种是浓缩液的体积：水的体积即 $100:400=1:4$。

【设计意图】通过让学生经历解决问题的三步完整过程，增强学生检查的自觉意识，培养学生的反思能力。通过把水和浓缩液之和与稀释液对比或者比较它们之间的比来进行反思。检验教学不单单是此类题目中要教，各类题型中都应该提倡学生检验，这不单可以提高做题的正确率，还是学生养成做事严谨学会反思的一种好习惯。

三、巩固练习，拓展提升

1. 师：要是想把稀释液配的浓度高一点，题目可以怎么改呢？

【学情预设】在学生对比有一定认识的基础上能够很快改编

题目，如：妈妈按 1:3 的比配置了一瓶 500ml 的稀释液，其中浓缩液和水的体积分别是多少？妈妈按 1:2 的比配置了一瓶 500ml 的稀释液，其中浓缩液和水的体积分别是多少？

师：选择一道题快速选择自己喜欢的方法口答出来吧！

学生快速作答。

【设计意图】在原题目的基础上改变浓度试着改编题目，由于对比有一定的认识，改编就没那么困难了，改编后题型和例题一样，通过选择自己喜欢的方法解决改编题目，可以进一步巩固比的应用解决问题的思路和模型。

2. 学校把栽 70 棵树的任务按照六年级 3 个班的人数分配给各班，一班有 46 人，二班有 44 人，三班有 50 人。3 个班各应栽多少棵树？

师：回到我们刚才课前分配树苗的问题，现在你能解答吗？

【学情预设】有了例题的经验，知道要按实际人数分配来解决。但是这里没有出现比，有的学生会有困惑。

师：这里没有出现比该怎么分配呢？和同桌交流一下想法吧！

全班交流再汇报。

【学情预设】通过交流学生明白每个班的人数就是他们的比，这是隐藏信息。

师：对题目有了这么深刻的理解，老师相信你们现在一定能解决这个问题，选择你们喜欢的方法计算吧！

【学情预设】对题目有了理解之后，孩子们做起来就很顺手了。

【设计意图】练习的设计应该要有针对性、目的性，还要有梯度，使学生能及时准确地吸收本节课的知识点，还要提高学生解决问题的能力。由课本例题的改编到回归到现实生活中的数学问题，这样针对学生的易错点或思维定式设计相应的练习，加以区分巩固知识。让孩子体会到学数学的乐趣和信心。

四、课堂小结，谈谈收获

师：通过这节课的学习，和之前对比你有什么新的收获呢？

【设计意图】总结尽量让孩子畅所欲言，一方面可以加深学生对新知识的理解，另一方面让孩子体会获得知识成功的喜悦。

师：带着你们的收获，我们一起来欣赏生活中比的应用设计出来的漂亮图片吧！

【设计意图】数学课堂也要开展"美育"，让学生体会数学和生活的联系，体会数学也有美的地方，感受数学神奇的美。

‖ 作业设计 ‖

1. 教材55页3、4、5题。

2. 自己回家配好蜂蜜水和家人一起分享吧！（把配置过程和家人说一说吧！）

‖ 设计思路 ‖

本节课在谈话中创设情境，引导学生在现实背景中让学生亲身感受按比分配的意义，并对例题进行探索，感悟数学思想方法。在解释应用中让学生亲身经历知识的建构过程，把几个量的比转化成这几个量分别占总量的几分之几，或者运用归一法，甚至有学生会运用和倍知识来解答，体验解题的多样化，初步形成验证与反思的意识，从而提高自身的学科素养。

"外方内圆"和"外圆内方"的面积计算

上官琪（鹰潭市第十二小学）

‖ **教学内容** ‖

《义务教育教科书·数学》（人教版）六年级上册第67—68页。

‖ **教材分析** ‖

《外方内圆和外圆内方的面积计算》是在学生已经学习了圆的面积的计算和圆环的面积的计算后编排的，学生已体验了"化曲为直的"转化思想和"无限逼近"的极限思想，掌握了切割求面积法。本节内容从生活中提取素材，如古建筑中经常见到的"外方内圆""外圆内方"的经典设计，分析圆的面积和它的外切正方形、内接正方形的面积之间的关系。能有效激发学生的学习热情，促使学生积极主动地探索知识。

‖ **教学目标** ‖

1. 结合具体情景，利用圆的面积公式推导并解决有关"外方内圆"和"外圆内方"的实际问题，掌握此类与圆相关的组合图形的面积的计算方法；

2. 在解决实际问题的过程中，通过独立思考、合作探究、讨论交流等活动，培养学生分析问题和解决问题的能力，提高表达交流和团队协作的能力；

3. 结合具体情景渗透传统文化的教育，让学生感受汉语言文字的魅力及中国人内敛的处世哲学；学会用数学的眼光看世界，了解数学源于生活的基本理念，提升学习数学的兴趣。

‖教学重难点‖

重点：会解决有关"外方内圆"和"外圆内方"的实际问题。

难点：理解图形中正方形与圆的关系。

‖教学准备‖

课件、学习单。

‖教学过程‖

一、情景导入，激趣启思

1. 出示"外方内圆"和"外圆内方"两个词语。

师：同学们，看见这两个词语你有什么想法吗？

【学情预设】根据已有的学习经验，学生可能从图形的角度描述，也可能会从语言理解的角度解释词语的含义。

2. 欣赏《后汉书·致恽传》典故。

3. 拼一拼

师：如果用数学的眼光去看，你能用学具拼出这两个组合图形吗？（课件出示图形）

4. 编一编

师：如果上图中两个圆的半径都是 1m，你能结合组合图形提出一个数学问题吗？

5. 揭示课题，并板书。

【设计意图】通过文字欣赏，让学生感受汉语言文字的魅力及中国人内敛的处世哲学，并在大胆发表见解的同时，学会用数学的眼光看世界，了解数学源于生活的基本理念。接着让学生在动手实践拼图和仔细观察中发现组合图形之间的联系，再在编题中培养发现和提出数学问题的能力，继而不仅清晰地点明了课题，又激起学生研究的欲望。

二、小组合作，自主探究

（一）阅读与理解

1. 课件出示例3，并欣赏我国建筑的设计美。

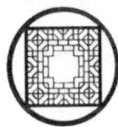

2. 师：同学们，仔细读题你发现了什么数学信息？它们有什么相同点和不同点呢？

【学情预设】学生会发现圆的大小相同，但正方形的位置与大小都不同。

3. 思考：那中间部分的面积与圆的面积有什么样的关系？

【学情预设】学生会发现中间那部分的面积分别是大正方形比圆多出来的面积和小正方形比圆少的面积。

（二）分析与解答

师：如何求多出的面积和少的那部分面积的呢？

请学生先在学习单上独立完成，再小组交流。

请学生代表上台展示，并解释想法。

1. 外方内圆

师：等量关系式是？

【学情预设】正方形的面积-圆的面积=正方形与圆之间部分的面积。

师：求正方形的面积和圆的面积需要什么条件？

【学情预设】正方形的边长、圆的半径。

师：正方形的边长和已知圆的半径有关系吗？

【学情预设】正方形的边长=圆的直径=圆的半径×2

2. 外圆内方

师：等量关系式是？

【学情预设】圆的面积-正方形的面积=正方形与圆之间部分的面积

师：正方形的边长和已知圆的半径有直接关系吗？那正方形的什么和圆的半径有关系呢？

【学情预设】没有，正方形对角线有：正方形对角线=圆的直径=圆的半径×2。

师：连接正方形对角线，看看会有什么发现？

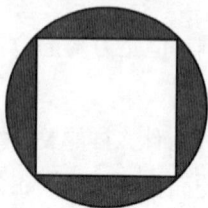

【学情预设】学生会发现一条对角线将正方形分成两个完全相同的三角形，其中每个三角形的底就是圆的直径，三角形的高也是圆的半径。先求出一个三角形的面积，再乘以 2 就可算出正方形的面积了。

师：还有其他方法吗？

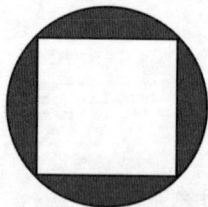

【学情预设】学生会发现连接两条对角线将正方形分成四个完全相同的直角三角形，其中每个三角形的底就是圆的半径，三

角形的高就是圆的半径。先求出一个三角形的面积，再乘以4就可算出正方形的面积了。

【设计意图】让学生经历观察思考、分析推理等活动，在已有经验基础上进行新旧知识的迁移，培养学生自主探究的能力，再通过让学生把自主学习的结果全班展示，互相交流各自的见解，让学生在交流中体验思维的冲击、碰撞，从而获取知识。教师适时的点拨、追问更引起学生对知识深层的思考，体现了老师是学生学习的组织者、引导者与合作者。

（三）回顾与反思

1. 师：在两圆半径不知道的情况下，假如两个圆的半径都是 r，结果又会怎么样呢?

2. 请学生独立思考，尝试推论。

3. 课件展示学生作品。

外方内圆：正方形的边长等于圆的直径。圆的半径为 r，则直径为 2r。正方形和圆之间部分的面积＝正方形的面积－圆的面积＝（2r）^{2}－3.14×r^2＝0.86r^2

外圆内方：圆与正方形之间部分的面积＝圆的面积－正方形的面积＝3.14×r^2－（$\frac{1}{2}$×2r×r）×2＝1.14r^2

4. 检验例题的解答是否正确。

展示学生的检验成果：当 r＝1 时，0.86r^2＝0.86×12＝0.86（m^2），1.14r^2＝1.14×12＝1.14（m^2）

【设计意图】先解决特殊问题，为使学生在解决问题的过程中积累一般性问题解决经验，所以在回顾与反思这个环节中，进一步探讨出一般化的结论，也可用检验例题的解答是否正确。

三、巩固提升，拓展应用

1. 基础训练：68页"做一做"。

【设计意图】基础训练的设计是通过换一种情景对学生进行新知的巩固。

2. 拓展训练：有一块长 20 米，宽 15 米的长方形草坪，在它的中间安装了一个射程为 5 米的自动旋转喷灌装置，它不能喷灌到的草坪面积是多少？

【设计意图】拓展训练的设计在于运用新知解决生活中的实际问题，并强调对结果进行验证的意识。

四、全课小结，畅谈收获

师：通过这节课的学习，你印象最深刻的一点是什么？也可评价一下自己或其他同学的表现。

【设计意图】培养学生回顾总结的习惯，让学生找出自己不明白的地方，或与同学分享自己的学习所得。也可帮学生对本节课所学所得进行梳理，方便掌握。

‖ 作业设计 ‖

在每个正方形中分别作一个最大的圆，并完成下表。

正方形的边长	1cm	2cm	3cm	4cm	5cm
正方形的面积					
圆的面积					
面积之比					

采用四人小组合作的方式完成，小组汇报展示。

师：你发现了什么？如果正方形的边长为 Acm，你能得出怎样的结论？

正方形面积为：

圆的面积为：

面积之比为：

思考：如果是在圆内作一个最大的正方形，它们之间又有什么关系呢？

‖ 设计思路 ‖

《数学课程标准》中指出："应使学生经历从实际问题抽象出数量关系并运用所学知识解决问题的过程"，本课让学生参与实践，在体验整个解决问题的过程中，引发学生的思考。在教学本课内容时，需要学生经历问题解决的全过程，并在解决问题时寻求不同的思考角度，发现一般的数学规律，提高发现问题、提出问题、分析问题、解决问题的能力。同时，让学生感受汉语言文字的魅力及中国人内敛的处世哲学，学会用数学的眼光看世界，也体验数学就在我们身边并服务于生活，体现了数学学科的价值。

在单位"1"未知的情况下
解决变化幅度问题

吴艳萍　杨慧青（鹰潭市第八中学）

‖ **教学内容** ‖

《义务教育教科书·数学》（人教版）六年级上册第88—89页。

‖ **教材分析** ‖

本节课是人教版六年级上册第六单元《百分数（一）》的例5。同学们在掌握计算百分数方法的基础上，对计算"比单位'1'多百分之几是多少"（或比单位"1"少百分之几是多少)的问题进行总结与升级，是典型的综合性题目。

这一类型的题目中会同时出现上涨（比一个数多百分之几）和下跌（比一个数少百分之几）的字样，单位"1"未知，并且单位"1"随着信息不断变化。学生们在刚接触此类型题目时因单位"1"未知而不敢下手并很容易被误导，是典型的难题、易错题。老师要引导学生理清逻辑顺序，一步一步地进行计算，观察此类题目的特点，培养观察和总结的能力和探究意识。

‖ **教学目标** ‖

1. 掌握单位"1"未知这一类型题目的解决方法，了解题目中的单位"1"是不停变化的；

2. 培养学生利用知识解决生活实际问题的能力，提高学生们的自主探究意识，培养学生的发散思维。

‖教学重难点‖

重点：运用假设法、字母代入法，解决此类问题。

难点：理解题目中的单位"1"是不断变化的。

‖教具准备‖

教学课件、作业单。

‖教学过程‖

一、铺垫引入

1. 复习旧知，做好铺垫

（1）找出单位"1"的量。

连环画的本书是故事书的37.5%；冰箱价格1800元，十一商场搞活动，降了10%。

（2）熟练应用。

学校原有学生1700人，今年增加了24%，现在学校有多少人？

【学情预设】学生会找单位"1"，并且知道在单位"1"已知的情况会求比一个数多或少百分之几的数是多少的问题，学校现有人数＝1700+1700×24%或学校现有人数＝1700×（1+24%）。

2. 创设情境，引入新课

师：光明小学正在举办一次数学竞赛，比赛正在按照计划顺利地进行着，直到一道题目的出现让两个队伍激烈地讨论起来。比赛的甲、乙两队都觉得这道题出错了，无法计算，但老师却说这道题没错。我们一起去看看，这道题到底是什么吧！（出示例题5）

【设计意图】复习巩固旧知为新知做铺垫，运用情景导入，将学生的注意快速拉进课堂，引起学生对新知识的好奇和渴望。增强学生的学习兴趣，提高学生学习效果。

二、探究新知

1. 阅读与理解

课件出示教材 88 页例 5。

> **5** 某种商品 4 月的价格比 3 月降了 20%，5 月的价格比 4 月又涨了 20%。5 月的价格和 3 月比是涨了还是降了？变化幅度是多少？

师：我们仔细地阅读题目，看看你从中发现了哪些数学信息？

【学情预设】同学们通过读题，可以将题目中重要的信息提取出来。

师：这道题你有什么困惑和想法吗？大胆地猜猜看，说说你的理由。

【学情预设】同学们根据自己对题的理解，说出自己的想法。有的孩子认为 3 月的价格是单位"1"未知，不好解决；有的孩子认为降了 20% 和涨了 20% 抵消了，价格不变。

【设计意图】通过对题目的剖析，将题目分成三个部分：上涨、下跌、计算变化幅度，让学生有独立思考的空间，培养学生提取重要信息的能力，通过不同学生的猜想，了解学生们的理解程度，及时调整引导方式与教学方法。

2. 分析与解答

师：同学们在分析的时候发现，这道题的单位"1"是一个未知数，遇到这样的题我们如何计算呢？

【学情预设】同学们根据自己所学的知识，可以想到运用假设法，将 3 月份的价格设成单位"1"，通过引导可以想到，将未知的单位"1"假设成一个已知数（例：假设三月份的价格为 100）。

师：现在你们运用自己假设的数字来计算一下这道题吧。

【学情预设】（1）假设法（3月份的价格为100元）：

●假设3月份的价格为100元：

　　4月份：100×（1-20%）= 80（元）

　　5月份：80×（1+20%）= 96（元）

　　变化幅度（100-96）÷100×100% = 4%

●假设3月份的价格为200：

　　4月份：200×（1-20%）= 160（元）

　　5月份：160×（1+20%）= 192（元）

　　变化幅度（200-192）÷200×100% = 4%

●假设3月份的价格为1元：

　　4月份：1×（1-20%）= 0.8（元）

　　5月份：0.8×（1+20%）= 0.96（元）

　　变化幅度（1-0.96）÷1×100% = 4%

师：同学们分享一下自己的结果，你们发现了什么？

【学情预设】通过计算，同学们能够结合自己的计算结果进行总结：无论假设的数是多少，最后的变化幅度都是4%。

师：那如果老师任意假设一个，将数字换成字母A会出现什么样的结果呢？

（2）字母代入法：

因单位"1"未知，我们假设3月份的价格是A，这样就可以得出：

5月份：A（1-20%）×（1+20%）= 0.96A

变化幅度：（A-0.96a）÷A×100% = 4%

【学情预设】孩子们发现其实不管假设成什么，变化幅度是一样的。

【设计意图】引导学生遇到未知数不要怕，可以用数字或字母代替，培养学生正确解决问题的能力。让题目与方程集合起来，培养学生用方程的思路解决问题，养成用方程解决问题的习惯，为学习后续数学知识奠定基础。

3. 回顾与反思

师：对比这两种方法，我们有什么发现呢？

【学情预设】通过观察，大部分同学可以利用所学知识发现：无论是数字还是字母，最后计算出的结果（变化幅度）都一样。

师：你们说的没错，从本质上看，单位"1"是为了解决提出的问题而引入的参照量，单位"1"可以取任意数，不会影响到最后的结果。其余的量都可以用单位"1"表示出来。由于它们的单位是一致的，可以进行加减乘除相关的运算。

师：那你们更喜欢把单位"1"假设成多少计算呢？

【学情预设】同学们各抒己见有的觉得数字太麻烦，有的觉得100和%在一起计算简便，大部分同学更喜欢把单位"1"假设成1。

师：下降和上涨的百分数都是20%，为什么最后得出的结果却不一样呢？

【学情预设】大部分同学发现，计算时单位"1"发生了改变。

师：咱们班同学太厉害了，光明小学竞赛的题目一点都没难倒我们，现在甲、乙两队的同学也恍然大悟了。看样子数学海洋里的知识非常丰富，我们要继续加油哦。

【设计意图】通过对两种方法进行观察和对比，让学生们自己总结出在涨跌百分数相同时，最后得出的结果不同的原因是因为单位"1"发生了变化。且在单位"1"未知的情况下，也可以计算变化幅度。在计算的同时锻炼了孩子的观察和总结的能力。培养学生用方程解决问题的思维。

三、巩固练习

1. 例题改编

某种商品 4 月份的价格比 3 月份涨了 20%，5 月份的价格比 4 月份又降了 20%。5 月份的价格和 3 月份的价格比是涨了还是降了？变化幅度是多少？

师：同学们认真读题，你们发现了什么呢？

【学情预设】通过例题的讲解，同学们能很快地反映出，这道题和例题属于一个类型，并发现这两道题的区别在于：例题是先降后涨，习题是先涨后降。

师：你们猜一猜，这道题的结果是什么呢？

【学情预设】根据自己对题目的理解，同学们会有自己的想法。

师：我们应该如何计算呢？

【学情预设】大部分同学可以采用与例题相同的计算方式进行计算。

因单位"1"未知，我们假设 3 月份的价格是单位"1"，并设为 1 这样就可以得出：

5 月份：$1×（1+20\%）×（1-20\%）=0.96$

变化幅度：$（1-0.96）÷1×100\%=4\%$

师：计算结果是什么？5 月份的价格是上涨还是下降？

【学情预设】根据计算结果，同学们可以证明自己的推测是否正确。

师：对比一下这两道题，你们发现了什么呢？

【学情预设】大部分同学可以将例题和习题一联系起来发现"只要上升和下降的百分数不变，无论是先下降后上升还是先下降后上升的结果都一样"的结论。

师：带着你们的猜想我们再来看下一道题。

2. 数学书 91 页习题二第 11 题

师：认真阅读题目，看看你们发现了哪些数学信息？

【学情预设】在学习完例题的基础上读题，大部分同学可以将同一类型题目的重要信息总结出来。

师：你们是如何理解回落了 15% 呢？

【学情预设】同学们可以根据自己对词语的理解表达出来。

师：我们应该如何计算？

【学情预设】大部分同学可以采用与例题相同的计算方法来解决。

因单位"1"未知，我们假设 7 月份的价格是单位"1"，并设为 1 这样就可以得出：

9 月初：$1 \times (1+10\%) \times (1-15\%) = 0.935$

变化幅度 $(1-0.9351) \div 1 \times 100\% = 6.5\%$

3. 数学书 91 页习题三第 12 题

某种蔬菜去年 3 月第一周比上一周涨价 5%，第二周比第一周涨价 5%。两周以来共涨价百分之多少？

师：我们来看习题，看看你们能否独立解决？

变化幅度 $(1.1025-1) \div 1 \times 100\% = 10.25\%$

【学情预设】通过前三道习题的练习，大部分同学已经对此类习题的解决方法了如指掌。

因单位"1"未知，我们可以假设上一周的价格为单位"1"，并设为 1 这样就可以得出：

第二周：$1 \times (1+5\%) \times (1+5\%) = 1.1025$

师：通过这三道题，我们发现了两个规律：

①只要上升和下降的百分数不变，无论是先下降后上升还是先下降后上升的结果都一样。

②变化幅度和涨价与降价的百分数有关。

【设计思路】让学生利用本节课所学知识，解决实际问题。通过对例题的变形，让学生们在加深对知识点的印象同时对知识点进行及时总结，形成模块化的学习形式。

四、全课小结

师：通过今天的学习你有什么新收获？

回顾在单位"1"未知的情况下解决变化幅度问题的解题思路灵活运用假设法。

‖ **作业设计** ‖

基础题：

1. 数学书 91 页练习十九第 13、14 题。

2. 观察与发现：以上两道题有什么相同点和不同点。

拓展题：

小小设计师：帮超市设计一种既吸引顾客又能盈利的促销方案。

‖ **设计思路** ‖

本节课采用"三个步骤、三次对比、一次改编"的设计，培养学生发现疑问、提出问题、解决问题的习惯。

三个步骤：本节课我们从"阅读与理解、分析与解答、回顾与反思"这三个步骤展开教学。给学生相对独立的思考空间，发现问题解决问题，培养学生良好的学习习惯。

三次对比：在课堂中学生们实现了三次对比。假设不同数字后结果的对比，通过对比交流得出无论单位"1"假设成多少，变化幅度都不变这一结论；对比假设的数字不同或者用字母代入，找到最适合自己的方法，通过对比体会问题解决策略的多样化；涨跌情况互换位置后结果的对比，对比得出位置不影响计算结果。多次计算验证，引导学生自己总结规律，不仅使题目计算方式多样化，还培养学生的总结和分析能力，一举两得。

　　一次改编：在编写教学设计前，我将原有的例题进行改编，改编后的例题作为习题展示给学生，使例题不再死板，体会数学"变中不变"的思想，让学生养成总结归纳的好习惯，培养学生缜密的思维逻辑，提高学生问题解决的能力。

连续求一个数的几分之几是多少

吴艳萍（鹰潭市第八中学）

‖ **教材内容** ‖

《义务教育教科书·数学》（人教版）六年级上册第 12 页。

‖ **教材分析** ‖

求一个数的几分之几是多少的问题是小学阶段解决问题教学的重、难点之一。这种解决问题实际上是一个数乘分数的意义的应用。它是分数应用题中最基本的，不仅分数除法一步应用题以它为基础，很多复合的分数应用题都是在它的基础上扩展的。因此，使学生掌握这种应用题的解答方法具有重要的意义。例 8 是让学生在会解决求一个数的几分之几是多少的基础上，解决连续求一个数的几分之几是多少的实际问题。由于研究三个量之间的关系，其中某两个的数量关系单位"1"是在动态变化的。教材按"阅读与理解""分析与解答"和"回顾与反思"呈现解决问题的一般步骤。到了高年级，随着问题复杂度提高，对于信息的搜集、题意的理解以及整个问题解答过程以及结果合理性的回顾与讨论，显得越来越重要。

‖ **教学目标** ‖

1. 使学生进一步掌握分数乘法应用题的数量关系，学会应用一个数乘分数的意义，解答分数乘法两步应用题；

2. 让学生在实际的生活情境中，学习收集信息、整理信息，发现并提出问题，培养学生解决简单实际问题的能力；

3. 让学生体会数学与日常生活的密切关系，在共同探讨中培养合作意识。

‖教学重难点‖

重点：分析分数乘法两步应用题的数量关系，掌握分数连乘问题的解题思路与方法。

难点：找准单位"1"的量，灵活运用知识解决分数连乘问题。

‖教学准备‖

多媒体课件长方形纸、直尺、练习本。

‖教学过程‖

一、铺垫引入

1. 复习旧知，做好铺垫

（1）口头列式并计算

5 的 $\frac{1}{2}$ 是多少？ $\frac{3}{8}$ 米的 $\frac{3}{4}$ 是多少？

【设计意图】准确运用分数乘法，对知识的再次练习为新知铺垫。

（2）找出单位"1"的量

男生人数是女生人数的 $\frac{3}{4}$；实际投资占计划投资的 $\frac{4}{5}$；柳树棵树正好是松树棵数的 $\frac{1}{2}$。

（3）熟练应用

六（1）班有男生 40 人，女生人数是男生的 $\frac{3}{5}$，六（1）班女生有多少人？

【学情预设】学生知道求一个数的几分之几是多少的问题，单位"1"已知的条件下，用乘法计算，所求量＝单位"1"×所求量的对应分率。

【设计意图】复习巩固熟练掌握找准单位"1"。

2. 新课引入，出示例题

出示例8：这个大棚共 480 平方米，其中一半种各种萝卜，红萝卜的面积占整块萝卜地的 $\frac{1}{4}$。

（1）学生搜集信息，把已知条件画出来并说说题目的意思，完成以下填空。

整个大棚的面积是（　　　　　　）。

萝卜地的面积占整个大棚面积的（　　　　　　）。

红萝卜地的面积占萝卜地面积的（　　　　　　）。

要求的是（　　　　　）的面积。

师：其中一半种各种萝卜这句话读懂了什么？

生：也就是说萝卜地的面积占整个大棚面积的 $\frac{1}{2}$。

（2）从这些信息中你们能提出怎样的数学问题请同学们认真思考，然后小组相互讨论。

二、探究新知，帮助建模

1. 理解题意

（1）理解"其中的一半种各种萝卜"谁是单位"1"。

（2）理解"红萝卜地的面积占整块萝卜地的"现在谁又是单位"1"。

（3）用长方形纸表示大棚的面积，折出萝卜地的面积。

①学生折一折。

【学情预设】用一张长方形纸表示整个大棚的面积480平方

米，其中各种萝卜地占大棚面积的一半（对折），红萝卜地占萝卜地的 $\frac{1}{4}$，也就是把这一半（$\frac{1}{2}$），再平均分成 4 份。

②分步找单位"1"。

师：把一张长方形纸第一次对折平均分是以谁为单位"1"；第二次把其中的一半再平均分成 4 份时，又是以谁为单位"1"。

（4）折出红萝卜地的面积。

①探讨不同的方法。

让学生将整张纸展开，观察并说说，从这张纸上，你能看出红萝地的面积占大棚面积的几分之几吗？

②小组交流。

③组织汇报。

【学情预设】学生有第一次的折纸分析经验，很快能想到，要折出红萝卜地的面积，结合题意红萝卜地占萝卜地的 $\frac{1}{4}$，也就是占大棚一半的 $\frac{1}{4}$，先折出整张纸的一半，再折出一半的 $\frac{1}{4}$。

（5）你还能用示意图表示出题目的意思吗？

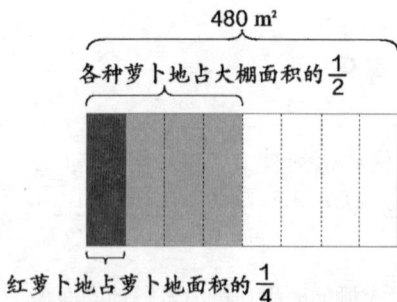

红萝卜地占萝卜地面积的 $\frac{1}{4}$

【设计意图】由于问题中有两个单位"1"的量，学生容易把两个单位"1"的量混淆，因此由折纸过渡到画图分析数量关系。

2. 尝试解答

【学情预设】

方法一：$480 \times \dfrac{1}{2} = 240$（平方米）

$240 \times \dfrac{1}{4} = 60$（平方米）

说一说每步表示求什么？

【学情预设】学生经历了充分的分析题意过程，知道先求出萝卜地的面积，再求出红萝卜地的面积。

师：你还有其他方法计算出红萝地的面积吗？

【学情预设】引导学生再次仔细看图，理解红萝卜地的面积就是各种萝卜地面积的 $\dfrac{1}{4}$，即整个大棚面积的 $\dfrac{1}{8}$，再求红萝卜地的具体面积。

方法二：$\dfrac{1}{2} \times \dfrac{1}{4} = \dfrac{1}{8}$

$\dfrac{1}{8} \times 480 = 60$（平方米）

【学情预设】学生知道先求红萝卜地的面积占大棚面积的几分之几，再求出红萝卜地的面积。

列综合算式表示 $480 \times \dfrac{1}{2} \times \dfrac{1}{4} = 60$（平方米）或 $480 \times \left(\dfrac{1}{2} \times \dfrac{1}{4}\right) = 60$（平方米）。

【设计意图】分析题意时，让学生反复说一说每一步是把谁看作单位"1"，理清数量关系的前提下再思考，并用自己的话解释所列算式先求的什么，再求什么？

3. 检验结果

师：刚才我们用了两种不同的解题方法求出红萝卜地的面积是 60 平方米，现在能写答句了吗？对，不能，因为我们还没有对这个答案进行检验。

【学情预设】对结果进行检验，既是对知识的再一次梳理，也是再次对自己的解题步骤进行检查，我们要养成良好的解题习惯。

三、练习巩固，挑战自我

1. 做一做

（1）学生先自己找出条件和问题；

（2）引导分析每一步的单位"1"；

（3）尝试说说解题思路和解答方法。

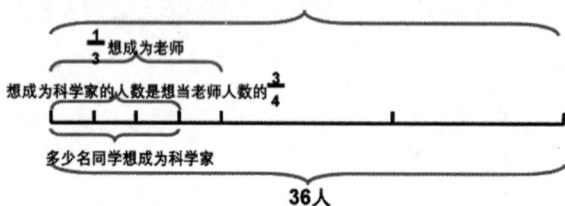

2. 一桶油净重 160kg，用去这桶油的 $\frac{3}{4}$ 以后，又买来这时桶里油的 $\frac{3}{4}$，现在桶里还有（　　　）kg 的油？

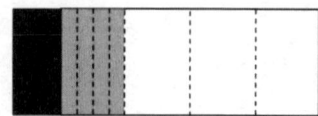

$$160 \times \frac{1}{4} = 40 \, (\text{kg})$$

师：信息当中两次提到的 $\frac{3}{4}$，它们对应的量相同吗？具体对应什么量？

【设计意图】第 2 题较有难度，首先让学生读懂题意，抓住关键词的理解，再画图分析，"这时桶里油"的单位"1"的量是什么？

四、回顾、总结解题思路

通过今天的学习，你有什么收获？

讨论小结："连续求一个数的几分之几是多少"的应用题的解题步骤是什么？

（1）找出关键句；

（2）确定单位"1"；

（3）画出线段图分析题意；

（4）最后列式解答。

‖作业设计‖

练习三第 2、3 题。

‖设计思路‖

连续求一个数的几分之几的问题，是一种有关分数解决问题的常见题型。由于问题中有两个单位"1"的量，学生容易混淆，信息内容抽象，理解和掌握有一定的难度，所以在教学中特别重视解题思路的教学，充分运用数形结合的方法，借助画线段图分析题意，理清数量关系，再尝试解答，最后侧重不同计算方法的探索的教学过程。本教学不仅渗透解决问题的方法，更注重培养学生的抽象逻辑思维、观察、比较、分析的综合能力。

‖教师简介‖

吴艳萍，女，中小学高级教师，鹰潭市优秀教师。月湖区拔尖人才，区学科带头人，市骨干教师。在全国、省、市级各类教学竞赛中分获一、二等奖，参与多个省、市级课题研究，多篇论文在国家、省、市级刊物发表。

用正比例解决问题

何　玲（鹰潭市第九小学）

‖教学内容‖

《义务教育教科书·数学》（人教版）六年级下册第61页。

‖教材分析‖

"用比例解决问题"是人教版六年下册第四单元的例5，学生已经认识了比例的意义和基本性质，知道了正比例和反比例，并且会解比例，这些都是用比例解决问题的基础。

学生已经学习过此类问题，之前是用归一、归总的方法来解决。用比例解决问题突破了单一的算术思维，从关系与结构的角度去分析与解决问题，使学生尝试用新的思路来解决同样的问题，使学生解决问题的策略多样化，提高学生思维水平，形成代数思维、体会函数思想，对促进学生积累基本的数学活动经验和掌握基本的数学思想方法有重要的意义。

‖教学目标‖

1. 使学生能正确判断情境中的两种量是否成正比例关系，并能用正比例的意义解决实际问题；

2. 经历用正比例知识解决问题的过程，使学生从不同的角度思考问题，体会解决问题策略的多样化；

3. 感受比例知识在生活中的广泛运用，体会数学与生活的联系。

‖**教学重难点**‖

重点：掌握用正比例的知识解决问题的方法与步骤。

难点：利用正比例关系列出含有未知数的等式，体验解决问题策略的多样化，形成代数思维，体会函数思想。

‖**教学准备**‖

课件、学习单。

‖**教学过程**‖

一、复习引入，激活经验

师：谁来说一说生活中有哪些成正比例关系的量？

【学情预设】学生根据学习经验能够说出：路程/时间＝速度，总价/数量＝单价……

师：如何判断两种相关联的量是否成正比例关系呢？

【学情预设】学生根据所学知识，已经知道当两种量的比值一定时，这两种量成正比例关系。

师：生活中成正比例关系的量可真不少，今天我们一起来解决生活中的实际问题。

【设计意图】通过复习，唤起学生对旧知的回忆，为新知的学习做好准备。

二、自主探究，沟通联系

（一）阅读与理解

课件出示例题情境图。

师：通过上图，你知道了什么？要解决什么问题？

（二）分析与解答

师：如何解决这个问题呢？把你的想法写下来。（学生独立完成）

师：谁来说说你的想法？

【学情预设】

方法一：28÷8×10

$\qquad$ = 3.5×10

$\qquad$ = 35（元）

先用 28÷8 求出每吨水多少钱，再用单价×10，可以求出李奶奶家上个月的水费。

师：很好，先求单价，再求总价，这是我们以前学过的"归一"方法。还有其他方法吗？

【学情预设】

方法二：

解：设李奶奶上个月的水费是 x 元。

$\qquad$ 28∶8 = x∶10

$\qquad$ 8x = 28×10

$\qquad$ x = 280÷8

$\qquad$ x = 35

因为水的单价一定，所以水费和用水量成正比例关系，两家的水费和用水量的比值也就是单价相等。

师：这位同学发现了水费和用水量是成正比例关系量，能够运用正比例的知识来解决问题，真了不起。谁听懂了？再来说一说。

师：现在我们来比较一下这两种方法，有什么发现？

【学情预设】通过观察两种方法，学生发现"归一"方法一定要先求出水的单价具体是多少，而比例的方法是确定这两种量成正比例关系后，列出比例式。单价一定藏在比例式的背后，是写出比例式的基础。

师：是呀，用比例的方法是从两种量之间的关系入手来解决问题，不需要求出不变的量具体是多少。我们现在解决问题又有了新的策略，同学们真了不起！

（三）回顾与反思

师：现在我们回顾一下解决这个问题的思路和方法。

引导学生总结：除了用之前学过的"归一"法，我们还从两种量之间的关系去思考，先要确定"什么是一定的"，判断两种相关联的量成什么比例，再列出比例式，解比例。

师：现在我们可以作答了。

【设计意图】让学生充分经历和体会用比例解决问题的完整过程，独立思考、相互交流，为学生留出时间和空间。在此过程中，将算术方法和比例方法进行对比，突出比例法解题的特点和优越性，让学生体验解决问题策略的多样化，形成代数思维、体会函数思想。

三、巩固练习，内化新知

师：接下来，运用刚才的学习经验，我们尝试解决下面的问题：王大爷家上个月的水费是 42 元，上个月用了多少吨水？

【学情预设】有了例 5 的经验，学生很快能够列出比例式，解决问题。

解：设王大爷家上个月用了 x 吨水。

$$28 : 8 = 42 : x$$

$$28x = 8 \times 42$$

$$x = 336 \div 28$$

$$x = 12$$

答：王大爷家上个月用了 12 吨水。

师：我们把这道题和例 5 再比较一下，有什么发现吗？

【学情预设】通过观察，学生可以发现，虽然问题不同，但这两道题的比例式是一样的。

师：是呀，如果用算术方法，要先求出单价，求总价用乘法，求用水量用乘法，但是用比例方法，列出的比例式是一样的，较为简便。这就是用比例解决问题的优越性。

【设计意图】通过练习巩固用正比例方法解决问题的步骤和方法，练习之后和例5进行对比，再次让学生感受用比例解决问题的优越性。

四、提升拓展，举一反三

师：同学们，我们已经掌握了用正比例解决问题的步骤和方法，我们再看看这两道题，只有这一种比例式吗？

引导学生发现，只要确定相关联的量成正比例关系后，依据比例的基本性质和题意，例5还可以列出更多的比例式：

解：设李奶奶家上个月的水费是 x 元。

$$28 : x = 8 : 10$$

$$8 : 28 = 10 : x$$

$$x : 28 = 10 : 8$$

师：是呀，用比例解决问题是灵活多变的，可以列出不同的比例式，同学们真是思维敏捷。

【设计意图】关注"一头"的学生，进行拓展提升，培养学生举一反三、灵活解决问题的能力。

五、总结回顾

师：本节课我们学习了哪些内容？用正比例解决问题时需要注意什么？

‖ 作业设计 ‖

基础题：数学书练习十一第3、4、6、7题。

拓展题：甲乙两个机器人进行100米赛跑（他们的速度保持不变），当甲机器人离终点还有20米时，乙机器人离终点还有24米。当甲机器人到达终点时，乙机器人离终点还有多少米？

‖ **设计思路** ‖

本节课采用"三步骤、二对比、一提升"的设计，关注"一头一尾"的发展，培养学生举一反三的能力。

三步骤：在解决例5这个问题时，按照"阅读与理解""分析与解答""回顾与反思"这三个步骤开展教学，特别关注"一尾"学生，让学生充分经历和体会用比例解决问题的完整过程，帮助学生牢固掌握分析的方法和解答的步骤，发展问题解决的能力，提升思维的条理性。

二对比：第一个对比是在解决例5的问题时，将算术方法和比例方法进行对比，"归一"的方法要先求出水的单价具体是多少，而比例的方法是在正比例关系的基础上列出比例式，单价一定是隐藏在后面的基础，体验解决问题策略的多样化，形成代数思维、体会函数思想；第二个对比是在"王大爷家上个月的水费是42元，上个月用了多少吨水"，这个练习完成之后，将此练习和例5进行比较，发现不管是求总价还是求用水量，比例方法使用的是同一个比例式，体现用比例解决问题的优越性。

一提升：通过例5的教学和练习，学生大部分掌握了用正比例解决问题的方法，此时关注"一头"学生，进行拓展提升。"只有这一种比例式吗?"根据比例的基本性质和题意，学生会找到更多的比例式，如甲的水费：乙的水费＝甲的用水量：乙的用水量、甲的用水量：甲的水费＝乙的用水量：乙的水费等，培养学生举一反三、灵活解决问题的能力。

用反比例解决问题

何　玲（鹰潭市第九小学）

‖ **教学内容** ‖

《义务教育教科书·数学》（人教版）六年级下册第62页例6。

‖ **教材分析** ‖

"用反比例解决问题"是人教版六年下册第四单元的例6，学生已经认识了正、反比例的意义和基本性质，知道了正比例和反比例，并且会解比例，这些都是用反比例解决问题的基础。

学生已经学习过此类问题，之前是用归总的方法来解决，用反比例解决问题又是在学习了例5用正比例解决问题之后，学生已经积累了一定的学习经验，需要有意识地让学生进行迁移类推，提高探究问题解决策略的能力。

用反比例解决问题和上节课一样，都是突破了单一的算术思维，从关系与结构的角度去分析与解决问题，使学生尝试用新的思路来解决同样的问题，使学生解决问题的策略多样化，提高其思维水平，形成代数思维、体会函数思想，对促进学生积累基本的数学活动经验和掌握基本的数学思想方法有重要的意义。

‖ **教学目标** ‖

1. 正确判断情境中的两种量是否成反比例关系，运用迁移类推、用反比例的意义解决实际问题；

2. 沟通和对比"算术方法"和"反比例方法"，体会用反比例解决问题的一般性、优越性，形成代数思维；

3. 感受比例知识在生活中的广泛运用，体会数学与生活的联系。

‖教学重难点‖

重点：充分经历和体会用反比例解决问题的完整过程。

难点：

1. 培养问题解决经验迁移能力；

2. 利用反比例关系列出含有未知数的等式，体验解决问题策略的多样化，形成代数思维，体会函数思想。

‖教学准备‖

课件、学习单。

‖教学过程‖

一、复习导入

出示练习：学校要选一些同学参加广播操比赛，选300人参加，能站20列，如果每列人数一样多，选225人参加能站多少列？

师：请同学们用正比例解决问题。

【学情预设】根据所学知识，大部分学生可以独立完成。

师：用正比例解决问题的关键和一般步骤是什么？

【学情预设】学生回忆并小结解决问题三步骤及关键。

师：今天我们接着学习用比例解决问题，板书揭示课题。

【设计意图】由回忆旧知引入新知，加强知识之间联系的同时，也为将之前的学习方法迁移到新知埋下伏笔。

二、探索新知

1. 阅读与理解

出示例6：

6 一个办公楼原来平均每天照明用电 100 千瓦时。改用节能灯以后，平均每天只用电 25 千瓦时。原来 5 天的用电量现在可以用多少天？

师：我们知道了哪些信息？

【学情预设】学生能够找到已知信息：总用电量是一定的、每天的用电量也是一定的，求："原来 5 天的用电量现在可以用多少天？"

2. 分析与解答

师：请同学们独立解答。

师：谁来说说你的想法？

【学情预设】

方法一：100×5÷25

$$= 500 ÷ 25$$

$$= 20 （天）$$

先用 100×5 求出总用电量，再除以 25，可以求出现在的用电天数。

师：先求总用电量，再求现在的用电天数，这是我们之前学习的归总方法。还有其他方法吗？

方法二：

解：设原来 5 天的用电量现在可以用 x 天。

$$25x = 100×5$$

$$25x = 500$$

$$x = 500 ÷ 25$$

$$x = 20$$

总用电量是一定的，用电时间和每天的用电量的乘积一定，它们成反比例关系，可以像上节课用正比例解决问题一样，用反比例解决问题。

师：这位同学能够运用上节课的学习经验，发现用电时间和每天的用电量成反比例关系，用反比例解决问题。这真是一个了不起的本领。还有谁来说一说。

师：我们来对比一下算术方法和用反比例解决问题的方法，有什么发现吗？

【学情预设】通过观察两种方法，学生发现"归总"方法一定要先求出用电的总量具体是多少，而反比例的方法是确定这两种量成反比例关系后，列出比例式就可以。

师：是呀，和上节课一样，用反比例的方法是从两种量之间的关系入手来解决问题。

3. 回顾与反思

师：现在我们回顾一下解决这个问题的思路和方法。

引导学生总结：除了用之前学过的"归总"法，我们还从两种量之间的关系去思考，先要确定"什么是一定的"，判断两种相关联的量成什么比例，再列出比例式，解比例。

师：现在我们可以作答了。

【设计意图】让学生充分经历和体会用反比例解决问题的完整过程，独立思考、相互交流，为学生留出时间和空间。在此过程中，将算术方法和比例方法进行对比，突出比例法解题的特点和优越性，让学生体验解决问题策略的多样化，形成代数思维，体会函数思想。

三、改编思考

1. 改编题目

师：现在请同学们一起来改编例6，将已知信息和未知信息交换，改编后解答问题，开始！

【学情预设】

第一种改编：

一个办公楼原来平均每天照明用电 100 千瓦时。改用节能灯后，原来 5 天的用电量现在可以用 20 天，现在平时每天照明用电多少千瓦时？

第二种改编：

一个办公楼改用节能灯后平均每天照明用电 25 千瓦时，现在 20 天的用电量原来只能用 5 天，原来平时每天照明用电多少千瓦时？

第三种改编：

一个办公楼原来平均每天照明用电 100 千瓦时，改用节能灯后，现在平均每天照明用电 25 千瓦时，现在 20 天的用电量原来只能用多少天？

2. 观察思考

师：我们把例 6 和改编后的题目放在一起，观察一下，你有什么发现？

【学情预设】通过对比，学生不难发现，不管怎么改编，等量关系"原来每天用电量×原来天数＝现在每天用电量×现在天数"不会变，只要已知其中 3 个量就可以求出第 4 个量。

师：是呀，你们真会思考，能够找到变化中的不变。题目改变，关系不变，都可以运用反比例来解决问题，这就是这种方法的优越性。

【设计意图】通过改编思考，使学生发现，不管怎么改编，等量关系不会变，只要已知其中 3 个量就可以求出第 4 个量，充分去感受用反比例解决问题的优越性。

四、巩固练习

1. 自主完成：书上 62 页"做一做"第 1、2 题。

2. 对比发现。

师：同学们，我们对比一下刚才做的两道题，有什么不同点和相同点?

【学情预设】学生能够发现不同点是:第一题是用正比例解决问题;第二题是用反比例解决问题。这两题解决问题的方法是相同的,都是先列出 3 个量之间的关系式,找出其中的不变量,再判断相关联的两个量成什么关系,根据这一关系列出相应的等式并解方程。

【设计意图】先进行巩固练习,再把用正、反比例解决问题进行沟通和对比,可以帮助学生更好地理解用正、反比例的解题思路。

3. 挑战提问

师:老师给出一个信息,请同学们补充信息(1—2 个),再提一个用比例解决的问题。

出示:小亮买了 5 本练习本,_____,_____?

【学情预设】

题目一:小亮买了 5 本练习本,每本 6 元,用这些钱买多少本单价是 10 元的练习本?

题目二:小亮买了 5 本练习本,花了 30 元,如果买 4 本相同的练习本需要多少钱?

【设计意图】进一步巩固用正、反比例解决问题的思路和方法,培养学生提出问题的意识、提高提出问题的能力。

五、总结回顾

师:本节课我们学习了哪些内容?用比例解决问题时需要注意什么?

‖作业设计‖

基础题:数学书练习十一第 8—12 题。

拓展题:数学书练习十二第 12 题。

‖ 设计思路 ‖

本节课采用"对比改编+提问"的设计，促进学生积累基本的数学活动经验和掌握基本的数学思想方法，依然关注一头一尾学生的发展。

对比：一是在"分析与解答"环节中，把用"归总"的算术方法和用反比例解决的方法进行对比，使学生感受用代数方法解决问题的一般性；二是在巩固练习环节，完成了书上"做一做"两道题目后，将正、反比例解决问题进行沟通，使学生发现用正、反比例的解题思路是一致的，都是先列出 3 个量之间的关系式，找出其中的不变量，再判断相关联的两个量成什么关系，根据这一关系列出相应的等式并解方程。

改编：在教学完例 6 后，在"改编思考"中请学生将已知信息和未知信息交换改编题目。学生观察后发现，不管怎么改编，等量关系"原来每天用电量×原来天数=现在每天用电量×现在天数"不会变，只要已知其中 3 个量就可以求出第 4 个量，体现用反比例解决问题的优越性。

提问：在"巩固练习"之后，安排了"挑战问题"的环节。教师只给出一条信息：小亮买了 5 本练习本，请学生补充信息、提出问题。学生自由选择，可以分别提出用正、反比例解决的问题，不仅进一步巩固用正、反比例解决问题的思路和方法，还能培养学生提出问题的意识，提高提出问题的能力。

后 记

罗 兰

　　时间的陈酿历久弥香。打开封存的记忆，思绪飞扬。回眸2014，那个高温酷暑的八月天，我们集中研课，录制系列微课，忘记了炎热，错过了午餐，在学校没有空调的办公室里忙碌了一整天；感动2016，那个飘雪的夜晚，我在江西省教师远程培训中做YY讲座，团队成员聚在一起，互动交流、分享心得，我们赢得了全体学员的鲜花和掌声；难忘2018，那些深受眼疾困扰的日子，泪光闪烁，视线模糊，我坚持带毕业班主课，认真批改试卷之余，独自撰写两万多字的课题研究结项报告。研磨成长的岁月，小伙伴们一个接一个参加各级各类竞赛评比，我们夜以继日研究、加班加点磨课。从清晨到黄昏，挑灯夜读；从校园到家园，废寝忘食。我示范他观摩，她试教我指导，台上台下轮换角色，课堂内外打磨精彩。学校多媒体教室、公园青石板凳、我家客厅里、她家书房中……一串串坚实的脚印，一个个智慧的倩影。国家级奖项，省学科带头人，市、区骨干教师，五一劳动奖章，三八红旗手，拔尖人才，一个个灿烂的笑容绽放在老师们幸福的脸庞。共思、共研、共成长，坚持不懈的努力成就了星星点点的梦想！

　　人生是走出来的美丽，行动和过程是连缀生命的线条。沉淀自己，静下心来做好每一件小事，是我和小伙伴们的共同意愿。万美玲主动承担每一次的示范观摩课任务，就连怀着二胎也未曾离开过教学研讨大会的舞台。她执教的《20以内的进位加法练习课》《十几减9练习课》《连加连减加减混合练习课》《多位数乘一位数练习课》《混合运算解决问题》《按比分配解决问题》《归总问题》等系列主题教学，深受学生喜爱，广获专家和同行好评！何玲反复钻研，精彩演绎《小数乘法的估算》《圆柱的认识》《长方体的表面积》《乘加对比解决问题》等示范课教学。王轶男积极挑战《可能性》《比的应用》《两数之和的奇偶性》等示范观摩课，一次比一次厚实，一堂比一堂生动。吴艳萍多才多艺，刚从体育改教数学，接到比赛通知后，我用心辅导，帮她"一对一"磨课，艳萍取得了全国首届新课程优秀课例评比二等奖的好成绩。杨燕一声"宝贝，想一想"，带着珠海教育的开放理念，执教的《周长计算解决问题》异彩呈。邵丹英智慧过人、热心教研、乐于奉献。2021年8月，她被评为鹰潭市首届名师工作室主持人，高新区的教学研究在她的带领下风生水起、日新月异。春去秋来十余载，这些成员都是加入我工作室6年以上的老师。"我们真心拥抱在这温暖的大家庭里，每个人的幸福指数都很高。"老师们曾这样深情地感叹道。

随着一大批优秀青年教师的加入，团队焕发出新的魅力。王美锋不仅擅长中低年级教学研究，更是一位关心成员的好组长；李静参加江西省优秀课例现场展示评比，勇创佳绩；陆莎莉代表团队上示范观摩课，和孩子们生动演绎《确定时间》的方法和策略。徐琴琴、杨慧青分别荣获月湖区骨干教师称号；章玮晋被评为江西省骨干教师；内秀腼腆的彭平贵、官细珍两位老师在主题说课活动中表现非常出色；朱燕越来越自信，连续荣获演课评比区级一等奖、微课竞赛省级二等奖。李冬兰、上官琪、黄玉金善于创作美篇、发表公众号文章；张小英、夏利平、徐云霞相继撰写活动报道。小伙伴们积极磨炼文笔，为团队争做贡献。盛晓琪不仅上得一堂好课，还多次携手陈亮好录制工作室的教研活动视频，捕捉一个又一个美好的瞬间……

庭前梧桐，招凰引凤。老师们心系教研，从四面八方走来。追寻教育梦想，我们头顶一片蓝天，脚踏一方净土，风雨同舟，唱响爱的乐章。多少次团队送教下乡，我们自驾出行，踏着露珠、披着晨雾，在蜿蜒的山路上摸索方向。传递新的教育理念，分享优质教学资源，促进城乡教师和谐发展。记得2021年冬天，罗兰、邵丹英两名师工作室在鹰潭市第十二小学开展教研联盟活动，我着实被高新区的几位校长打动。徐涛校长处处关心年轻教师的成长，对他们提出热切的希望；语文名师韦红英校长主持数学教研活动，对"解决问题"教学的阐述明确到位。课后交流，刘万里校长的肺腑之言更是让我感动了许久。"看到您对年轻老师的深情微笑，写着一脸的幸福，就像母亲关爱自己的孩子。"他真诚地说道。

是啊，教研是一道风景线，最美莫过结伴同行遇知音。团队发展的道路上，感恩市、区教研室专家付建平主任和朱水新主任的关心与指导！感谢王芬、赵洁、王卫保、曾来成、徐建国、徐涛等名校长的友情支持！感谢相处多年、一往情深的小伙伴们！这次出书，我们有幸邀请到了月湖区教体局党委委员及教育专家万鹰参与主编，感谢她对罗兰名师工作室成员的专业指导！同时感谢高新区教研室主任邵丹英为我们作序！

生命是长着翅膀的事实无穷飞翔，热情和信任是助力飞翔的空气。我欣赏每一个奔驰在无尽思索中的灵魂，我敬重辛勤耕耘默默无闻的平凡人生。用爱的眼睛发现别人，用爱的意志磨炼自己，用爱的激情回馈社会。沉淀酸楚与伤痛，溶解泪水和心血，让生命充满期待、惊喜和感激。

多年自费做教研，一朝开拓谱新篇。作为一名普通教师，不为评聘、不求回报，只想在退休前再为小伙伴们做点有意义的事。我个人承担出版费用，老师们乐在参与其中。签约出版时申请编委排名，专家说组长们都比较优秀，谁排前面应该由主编决定。这可让我犯难了，站在每个老师的立场，她们个个都能排第一。"姐，这是罗兰名师工作室多年来的教研成果。"还是燕子的话触发了我的灵感。

沉淀与飞翔，以创新解决问题教学研究为例进行反思，在传承与发展中体悟，在品味得失与甘苦中升华。综合考虑以下因素排名编委应该比较合理：课题组核心成员，代表工作室上示范观摩课；参加"创新解决问题教学评比"荣获特等奖；个人通过审核与发表的文章篇数；小组文章通过审核率；入队后取得骨干教师、学科带头人等称号；为团队搭建教研平台。我尽心尽力，希望老师们满意，谢谢大家对我的理解和关心！相信小伙伴们一定能换位思考，互相学习、超越自己。

尊敬的教学同仁、亲爱的读者！浏览前言和后记，走进我们团队的教学研究，希望能带给您一点新的收获。您的肯定和鼓励是我们前进的动力，您的宝贵建议是我们继续努力的方向。

写于 2022 年 12 月 16 日